Funksprüche an Sonja

Jeder Autor hat beim Aufschreiben seiner
Erinnerungen Schwierigkeiten: Auswählen,
Komprimieren und die Wahrheit sagen,
das war für mich der Weg.
            Mit gutem Gewissen
                    Mathilde Werner
                        14. April 1977

Funksprüche an Sonja

Herausgegeben von
Rudolf Hempel

neues leben

Bildnachweis

Archiv Ruth Werner (Stiftung Archiv der Parteien und Massenorganisationen der DDR im Bundesarchiv (SAPMO), G. Hamburger-Harich (1), R. Hempel (5), H. Spiegel (1), Archiv M. Wolf (2)

Der Herausgeber dankt Tanja Agthe, Jenny Gohr, Simone Schmidt, Grit Ulrich und Günther Wolfram.

ISBN 978-3-355-01731-2

© 2007 Neues Leben Verlags GmbH & Co. KG
Neue Grünstr. 18, 10178 Berlin
Umschlagentwurf: www.buchgestalter.net
unter Verwendung von Fotos von Ruth Werner
Druck und Bindung: Salzland Druck, Staßfurt

Die Bücher des Verlags Neues Leben
erscheinen in der Eulenspiegel Verlagsgruppe.

www.verlag-neues-leben.de

Inhaltsverzeichnis

Vorwort des Herausgebers

In meiner Erinnerung an diese erstaunliche Frau spielen die Briefe eine nicht geringe Rolle. Zu Ruth Werners ereignisreichem Leben gehören sie wie das Salz in der Suppe. Eine ansehnliche Zahl vor allem an ihre Eltern, den Bruder Jürgen, aber auch an die übrigen Geschwister sind im „Rapport" veröffentlicht. Inhaltsreich und originell, glänzen die meisten von ihnen geradezu vor Selbstbewußtsein. Nicht wenige ihrer Botschaften, auch jene, die sie nach ihrer „geheimen Zeit" aussandte, wirken durch ihren nicht so leicht beschreibbaren Humor. Auch der Herausgeber gehörte, hin und wieder, zu den Empfängern von Post, in der die Härte der Zeit und der Ernst des Lebens heiter verpackt erträglicher wurden. Briefe, die mich ruhig machten, obwohl draußen in der kalten Welt weiterhin das Unheil drohte.

Auf einer Karte, Datum des Poststempels 20.7.89, die Vorderseite zeigt auf feuerrotem Grund einen schwarz-gelben Nußknacker aus Olbernau, Untertitel „Preußischer Husar um 1700", schrieb sie: „Lieber Rudolf. Wo stehst Du? Wir befinden uns in einem lieblichen Tal des Erzgebirges, erholen uns gut. Bis auf die Nachrichten über die Weltlage. Da beißen wir die Zähne zusammen, wie der Nußknacker. Im August sind wir zurück. Ruth und Len."

Mir ruft diese nun fast zwei Jahrzehnte alte Postkarte eine Frau in meine Erinnerung, die Autorin und Journalistenkollegin, freundliche Gastgeberin bei China-Tee und Mürbegebäck war – und eine Person der Zeitgeschichte, die Kundschafterin Sonja.

Ruth Werner, an deren Reihenhaustür in Berlin-Baumschulenweg der Name Beurton stand, war bescheiden. Wahrscheinlich wäre sie gegen eine öffentliche Würdigung. Hätte zumindest Bedenken gehabt. Wie schon vor 25 Jahren, als sie an den Verlag schrieb: „Wie Du weißt, habe ich nur mit großen Hemmungen einer Festschrift zum 75. zugestimmt und gebeten, mit ein Auge darauf zu haben und die Broschüre zu einem Zeitpunkt zu lesen, wo man noch Vorschläge machen und ändern kann.

Uns allen ist diese Form neu. Da wäre Dein zusätzliches Urteil für mich und den Herausgeber wichtig gewesen, zumal ich mir keins bilden kann und nur mit Unsicherheit und Unbehagen an das Unterfangen denke. Findet Ihr es unter Niveau, gebt die Sache auf.“

Ein doppeldeutiger letzter Satz. Es hat schon etwas Spekulatives, anzunehmen, sie schriebe heute vielleicht: „Und überhaupt, nachdem sich die Sache mit dem Sozialismus so gut wie erledigt hat und es mein Land, die DDR mit ihren Lesern, seit 17 Jahren nicht mehr gibt, sind meine diesbezüglichen Hemmungen eher noch größer geworden.“

Von dieser Art war wohl die Denkweise von Ursula Kuczynski. Geboren Anfang des vergangenen Jahrhunderts, zuerst mit Rudolf Hamburger, seit dem 23. Februar 1940, dem Jahrestag der Roten Armee, mit dem englischen Spanienkämpfer Len Beurton verheiratet. Im Herbst 1977, mit dem Erscheinen von „Sonjas Rapport“ wurde sie von einer bis dahin einigermaßen bekannten, unter dem Pseudonym Ruth Werner veröffentlichenden Schriftstellerin zu einer in Ost wie West erkannten und anerkannten Person. Ihr, literarisch betrachtet, eher unspektakulärer Rapport offenbarte gut 20 Jahre ihres „zweiten Lebens“, das bis dahin verborgen gehalten worden war. Zu dieser „Öffentlichkeit“ gehörte, man mag es auch im nachhinein kaum glauben, die eigene Familie, Bruder Jürgen ausgenommen, die Kinder eingeschlossen. Nicht einmal diese wußten, womit die ebenso selbstbewußte wie lebensfrohe attraktive Frau und Mutter aus gutbürgerlichem jüdischem Hause kommunistischer Gesinnung zwischen 1930 und 1950 wirklich befaßt war. Wie überhaupt so manches in ihrem 93jährigen ungewöhnlichen Leben – immer auf der richtigen Seite und doch oder gerade deswegen zwischen den Fronten – ungewiß blieb. Bis zu ihrem Tode. Und danach.

Obwohl mitteilsam, war sie im Grunde doch verschwiegen. Markus Wolf, an der „Rück-Verwandlung" der Ursula Beurton alias Ruth Werner in Sonja beteiligt, hat Überredungskünste aufwenden müssen, bevor sie bereit war, die Karten offen auf den Tisch zu legen. Nach längerem Zögern stimmte sie zu. Wohl wissend, daß darüber, was offengelegt werden konnte und was vorerst top secret zu bleiben habe, andere befanden. Die saßen in der Lichtenberger Normannenstraße und, übergeordnet, im „Großen ZK-Haus" in Berlin-Mitte. Die eigentlichen Entscheider aber residierten in Moskau. An jenem Ort, von dem aus einst rote sozialistische Weltrevolutions-Signale um den Erdball gingen. Die von Sonja mit Funksprüchen aus China, Polen, der Schweiz und England erwidert wurden.

Als sie ihre Arbeit in ihrem „Rapport" öffentlich machte, war die Resonanz groß. Die DDR-Leserschaft nahm das Angebot für ihr Geschichts- und Selbstverständnis dankend an. Wie die Auflagen zeigen. Kontrovers kommentiert wurde die künstlerische Resonanz des Bestsellers.

„Sonjas Rapport habe ich nicht für Literatur angesehen, weil es einfach Tatsachen bringt ohne Gestaltung. Natürlich freue ich mich, daß andre es für Literatur halten. Aber es ist nicht als solche geschrieben. Hermann Kant, der mich gleich nach dem Lesen anrief, fragte: Wie bist du nur auf diesen Kunstgriff gekommen, diese Lakonik? Ich habe gesagt, das war gar kein Kunstgriff, ich konnte es nicht anders schreiben. Es war eine Ich-Geschichte. Ich bin gebeten worden, sie zu erzählen. Der Rapport war ein reiner Auftrag, den ich sachlich erledigt habe, ohne überhaupt an Literatur zu denken."

Gedacht hat Ruth Werner allerdings daran, daß „jeder Autor beim Aufschreiben seiner Erinnerungen Schwierigkeiten (hat): Auswählen, Komprimieren und die Wahrheit sagen". Das war für sie der Weg, den sie „mit gutem Gewissen" gegangen ist.

Auch Goethe ist bei den Vorarbeiten zu seiner Autobiographie „Dichtung und Wahrheit" 1809 seinem Gewissen gefolgt, als er schrieb, es ginge um den „Entschluß gegen sich und andere aufrichtig zu sein und sich der Wahrheit möglichst zu nähern, insoweit die Erinnerung nur immer dazu behilflich sein wollte".

Von Ruth Werner erhalten ist mir auch eine kurze Notiz in einem Buch: Sie gab es mir – ohne jeden Anlaß – gelegentlich eines Besuches im Herbst 1997: „Der perfekte Spion – die Welt der Geheimdienste." Mit einem Vorwort vom ehemaligen CIA-Chef William Colby und vom ehemaligen KGB-General Oleg Kalugin. Ihr Eintrag spricht für sie und für sich und ist doch zugleich eine – hoffentlich nicht vergebliche – Mahnung: „Freundschaft über alle Systeme!"

Dieses Buch will an die Frau mit der ungewöhnlichen Vita erinnern und würdigen, was ihr ganzes aufregendes Leben geprägt hat. Von Romain Rolland stammt der einfache Gedanke „Ein Held ist einer, der tut, was er kann, die anderen tun das nicht".

Rudolf Hempel

Biographische Daten

1907   Ursula Kuczynski, geb. am 15. Mai 1907 in Berlin, Tochter
        des Wissenschaftlers Robert René Kuczynski und seiner Ehe-
        frau Berta, geb. Gradenwitz (Malerin); Geschwister: Jürgen,
        geb. 1904, Brigitte, geb. 1910, Barbara, geb. 1913, Sabine, geb.
        1919, Renate, geb. 1923.

1924   Nach 10jährigem Lyzeumsbesuch Buchhändlerlehre; Eintritt
        in den Kommunistischen Jugendverband Deutschland
        (KJV), diverse Funktionen

1926   Mitglied der Kommunistischen Partei Deutschlands

1927   Angestellte im Ullstein-Verlag

1928   Aus dem Verlag entlassen wegen politischer Tätigkeit; Grün-
        dung und Leitung der „Marxistischen Arbeiterbibliothek"
        (MAB Berlin); Journalistische Arbeiten für „Rote Fahne"
        und „Welt am Abend"

1929   Eheschließung mit dem Architekten Rudolf Hamburger

1930   Übersiedlung nach Shanghai; Bekanntschaft mit Richard
        Sorge, danach Angehörige der Roten Armee, Kundschafte-
        rin der SU

1931   Geburt des Sohnes Michael

1933   Fortbildungskursus in Moskau

1934   Einsatz in Mukden/Mandschurei

1935   Kursus in Moskau/Einsatz in Polen

1936   Geburt der Tochter Janina in Warschau

1935/37 Einsatz in Danzig/Aufenthalt in Moskau, Rotbannerorden

1938   Übersiedlung in die Schweiz

1939   Scheidung der ersten Ehe

1940/41 Eheschließung mit Len Beurton, Spanienkämpfer,
       Kundschafter, Übersiedlung nach England

1942/43 Übermittlung von Informationen des deutschen Physikers,
       Kommunisten und späteren „Atomspions" Klaus Fuchs an
       die Zentrale in Moskau

1943   Geburt des Sohnes Peter in Oxford

1950   Rückkehr nach Berlin, (DDR)
       Auf eigenen Wunsch Beendigung einer 20jährigen Tätigkeit
       für den Geheimdienst der Roten Armee

1950/55 Anstellung im Amt für Information, dann in der Kammer
       für Außenhandel, erste publizistische Arbeiten

1956   Beginn ihrer Tätigkeit als freischaffende Schriftstellerin,
       Pseudonym Ruth Werner

1957   „Ein ungewöhnliches Mädchen", Roman

1961   „Olga Benario", biographischer Roman

1965   „Über hundert Berge", Roman

1968   „In der Klinik", „Ein Sommertag", Erzählungen

1969   Zweiter Rotbannerorden in Berlin

1972   „Kleine Fische – große Fische", Roman

1973   „Die gepanzerte Doris", „Ein sommerwarmer Februar",
        Kinderbücher

1976   „Der Gong des Porzellanhändlers", drei Erzählungen

1977   „Vaters liebes gutes Bein", Kinderbuch
        „Sonjas Rapport"
        Nationalpreis für Kunst und Literatur I. Klasse
        Karl-Marx-Orden

1980   „Gedanken auf dem Fahrrad", Publizistik aus zwei
        Jahrzehnten

1982   Großer Vaterländischer Verdienstorden in Gold

1989   Im November sprach Ruth Werner vor Zehntausenden im
        Berliner Lustgarten nach dem Fall der Mauer von ihrem
        Vertrauen in einen menschlichen Sozialismus.

1991   „Sonya's Report", englische Ausgabe, London

1999   „Sonjas Rapport", chinesische Ausgabe, Peking

2000   Am 7. Juli starb Ursula Beurton/Ruth Werner im Alter von
        93 Jahren in Berlin. Am 17. Juli wurde sie nach einer
        Trauerfeier mit über 300 Gästen auf dem Friedhof in
        Berlin-Baumschulenweg beigesetzt.
        Russischer Orden der Freundschaft, postum

Markus Wolf

Sonja zum 100.

Der Gong des Porzellanhändlers, so erinnere ich mich, stand am Anfang unserer Beziehung und somit an der Wiege von *Sonjas Rapport*. Diese Annahme steht jedoch im Widerspruch zum Erscheinen des Bändchens mit den Erzählungen, die erstmalig die Nähe der Autorin zur Kundschaftertätigkeit ahnen ließen. „Der Gong" erschien nämlich, davon zeugen das Erscheinungsdatum und die mir zugedachte Widmung Ruths, erst 1976, also ein Jahr vor *Sonjas Rapport*. Wie das?

Hier ist nicht der Platz, über die Unzuverlässigkeit des Gedächtnisses zu lamentieren. Fest steht wohl nur: Eine erste Befragung von Ruth Werner durch Mitarbeiter des Hauptabteilung IX gab es 1967, nachdem dazu die russische Seite ihre Zustimmung signalisiert hatte. Bis Anfang 1969 hat sie dann ihre Erinnerungen etappenweise in Ausarbeitungen zu Papier gebracht.

Wie dem auch sei – ich traf Ruth zum ersten Mal etwa Mitte der 60er Jahre, um sie zu überreden, die Erfahrungen ihres langen Kundschafterlebens den Mitarbeitern des von mir geleiteten Apparats der Auslandsaufklärung der DDR zur Verfügung zu stellen. Kann sein, daß sie damals über die geplante Erzählung sprach oder mir sogar etwas zu lesen gab. Wie und wann genau wir uns kennenlernten, weiß ich nicht mehr ...

Seit den ersten Publikationen über die deutschen Kundschafter, die an der Seite der Sowjetunion gegen den Hitlerfaschismus gekämpft haben – ich nenne hier nur Autorennamen wie Günter Weisenborn, Luise Kraushaar, Elfriede Paul und den meines russischen Freundes Juri Korolkow – war es mein Bestreben, diese Tradition, das Leben dieser bewunderungswerten Frauen und Männer den jungen Mitarbeitern der Aufklärung nahezubringen.

*

Ruth Werner gratuliert Markus Wolf zu dessen 60. Geburtstag, Januar 1983

Das war allerdings aus mehreren Gründen nicht so einfach. Alle bis dahin bekannten Veröffentlichungen stammten aus dem Westen, so auch das Buch über den „größten Spion des XX. Jahrhunderts" Richard Sorge. Die sowjetischen Dienste sperrten sich gegen jede Publikation. Viele Jahre wurde auch über die Würdigung der Verdienste dieser Menschen, ihre Auszeichnungen nichts publiziert. In der DDR wurde bei der Darstellung des antifaschistischen Widerstands aus damals vielleicht nachvollziehbaren Gründen bis Ende der sechziger Jahre verschwiegen, welche Bedeutung den durch solche hervorragenden Kämpfer wie Arwid Harnack, Harro Schulze-Boysen, Adam Kuckhoff an sowjetische Dienste übergebenen Informationen über den bevorstehenden Überfall auf die Sowjetunion 1941 zukam.

Erste ausführliche Beiträge zum Thema gab es in der Sowjetunion und auch bei uns nach der Veröffentlichung des Beschlusses des Präsidiums des Obersten Sowjets vom 6. Oktober 1969. Darin wurde über die postume Ehrung von 29 deutschen Patrioten und Antifaschisten mit dem Rotbannerorden und anderen hohen Auszeichnungen informiert. Zu dieser Gruppe zählten auch die von mir genannten Personen, die dann, so ist es im ND vom 23. Dezember 1969 nachzulesen, vom sowjetischen Botschafter Abrassimow postum geehrt wurden. Die andere Schwierigkeit bestand darin, daß nur noch wenige dieser Menschen am Leben waren. Und diese wenigen waren schwer auffindbar, weil sie sich eisern an die einmal gegebene Verpflichtung zum Schweigen hielten. So war es auch bei Max Christiansen-Clausen, dem Funker Richard Sorges, auf dessen unbemerktes Leben in Berlin mich zufällig eine Bekannte hinwies. Schon bei ihm machte ich die Erfahrung, daß er ohne allerhöchste Genehmigung nicht einmal den Mund aufmachte. Erst als ich diese erreicht hatte, konnten wir ihn unseren Mitarbeitern und danach auch der Öffentlichkeit vorstellen.

Wie gesagt, erinnere ich mich nicht mehr der genauen Umstände, wie ich auf die Rolle Ruths an der Seite Richard Sorges aufmerksam und mit ihr bekannt wurde. Ich suchte das Gespräch, das schließlich in einer unserer Gästewohnungen stattfand. Ihr war bekannt, wer sie sehen wollte. Wir sprachen, wie ich meine, unter vier Augen. Es war nicht schwierig, mit ihr ins Gespräch zu kommen. Sie sah in mir nicht den General, sondern den Genossen, der ein Anliegen hatte. Ohne große Umschweife kamen wir auf China und Sorge zu sprechen. Dabei schilderte sie mir die Geschichte, die sich im *Gong des Porzellanhändlers* finden läßt.

*

Das Ansinnen, die Erfahrungen ihres Kundschafterlebens aufzuschreiben und meinem Dienst zugänglich zu machen, stieß bei ihr zunächst auf keine Gegenliebe. Die Schweigepflicht und die von Moskau zu erwartende Ablehnung waren ihre gewichtigsten Argumente. Auf meinen Einwand, es solle sich um ein strikt internes

Material ausschließlich zur dienstlichen Verwendung handeln, erwiderte sie, auch dies erfordere mindestens ein Jahr intensive Arbeit, das ihr bei der Verwirklichung fest geplanter literarischer Vorhaben fehlen werde. Wie ich sie schließlich nach mehreren Gesprächen doch noch überredet habe, *Sonjas Rapport* zu beginnen, vermag ich nicht zu sagen. Sicher war ein solcher Bericht schon lange in ihr, war dies doch der wichtigste Teil ihres Lebens. Bislang hatte sie nur über den kleineren Teil, über Episoden und das Leben anderer geschrieben.

Sie ging die Niederschrift nicht als literarische Arbeit an, sondern tatsächlich als Rapport. Laufend beklagte sie das Fehlen jeglichen authentischen Materials. Aus der Not machte sie eine Tugend, indem sie die unverfänglichen Briefe an die Verwandtschaft, die erhalten geblieben waren, als Gedächtnisstützen benutzte. Es war ein großartiger Einfall. Auch ich habe, wie sicher viele andere, die Erfahrung gemacht, wie eine belanglose Notiz, ein Brief, eine Postkarte oder ein Foto eine ganze Kette von scheinbar fern liegenden Erinnerungen ins Gedächtnis zurückruft, manchmal bildhaft bis ins kleinste Detail.

So entstand diese den späteren Leser so beeindruckende lakonisch nüchterne Form von *Sonjas Rapport*, von manchen Kritikern als besondere literarische Raffinesse empfunden. Ruth dagegen hat dieses Buch nie für ihre literarisch beste Arbeit gehalten. Das kann ich bezeugen. Doch bis zum Buch und seinem enormen Erfolg als wahrer „Bestseller" war ein weiter Weg.

Aus diesen Gesprächen in den 60er Jahren entstand unsere Beziehung, eine tiefe Freundschaft zweier Gleichgesinnter fürs Leben.

*

Das Manuskript landete als interne Dienstsache im Ministerium für Staatssicherheit, dem der von mir geleitete Dienst angehörte. Schon beim ersten Lesen war ich der festen Überzeugung, daß diese wertvolle Arbeit der Allgemeinheit zugänglich gemacht werden müßte. Allerdings war mir klar, daß dies ohne den Segen Moskaus unmöglich war und ein entsprechendes Ersuchen erst nach Zustimmung der DDR-Führung das erforderliche Gewicht erhielte.

Heute kann man sich nur noch schwer vorstellen, welcher Geduld und Beharrlichkeit es bedurfte, die Mühlen der verschiedenen Apparate überhaupt in Gang zu setzten und dann auch in Gang zu halten. Als nach Ablauf einiger Jahre schließlich die ersten positiven Signale in Form einiger Streichungs- und Änderungswünsche eintrafen, war die Sache schon so gut wie gewonnen. Nachdem Ruth schließlich das „JA" aus dem Mund des Generalsekretärs Honecker vernommen und das Buchmanuskript druckreif beim Verlag eingereicht hatte, war sie freilich nicht mehr im Besitz ihres ursprünglichen Manuskripts. So ergab sich die paradoxe Situation, daß sie 1988, ich war schon nicht mehr im Dienst, bei der Vorbereitung der englischen Ausgabe, in der gestrichene Passagen über ihre Zusammenarbeit mit dem deutschen Kommunisten, Physiker und „Atomspion" Klaus Fuchs erscheinen sollten, beim MfS um die Herausgabe ihres Originaltextes nachsuchen mußte.

*

Die Veröffentlichung von *Sonjas Rapport* wurde zu einem enormen Erfolg. Die Reaktion der Leser übertraf alle Erwartungen. Gemeinsam mit Ruth und Len erlebte ich die Wirkung bei unseren Kundschaftern, die in der BRD und anderen Staaten viele Jahre im Einsatz gewesen waren. An einer solchen Begegnung nahm auch ihre langjährige Freundin Natascha, die Veteranin des sowjetischen militärischen Nachrichtendienstes, Natalia Swonarjowa teil. Diese war noch zur Zeit der aktiven Arbeit Richard Sorges unter dem legendären Leiter Jan K. Bersin tätig gewesen. Die beiden Frauen kannten sich von ihren Begegnungen in den 30er Jahren in Moskau, und es war bewegend, dabei zu sein, wenn sie Erinnerungen an diese heroischen und gleichzeitig tragischen Jahre austauschten. Die Frauen und Männer unseres Dienstes, die über Leistungen an unterschiedlichen Abschnitten der „unsichtbaren Front" berichten konnten, beeindruckte Ruth durch ihr bescheidenes Wesen, dem jede Heldenpose fremd war. Ihr „Rapport" sprach für sich.

Ein schönes Zeugnis der Wirkung von *Sonjas Rapport* ist ein sehr persönlich gehaltener Brief meines Bruders Konrad an Ruth. Er öffnet sich darin mit seiner kritischen Sicht auf die ihn selbst bewegenden Probleme und trifft, wie mir scheint, sehr genau die Gründe, warum das Buch auch bei jungen Lesern ankam. Der Brief soll auch den Lesern dieses Buches nicht vorenthalten werden.

Mit der zweiten Hälfte der 70er Jahre war schon eine Zeit angebrochen, die viele neue Probleme in den Mittelpunkt unserer Gespräche rückte. Ich erinnere mich einer mehrstündigen Begegnung mit Natascha und Ruth in einem Schriftstellerheim am Schwielowsee bei Werder. Die Sorge um die Lage in unserem Land, die zunehmend schlechte Stimmung in breiten Kreisen der DDR-Bevölkerung, die immer weiter klaffende Schere zwischen der Darstellung in den Medien und der offenkundigen Realität beherrschten unser Gespräch. Die an mich gerichteten Fragen zur Haltung der politischen Führung, die Ursachen der Ignoranz vermochte ich genau so wenig zu beantworten, wie Natascha Tröstliches über die Sowjetunion zu berichten wußte.

*

In diesem Gespräch, wie in allen folgenden bis in den Herbst 1989 hinein, wirkte der Konflikt, in dem wir wie viele andere standen, die sich für das, was in der DDR vor sich ging oder unterblieb, verantwortlich fühlten: wir sahen das Fehlerhafte in der Politik unserer Führung, erkannten zunehmend die Ursachen der Krankheit unseres Systems, das wir immer noch für ein sozialistisches hielten. Den Glauben an die Möglichkeit seiner Gesundung gaben wir nicht auf, keinesfalls wollten wir Wasser auf die Mühlen unserer Gegner im Kalten Krieg gießen. So wurde jedes öffentliche Auftreten zu einer Gratwanderung, zunächst für Ruth, nach meinem Ausscheiden aus dem Dienst 1986 auch für mich. Aus der Nähe gleicher Gesinnung wuchs mit den Jahren das Bedürfnis nach freundschaftlichem Rat.

Vom Gleichklang unserer Gedanken in all diesen Jahren zeugen Blätter, die ich in meinem Kalenderbuch von 1984 gefunden habe. Am 3. Februar hatte ich geschrieben:

„Liebe Ruth, vielen Dank für Eure lieben Grüße und ganz besonders für die gute Idee, mir das Büchlein Deines ‚großen Bruders‘ zu schenken. Eine der Schattenseiten meines Daseins, gewissermaßen eine Berufsschädigung, besteht darin, daß der Tageskonsum von Papier im Dienst und danach wenig Zeit und Kraft für gute Lektüre läßt, leider. So stapeln sich an einigen Stellen scheinbar griffbereit Bücher und Manuskripte, wichtige, schöne, amüsante, und versinken zum Teil unter neu hinzukommenden, leider.

Das Büchlein Jürgens („Dialog mit meinem Urenkel“) hat aber Müdigkeit und Trägheit bezwungen. Mit Spaß und zunehmender Genugtuung habe ich die Fragen und Antworten verfolgt. Nicht nur daß Spritzigkeit, Witz und Originalität natürlich sympathisch sind und schon der Titel (neben dem Namen des Autors) Leser anziehen wird, der Ernst des Ganzen macht Freude.

Sicher schreibt Jürgen aus seiner eigenen reichen Erfahrung und souveränen Position; manche Frage würde ich von meinen eigenen Erfahrungen ausgehend anders beantworten, die Ansichten sind aber die gleichen. Es ist schon interessant und eigenartig, daß Menschen so unterschiedlicher Lebenswege, verschiedener Generation derart verwandt sein können. Glücklicherweise sterben sie nicht aus und werden nicht weniger. Sicher hat dies etwas mit unseren gemeinsamen geistigen Vätern zu tun. Aber andere haben ja auch ihren Marx und Lenin gelesen, haben eifrig Schulen und Versammlungen besucht und sind doch so anders im Denken und Handeln.

Aus den Briefen und Tagebüchern der Maxie Wander ist mir eine willkürlich kunterbunte Aufzählung von Namen erinnerlich, die ihr viel bedeutet und Mut gemacht haben. Das Büchlein Jürgens und die Tatsache, daß es erschienen ist, machen echt Freude und Mut.

Vielleicht sagst Du es ihm bei Gelegenheit. Nun bist Du im Besitz einer Rarität; denn auf mich trifft sicher noch mehr zu, was Koni Dir über sein Verhältnis zum Briefeschreiben schrieb (auch damit hat Jürgen recht!). Mit besten Grüßen an Len, dem ich neben den großen offiziellen Glückwünschen von meiner ganzen Familie alles denkbar Gute wünsche.“

Ruth antwortete am 24. Februar 1984:

„Lieber Genosse Mischa. Im Namen von Len, der wegen seiner Augen im Krankenhaus liegt, ganz herzlichen Dank für die wertvollen und ihm nützlichen Geschenke. Nun kann er auch im Krankenhaus die schönen Busch-Kassetten hören.

Und von mir eine besondere Umarmung für Deinen guten Brief über J. K's Buch. Daß Du Dich bei Deiner vielen Arbeit hinsetzt und so ausführlich darüber schreibst, hat mich sehr berührt. Auch von Jürgen herzlichen Dank. Leider wird es nun doch als Fehlschlag betrachtet. Weitere Besprechungen, Neuauflage, Veranstaltungen sind untersagt. Der fast Achtzigjährige nimmt es gelassen hin; ich weniger. Unsere Kulturlandschaft erscheint mir im Moment überhaupt recht getrübt. Vielleicht nicht nur sie. Wir waren bedrückt über ein Begräbnis und hoffen, würdige kluge Menschen führen weiter, was begonnen.

Bleib stark und gesund! Deine Ruth. "

*

Während Ruth bei schwierigen Situationen im Schriftstellerverband meine politische Erfahrung des Außenstehenden für nützlich hielt, suchte ich ihren Rat als Schriftstellerin, als ich mich mit dem von mir angestrebten Ausscheiden aus dem Dienst meiner ersten Arbeit an einem Buch zuwandte. Ruth gehörte zu den wenigen, mit denen ich die Absicht beriet, die von meinem Bruder leider nicht vollendete Filmidee „Die Troika" als Reportage und Dokumentation zu realisieren. Ruth bestärkte mich in meiner Absicht, in Buchform offen über die Repressalien der Stalinzeit zu schreiben, die damals in der DDR noch als Tabu behandelt wurden, dabei aber auch die uns bewegenden und schmerzenden Gedanken zu unserer Zeit zu reflektieren. Diese Gedanken beunruhigten mich so sehr, daß ich das Schreiben mit dem Epilog zum Buch begann.

Den ersten Entwurf gab ich neben einer anderen befreundeten Schriftstellerin Ruth zum Lesen mit der Bitte um offene Kritik. An das folgende Gespräch auf der Veranda unseres Sommerhauses 1987 erinnere ich mich sehr genau. Ruth hielt das Manuskript in den

Händen und machte Punkt für Punkt ihre Bemerkungen. Die meisten waren nicht grundsätzlicher Art und konnten ohne Schwierigkeiten berücksichtigt werden. Hauptproblem war ihre Meinung, ich müsse als Erzähler stärker sichtbar sein. Das stand im Widerspruch zu meiner Absicht, als Erzähler gerade im Hintergrund zu bleiben. Jedenfalls verdanke ich Ruth vieles beim Zustandekommen meines schriftstellerischen Erstlings.

Im Dezember 1987 schrieb sie mir:

„Lange nichts voneinander gehört. Bist Du fleißig? Bist Du zufrieden mit dem Resultat? Der Schriftstellerkongreß war erfrischend mutig und hatte gutes Niveau, aber doch nicht so mutig, daß er meine Rede ganz abgedruckt hat, oder vielmehr die Presse tat es nicht. Ich schicke sie Dir mit, weil gerade der Teil, den Du behandelst, weggelassen wurde, aber bis Deins erscheint, sind wir so weit."

Dieser Optimismus war, wie so oft, verfrüht. Es folgte ein Jahr vieler Restriktionen und willkürlichen Umgangs mit Autoren in Verlagen. Die Zensur eines Fernsehfilms über meinen Vater zu seinem 100. Geburtstag im Dezember 1988 nahm ich zum Anlaß, bei Erich Honecker um ein Gespräch nachzusuchen. Dieses Vieraugengespräch fand am 18. Januar 1989 statt. Dem empörenden Umgang mit den Autoren des Fernsehfilms über Friedrich Wolf fügte ich weitere Beispiele hinzu, um auf die diskriminierende Behandlung von Schriftstellern, Künstlern und Journalisten aufmerksam zu machen. Neben anderem führte ich den Umgang des Fernsehfunks mit einem unlängst stattgefundenen Interview Ruths an, aus dem man ohne ihr Wissen genau die Minuten herausgeschnitten hatte, an denen ihr besonders gelegen war. Das Gespräch mit Honecker führte zwar zur Ausstrahlung des Films über meinen Vater in voller Länge, hinterließ aber in meinen Notizen das Resümee: „Es wird sehr kompliziert bleiben und sehr hart werden".

Dies zeigte sich schon beim Erscheinen der *Troika* im selben Frühjahr. Daß es überhaupt dazu gekommen war, wurde in Ost und West als Sensation empfunden; ein von mir dazu gegebenes Interview verursachte aber großen Ärger im Politbüro. Die DDR-Medien erhielten Auflagen für Rezensionen, vielmehr das Verschweigen. Zur Leipziger Buchmesse, auf der *Die Troika* zur Attraktion des Aufbau-Verlags wurde, sollte ich keine weiteren Interviews geben.

Ich füge hier eine Passage aus meinem Buch *In eigenem Auftrag* nur deshalb ein, weil sie einen der symptomatischen Vorgänge jener Zeit dokumentiert. Unter dem 12. 5. 1989 gibt es folgenden Eintrag: *Gespräch bei Mielke. Ich beschwere mich wegen der Vorgänge in der Politischen Hauptverwaltung der Armee und der dort gefallenen Äußerung: „Der Wolf hat in der Armee nichts zu suchen." Dieser Spruch war die Antwort auf die Absicht der Redaktion der Zeitung ‚Volksarmee' gewesen, ein Interview mit mir zu veröffentlichen. Seit Wochen lag der Beitrag in der Schublade des Redakteurs.*

Der Vorgang war ein offener Affront gegenüber einem Generalobersten gewesen, der in den Truppenteilen der Nationalen Volksarmee, von denen zwei die Namen des Vaters und des Bruders trugen, bisher immer ein gerngesehener Gast gewesen war. Das brachte ich bei Mielke ebenso zur Sprache wie die Einladung zu Lesungen in Strausberg, dem Sitz des Ministeriums für Nationale Verteidigung. Mielke wußte darauf zu antworten, Armeegeneral Keßler habe wegen meiner beabsichtigten Lesung in Strausberg extra bei Honecker nachgefragt und allerdings die Zustimmung mit der Bemerkung erhalten, es sei doch ein „gutes Buch"?! So weit muß es kommen! Ausgerechnet Keßler, der im Mai 1945 in derselben sowjetischen Militärmaschine mit mir in Tempelhof gelandet und mir bei späteren Zusammentreffen stets freundschaftlich begegnet war, glaubte sich meinetwegen rückversichern zu müssen!

Wegen des Interviews rief Mielke bei Keßler an. Es sei ein Mißverständnis. Er wolle sich das Interview kommen lassen. Wegen der ARD-Einladung kommt es zu einem Disput. Die Mitarbeiter des Ministeriums würden so etwas nicht verstehen, meint Mielke. Er wolle aber noch einmal beim Generalsekretär nachfragen."

Unter dem 13.6. 1989 steht dann als Eintrag:
„Endlich ist das Interview in der ‚Volksarmee' erschienen."

*

Auf der Rückseite des Fotos: Genossen Generalleutnant Markus Wolf mit
guter Erinnerung an das erste Zusammensein
Ruth Werner   Len Beurton
Berlin, 6. April 78

Ruth nahm an allem großen Anteil und danach auch an den Lesungen. Witzigerweise überging ausgerechnet die Frauenzeitschrift „Für Dich" mit einer sehr schönen Buchbesprechung aus der Feder von Ruth das Verdikt der Partei zum Autor der „Troika". In einem Brief vom 8. März 1989 schrieb sie auf einem mit Blümchen dekorierten Blatt:

„*Auf meinem soeben erhaltenen Kitsch-Frauentagspapier gratuliere ich zu dem Eindruck, den die ersten Fortsetzungen der ‚Troika' bei den Lesern hinterlassen haben. Das Buch und Deine Persönlichkeit werden Dir mindestens ein, zwei Jahre lang so viel – Veranstaltungen, Diskussionen – zu tun geben, daß Du kaum zu etwas anderem kommen wirst, aber auch das lohnt sich für Dich und die Fragenden. Drollig, wie still und heimlich die Brigitte Z. Dich in ihr Blatt eingeschleust hat und ich mit der Chinareportage Dein Feigenblatt war.* "

Anmerkung: Tatsächlich hatte die Chefredaktion der populären „Wochenpost" in einer fast konspirativ getroffenen Entscheidung die „Troika" noch vor Erscheinen des Buchs in Fortsetzungen vollständig abgedruckt. In den Nummern 07 und 08 des Jahres 1989 war eine Reportage Ruth Werners über ihre Chinareise im Herbst 1988 veröffentlicht.

Die von Ruth vorausgesagten Turbulenzen meiner Lesungen und Medienaktivitäten des Jahres 1989 fanden tatsächlich statt. Sie fielen allerdings schon in die ganze bewegte Zeit des von Monat zu Monat aufregenderen Wirbels, der in die im Herbst beginnende Wende mündete.

Am 21. 5. 1989 hatte ich noch in mein Tagebuch eingetragen:

„Ruth Werner zu Besuch bei uns. Sie war auch zur Lesung im Gro-tewohl-Haus gewesen. Seit ‚Sonjas Rapport' hat sich zwischen uns ein enges Vertrauensverhältnis gebildet. Ihre offene Art liegt mir. Sie sieht die Probleme bei uns genau so kritisch, spricht sie öffentlich aus und gerät, wie ihr Bruder Jürgen Kuczynski und andere Gleichgesinnte, in die widersprüchliche Situation, von der Führung als eine Art Feigen-blatt benutzt und gleichzeitig mißtrauisch beobachtet zu werden."

Ende August notierte ich nach einer Begegnung:

„Die Gespräche drehten sich um die nicht vermeidbaren Themen der Selbstdemontage der Partei und des Landes ... Keiner kann es mehr ertragen. Ruth berichtete von einer Parteiversammlung im Schriftstel-lerverband mit entsprechender Diskussion. So wird auch dieser Abend, der zwangloser Geselligkeit gelten sollte, zur Fortsetzung jener zermür-benden, endlosen Diskussion, die nichts bewirkt."

Im Herbst beschränkte sich unser Kontakt auf zahllose Telefona-te, die unserer übereinstimmenden Sorge um den Fortgang des Stru-dels der Ereignisse gewidmet waren. Der sich von Woche zu Woche, manchmal täglich widersprechende Wechsel der Stimmung und Wer-tung der Lage im Land und in der eigenen Partei spiegelte sich in diesen Gesprächen wider. Als es dann zum Wechsel in der Führung der SED, schließlich zum Außerordentlichen Parteitag kam und an mich von verschiedenen Seiten Erwartungen an die Übernahme einer verantwortlichen Funktion in Partei und Staat herangetragen wurden, unterstützte mich Ruth in der Überzeugung, daß dies nicht meine Aufgabe sein konnte. Das Ergebnis dieser Beratung war der von ihrem Bruder Jürgen gemachte und von mir im neugewählten Vorstand der PDS eingebrachte Vorschlag der Bildung eines „Rates der Alten" nach historischem griechischem Vorbild.

Dann kam es zu der nicht gewollten Unterbrechung unseres Kontakts durch meine längere Abwesenheit im Ausland nach der Vereinigung im Oktober 1990 und dem Beginn meiner Strafverfolgung nach Rückkehr im September 1991. Meine Prozesse und meine Verteidigung sowie die ununterbrochene Arbeit an Buchmanuskripten ließen kaum Zeit für gründlichere Gespräche. Den Rat Ruths bei der schriftstellerischen Arbeit hätte ich wohl gut gebrauchen können. So blieb es bei wenigen Begegnungen, die kaum schriftliche Spuren, wohl aber schöne Erinnerungen an Ruth aus der Zeit hinterlassen haben, in der wir beide sehr unterschiedlich geprüft wurden. Für sie war der Untergang der DDR als antifaschistische Alternative auf deutschem Boden verbunden mit großen gesundheitlichen Problemen zuerst bei Len und zunehmend auch bei ihr selbst. Meine Kraft war damals stark von den Gerichtsverfahren in Düsseldorf beansprucht.

Es bleibt vermutlich das letzte schriftliche Zeugnis unserer Verbundenheit als sie mir am 9. Januar 1994 nach meinem ersten Prozeß schrieb:

„Lieber Mischa. Du weißt gar nicht wie viel wir an Dich denken und wie wir Dich für Deine aufrechte Haltung vor Gericht bewundern. Du läßt Dich trotz aller Schikanen nicht brechen.

Das Unrecht-Gericht wird nicht durchkommen. Du hast die Solidarität vieler Menschen auf Deiner Seite. Natürlich auch die unsrige. Mit allen guten Wünschen Ruth und Len."

Sicher tat solcher Zuspruch damals gut; aus der Feder von Ruth hat er mich jedoch etwas beschämt. Was war denn meine selbstverständliche Haltung vor Gericht, gemessen an den vielen Jahren lebensgefährlichen Risikos ihres Kundschafterlebens?

In den folgenden Jahren wurden meine Frau Andrea und ich Zeugen, wie sich Ruth in ihrem nun auch schon hohen Alter in der Enge ihres Hauses am Dammweg rührend um Len sorgte. Über ihre eigenen gesundheitlichen Probleme sprach sie so gut wie gar nicht. Nur schnell einen Tee für uns bereiten und dann keine Zeit von den von ihr vor allem gewünschten Gesprächsthemen verlieren. Natürlich wollte sie möglichst alles über meine Familie und meine Arbeit wissen, aber sie war und blieb ein durch und durch politisch interessierter und denkender Mensch. Der war sie durch ihr ganzes Leben geworden.

Ich werde sie so in meiner Erinnerung behalten: eine auch im Alter unverändert schöne, durch ihr ganzes Wesen, ihre Ausstrahlung wunderbare Frau. Gleichgesinnt – das bestimmte und bezeichnet unsere Beziehung. Eine echte, tiefe Freundschaft. Ursula – Sonja – Ruth hatte viele Freunde. Sie hat mit ihrem ganzen Leben, mit ihrem Rapport Spuren hinterlassen. Diese werden nicht so bald verwehen.

Brief von Konrad Wolf

25. November 1979

Liebe Ruth Werner!

Zufälle sind, bekanntlich, so eine Sache – reizvoll, gefährlich, anregend, bestürzend – jedenfalls wäre ohne sie das Leben wenig lebenswert. Also – „Der Zufall wollte es", daß ich Dein Buch erst jetzt in die Hände bekam (nicht ganz – der Buchhandel war auch beteiligt, und ich erstand es erst vor kurzem in einer „kasernierten" Verkaufsstelle anläßlich der Vereidigung eines jungen Soldaten), das ich kurz davor in Japan war, und das Grab von Richard Sorge aufsuchte und so weiter.

Und nun reihe ich mich wohl so ziemlich in das Ende der Schlange von Briefeschreibern ein ... ich tue es relativ selten, das Briefeschreiben (schon meine Mutter beklagte sich bisweilen ohne Erfolg darüber), da ich vor meiner Muttersprache große Hemmungen habe und bis heute wesentlich besser in der Lage bin, Gedanken und Gefühle russisch auszudrücken. Natürlich eine himmelschreiende Schande für den Sohn eines Schriftstellers – aber es ist so!

Offen gestanden, nicht ohne Angst und Voreingenommenheit nahm ich Deinen Report in die Hand. Du wirst wissen oder ahnen, warum. Autobiographin, Lebensbeschreibungen, diese ganze Flut von, entschuldige, egozentrischem Dünnschiß bereitet mir in jüngster Zeit eher Pein als Freude. Um so mehr, wenn es sich um sogenannte authentische Schilderungen aus dem Bereich der „Kundschaftertätigkeit" handelt. Ich brauche Zeit, um diese Abwehrhaltung abzuschütteln.

Dann aber wurde ich um so tiefer hineingezogen in Deine Welt, Dein Leben, Deine Gedanken, und ich war erleichtert, wirklich glücklich: es geht also doch! Man kann es schildern, wenn man es kann! Wir sind mit unseren so leicht verletzbaren und zu verschütteten Nervenknoten des Durchlebten nicht der Gleichgültigkeit, dem kaltschnäuzigen Zweifel, dem Machertum des Heute ausgeliefert.

Ist es anmaßend, wenn ich Dir sage, welche qualvollen Zweifel mich fast paralysierten, als mich nichtsahnende Freunde drängten, ICH WAR NEUNZEHN zu realisieren. Keiner glaubt es heute, wie ich mich mit Händen und Füßen dagegen wehrte! Und dann kam ich aus dem Schreiben nicht raus, wurde regelrecht überrumpelt durch die Art des Widerhalls, wie sich besonders Jugendliche aufgeschlossen zeigten. Also liegt es doch an uns, nur an uns – ob wir den Weg zu neuen Generationen finden oder nicht ...

Entschuldige, liebe Ruth Werner, daß ich über Gott und die Welt schreibe, nicht aber über Dein Buch, seine Besonderheiten.

Das fällt mir etwas schwer, und dann werde ich bestimmt nichts Neues hinzufügen können zu den unendlich vielen Meinungen, Analysen, fein sezierenden „Demontagen"...

Du hat es eben so geschrieben, wie Du es nicht anders schreiben konntest, das ist mein Eindruck, und das ist nicht (wohl) das Seltenste und Wertvollste: ja – ehrlich, ja – bescheiden, ja – authentisch, ja – mutig und so weiter, und so weiter. Und doch es steckt noch viel mehr drin, und ich kann es nur so ungescheit, – dumm formulieren: ES IST MEINS! Und noch etwas (das, nebenbei gesagt, erschütterte mich bei Max Clausen, als ich ihn unmittelbar danach kennen lernte, als er „ins Licht der Öffentlichkeit trat"): es leben Menschen neben Dir, mit Dir, die aus tiefster Überzeugung das taten, was sie für richtig und notwendig hielten, dabei alles, ohne Klagen, ohne tagtäglich gestreichelt und gelobt zu werden, durchlebten und durchlitten – und Du weißt so viel wie nichts über sie, ja, neigst zu Geringschätzung, reihst sie in den grauen Durchschnitt ein, übersiehst im Haufen von Müll und Schutt das Stückchen Gold, das tausendmal mehr wert ist als das Dir ständig ins Ohr dröhnende fein geputzte Blech ...

Ich meine damit viele Mitmenschen, Zeitgenossen mit ganz anderen Schicksalen als das Deine. So vieles stieß mich tief hinein – die Kinder (!!), die Männer, die Kinderfrau, natürlich – Moskau, der „Zwischenfall" im AMT vonwegen „Verletzung der Wachsamkeit" und immer wieder Details, die so unscheinbar WICHTIGEN ...

Ich höre auf! Und nimm mir die banal-eitle Feststellung bitte nicht übel, daß ich rein subordinationsmäßig als ehemaliger Oberleutnant eigentlich vor Dir stramm zu stehen habe (auch ich hatte diesbezüglich so meine Probleme, als ich zum Beispiel im Sommer 45 in Moskau in der Nähe des Woentorg meiner Kurzsichtigkeit wegen und ohne Brille einen Starschina, nicht aber einen General grüßte und darauf hin 5 Stunden strafexerzieren mußte ...) Ich stehe stramm, aber nicht des Dienstgrades wegen!

Herzlichste Grüße Dir und den Deinen
Koni Wolf

PS: Ich lege ein Foto bei – aus Tokio, als ich im Oktober dort war.

*Sorge-Gedenk-
stätte in Tokio.*

*Text auf der
Rückseite des
Fotos „Für Sonja.
Koni Wolf"*

Ruth Werner an Markus Wolf

Lieber Genosse Micha Wolf,

darf ich Dir sagen, wie traurig wir sind. Ich habe Koni – außer daß wir uns grüßten – erst vor einigen Jahren persönlich kennengelernt – durch einen Brief, den er mir zu Sonjas Rapport schrieb. Doch dieser Brief war von solcher Offenheit, solchem Vertrauen, daß außer mir nur Len ihn zu lesen bekam. Ich mochte den Brief auch nicht unter „Ablage W." einheften, sondern verwahrte ihn persönlich.

Was er schrieb machte ihn mir zum Freund. Entschuldige das vermessene Wort. So empfand und empfinde ich es. Ein langer Besuch von ihm, der uns gar nicht lang vorkam, war eine Festigung des guten Kontaktes. Ich erhielt einen zweiten Brief von ihm mit klugen Vorschlägen zum „Sonja – Film".

Es berührte mich, daß beide Briefe handschriftlich mit beinahe Druckbuchstaben geschrieben waren, er hatte wohl eine schlechte Schrift oder glaubte sie zu haben. Viel wichtiger, und es scheint mir nicht durch andere zu ersetzen, sind seine künstlerischen Leistungen für uns alle.

Da fragt man sich mit zusammengebissenen Zähnen, warum – warum?

Ich umarme Dich und drücke Dir die Hand

Ruth Werner

Markus Wolfs Bruder Konrad, einer der wichtigsten Filmregisseure und langjähriger Präsident der Akademie der Künste, war am 7. März im Alter von 56 Jahren verstorben.

Burga Kalinowski

Wiedergelesen

Als die Todesanzeige in der Zeitung stand, zuckte ein Schreck auf: Wieder eine von denen nicht mehr da, die genug Moral und Mut hatten, gegen Nazi-Deutschland zu kämpfen. Die einfach taten, was nötig war. Am 7. Juli 2000 ist Ruth Werner im Alter von 93 Jahren gestorben. Unwiderruflich verloren nun ihre Erlebnisse, Erfahrungen, Erkenntnisse aus den dramatischen Läufen des vergangenen Jahrhunderts. Ja sicher, sie hatte es schon mal aufgeschrieben, im Großen umrissen die Stationen und Positionen ihres Lebens. Aber wieviel und was alles hat sie nicht geschrieben – aus Bescheidenheit, Disziplin oder politischen Einsichten, nach denen es nicht opportun war, alles zu jeder (oder jener) Zeit zu sagen. Trotzdem: „Sonjas Rapport" von Ruth Werner war schon ein kleines Ereignis auf dem Marktplatz der Sensationen in der DDR. Mit der Dokumentation „Dr. Sorge funkt aus Tokyo" ist der „Rapport" mit eine der ersten Veröffentlichungen in der DDR über die Arbeit der sowjetischen „Kundschafter des Friedens" in den 30er Jahren, mitten im Krieg und in der Zeit danach. Der Erfolg dieses durch und durch politischen Buches auch im Ausland war beachtlich. Ein Bestseller gewissermaßen, im Erscheinungsjahr mit einer Auflage von 38 000 Exemplaren, die sehr schnell vergriffen waren. Über die Jahre wurden es insgesamt über 300 000. Es dauerte, bis ich das Buch im Regal hatte. Die Lese-Erinnerung besteht weniger aus Details als vielmehr aus dem allgemeinen Eindruck. Der allerdings muß stark gewesen sein. Nicht von ungefähr prägt sich ein Buch ein. In diesem Falle hatte es nichts mit literarisch-ästhetischen Kategorien zu tun, sondern mit lebensgeschichtlicher Authentizität. Vielleicht kam die Wirkung von der unpathetischen Beschreibung des so gar nicht alltäglichen Alltags der „Sonja"? Mehr noch aber war es die Selbstverständlichkeit, mit der Ruth Werner kommunistische Haltung in menschlichen und politischen Anstand übersetzte und danach handelte. Dies immer-

hin in Zeiten, da das eine verfolgt, das andere immer rarer wurde (in Deutschland zumal) und das dritte schließlich tödliche Risiken barg. Wer ging die schon ein. Wie ehrlich und fair wird das heute beantwortet? Der mittlerweile als Pfui-Wort instrumentalisierte Begriff Antifaschismus (ein Bumerang übrigens auch angesichts des in ganz Deutschland virulenten Rechtsextremismus) umfaßt eben auch Ruth Werners Tun. Und das verdient allemal Achtung, auch wenn es manchem fanatischen Wanderprediger in Parteien, Stiftungen und öffentlichen Ämtern nicht in den politischen Kram paßt. Die zweckgemäße Undifferenziertheit sowie entsprechende Verdikte in Schwarzweißmalerei erinnern fatal an SED-Traktate, die dem „richtigen Denken" ebenfalls sicherheitshalber auf die Sprünge helfen sollten. Sonntagsreden über fehlende Zivilcourage in Geschichte und Gegenwart, Mahnungen, aus der NS-Vergangenheit zu lernen, Kritik an der Mentalität des Wegsehens muten mindestens dann sonderbar, wenn nicht gar heuchlerisch an, wenn antifaschistische Haltung grundsätzlich diskriminiert wird – weil sie ein Legitimationsfaktor der DDR war. Ganz abgesehen davon, daß die antifaschistische Intention der aus Konzentrationslagern, Westemigration und sowjetischem Exil zurück gekehrten Gründungsväter der DDR allein deshalb mit Eifer und Geifer in Frage gestellt wird, weil sie zumeist Kommunisten und Sozialisten waren. Eine Denkungsart, die sie nicht davon abhielt, ganz im Gegenteil eher motivierte, dem Nationalsozialismus Widerstand zu leisten. Ein durchaus unübliches Verhalten damals in Deutschland. Das sollte selbst eingefleischten Antikommunisten ein wenig Achtung abnötigen. So wie man auch jenen Widerständigen, die erst im Juli 1944 – quasi in letzter Minute – den Mut zum Handeln fanden, Respekt zollt.

Zurück zum Buch: Der in der DDR zunehmend als Heldenkult ritualisierte Antifaschismus erhielt mit „Sonja" ein sehr menschliches Gesicht. Ohne Schminke, ohne Falschheit. Das machte Eindruck, selbstverständlich. Diese Frau war schon ein bißchen mitbeteiligt an dem, was gemeinhin als Gang der Geschichte bezeichnet wird. Wenn ihr jemals ein solcher Gedanke gekommen sein sollte (das Buch vermeidet große Worte), dann sicher nur in dem Sinne, eine frei gewählte Pflicht getan zu haben. Das ihr Mögliche. Den Maßstab dafür findet die Tochter des Wirtschaftshistorikers René Kuczynski und der Malerin Berta K. schon sehr zeitig. Bereits als 16jährige ist sie politisch aktiv. Das Deutschland nach dem 1. Weltkrieg gibt Gratisunterricht in sozialer Ungerechtigkeit und politischen Unwägbarkeiten. Nicht hinnehmbar sind der jungen Frau diese Verhältnisse, die Millionen Menschen ins Abseits treiben, ihnen mit der Hoffnung ihre Würde nehmen. Ihr Blick, ihr Denken geht über das Eigene hinaus. Aus damaligen Briefen an ihren Bruder Jürgen K. entsteht das Bild dieser brüchigen Zeit. Ruth Werner ergreift Partei gegen das Elend (in) der Gesellschaft. Sie wird Mitglied der KPD – die Vision von einer menschlichen Welt auch ihr Lebensanspruch. Aus China schreibt sie 1935 an die Eltern in Deutschland: „Ich führe genau das Leben, das ich mir wünsche, und ich bin sehr zufrieden." Seit 1930 lebt sie als mitreisende Ehefrau ihres ersten Mannes Rolf, eines Architekten, in Shanghai. Eine fremde Welt. Das Ausmaß der Ausbeutung und Armut entsetzt sie. Ignoranz und Selbstbezogenheit der besseren Shanghai-Gesellschaft (reiche Chinesen, gutsituierte Ausländer, ab 1933 bei den Deutschen dann eine regelrechte Nazikolonie) sind ihr zuwider. Sie sucht und findet Freunde, Verbündete. Einer von ihnen ist Richard Sorge, die Kundschafterlegende der kommunistischen Welt. Von ihm wird sie für die konspirative Arbeit für den – wie sie später erfährt – Nachrichtendienst der Roten Armee gewonnen. Sie beginnt ein Leben, von dem zu diesem Zeitpunkt selbst ihr Mann nichts wissen darf und vor dessen Gefahren sie ihren 1931 geborenen Sohn schützen muß. Das ist eine Priorität, die sie immer berücksichtigen wird, auch in den folgenden Jahren, als sie mit drei kleinen Kindern (geboren in Shanghai, Warschau, Oxford) unter komplizierten Umständen illegal arbeitet.

Was zunächst abenteuerlich anmutet – geheime Treffs chinesischer und deutscher Genossen in ihrer Wohnung, Kurierfahrten durchs Land, nächtliches Funken, Chiffrieren, Dechiffrieren – beschreibt sie im Buch als Arbeit, in die sie immer mehr hineinwächst. Sie lernt Chinesisch (am Ende ihres Aufenthaltes kann sie 1000 Wörter schreiben und lesen), sie lernt, aus Einzelteilen das Funkgerät zusammenzubauen („ich bin nie ein Fachmann wie Ernst geworden"; Ernst ist in dieser Zeit ihr Arbeits- und Lebenspartner, d.A.), sie lernt Morsen („Das Morsen lag mir. Ich erfuhr später, daß ich überdurchschnittlich rasch und fehlerlos sendete.") – sie wird eine zuverlässige Mitarbeiterin im Umfeld von Richard Sorge. 1937 wird ihr der Rotbannerorden verliehen.

Auch beim Wiederlesen nach gut 20 Jahren beeindruckt, wie Ruth Werner dieses Leben ausbalanciert. Es war ja kein spannendes Spiel. Es ging tatsächlich um Krieg oder Frieden. Und immer ums Leben. „Über die Gefahr, in der ich mich befand, konnte ich mich nicht jedesmal neu aufregen?" – diese lakonische Feststellung bezeichnet eine Grundhaltung: Unaufgeregt die Dinge tun, Entscheidungen nüchtern bedenken, leidenschaftliches Engagement klug umsetzen. So macht sie es in China, in Polen, in der Schweiz, in England – und entkommt mit Glück und Umsicht der Entdeckung. Manches Mal war es knapp. In der Schweiz gehört sie zu dem Kreis des ungarischen GRU-Residenten Rado (sein Buch „Dora meldet" gibt sehr genaue Einblicke in die Arbeit der Kundschaftergruppe; GRU – Nachrichtendienst der sowjetischen Streitkräfte), trifft und heiratet den englischen Kommunisten Len Beurton, einen für seine tollkühne Furchtlosigkeit bekannten Spanienkämpfer, ihr Gefährte bis zu seinem Tode Ende 1997.

Dann England als letzte Station. Seit Ende 1942 sendet „Sonja" von der Insel nach Moskau geheime Forschungsdaten von Klaus Fuchs über die Atombombe, an der später in der Wüste von Nevada fieberhaft geforscht und gebaut wurde. Im August 1945 wird diese Waffe über Hiroshima und Nagasaki eingesetzt. Eine amerikanische Machtdemonstration unmittelbar nach Abschluß des Potsdamer Abkommens – kalkulierte Drohgebärde angesichts von Stalins imperialen Ansprüchen und wirkungsvoll auch, um ebensolchen eigenen Ambitionen Nachdruck zu verleihen. 1949 stellt die UdSSR das Gleichgewicht des Schreckens her: Auch sie hat jetzt die Bombe. Was wäre gewesen, wenn nicht ... Aber Geschichte ist kein Spekulationsobjekt – eher die Resultante gesellschaftlicher Prozesse, politischer Ziele und individueller Aktivitäten. Zustandsveränderung, was noch nichts über gut oder schlecht, über Stabilität oder Instabilität sagt. Der Horror der Bombe, von den USA schon einmal der Welt vorgeführt – das Datum 6. August erinnert jährlich daran –, wurde durch den russischen Zwilling eingefroren. Kalter Krieg – immer noch besser als der alles verbrennende. Diese Grenzüberschreitung war nun tabu. Im weiten Vorfeld dazu hat Ruth Werner ihren Platz. Auf Fahrradtouren durch britische Wälder trifft sie ihren Informanten. Klaus Fuchs (seit 1932 in der KPD, 1933 emigriert, Stipendiat bei Max Born in Edinburgh) wirkt am britischen Atombomben-Programm mit, ist bis 1946 als Mitglied der englischen Forschungsgruppe am amerikanischen Bomben-Projekt beteiligt, wird 1946 Leiter der Abteilung Theoretische Physik im britischen Atomforschungszentrum und 1949/50 als Informant für die UdSSR enttarnt. Der „Atom-Spion" ist ein Schock für die westliche Welt. Verurteilt zu 14 Jahren Haft, wird er 1959 begnadigt und in die DDR abgeschoben. Darüber steht in „Sonjas Rapport" freilich kein Wort. Schweigen auch darüber, daß sie in jenen 30 Jahre zurückliegenden Zeiten die Notizen von diesem Mann übernahm und weitergab. „Natürlich hat sie gewußt, daß sie keine Pelmeni-Rezepte nach Moskau schaffte. Natürlich hat sie gewußt, daß sie dabei war, den Göttern in Los Alamos Blitz und Donner zu stehlen. Natürlich hat sie später gewußt, wie nahe ihr das Feuer gewesen ist, in dem die Rosenbergs verbrannten. Natürlich hatte sie – all ihrem Tun war dies eingeschrieben – alles getan, um die Herren ihres Herkunftslandes nicht Herren der Welt werden zu lassen." – Hermann Kant sagt es auf der Trauerfeier für seine Kollegin. Mehrere Jahre lang gehen diese und andere Meldungen durch ihre Hände (und ihr sicher auch deren Bedeutung durch den Kopf), obwohl der Amateurfunkverkehr während des Krieges verboten ist.

Im Herbst 1947 erhält Ruth Werner Besuch von der englischen MI 5 (Abteilung 5 des militärischen Geheimdienstes: Spionageabwehr): „Sie waren jahrelang eine russische Agentin." Die Herren schlagen auf den Schweizer Busch. Allen Foote, einst Mitarbeiter der Schweizer Gruppe, hatte sein Wissen verkauft. Ihre Tätigkeit in England aber bleibt unentdeckt. Ruth Werner und ihr Mann bieten den

Gentlemen Tee an und lehnen ihr Kooperationsangebot ab. Die Verbindung zur Zentrale bricht ab. Ruth Werner versucht, mit ihrer Familie nach Deutschland zurückzukehren, braucht dazu allerdings Moskaus Einverständnis. Über die sowjetische Botschaft in Prag fragt sie 1949 an, Anfang 1950 findet sie das OK in einem toten Briefkasten. Im Frühjahr trifft sie mit den Kindern in Ostberlin ein. Arbeitsangebote der Zentrale an sie, die inzwischen den Rang eines Oberst der Roten Armee hat, schlägt Ruth Werner aus: „Meine Nerven und Konzentrationsfähigkeit" sind nicht mehr wie früher, „ich fühlte, zwanzig Jahre reichten." In der gerade gegründeten DDR fängt ihr zweites Leben an. Sie beginnt zu schreiben. Ihre Bücher (u.a. „Ein ungewöhnliches Mädchen", „Der Gong des Porzellanhändlers") tragen zwar autobiographische Züge, geben jedoch nichts preis.

Ruth Werner fühlt sich endlich zu Hause. Ein sozialistisches Deutschland, auch dafür war sie in an der „unsichtbaren Front". Nun ist es ein Teilstaat, und einiges in diesem neuen Land läuft schief. Manches muß der gebildeten und weltoffenen Frau schwer angekommen sein. Wie z.B. hat Ruth Werner die Verfolgung der Westemigranten verkraftet, die der Befehl Nummer Zwei auslöste, wie auf die Verhaftungen im Zusammenhang mit den „Lehren" aus dem Slansky-Prozeß reagiert? Oder was bewirkten die Enthüllungen des XX.Parteitages der KPdSU 1956? In „Sonjas Rapport" ist dazu von „Jahren des schnellen Mißtrauens" zu lesen, von der „Zeit des Personenkults und der Verletzung sozialistischer Gesetzlichkeit" – 20 Jahre nach dem politischen Erdbeben ist das freilich nicht mehr als die parteioffizielle Sprachregelung. Freunden und Genossen, die in den Jahren des stalinistischen Terrors umkamen, hält sie die Treue: „Ich blieb überzeugt, sie waren Kommunisten und keine Feinde." Wahrscheinlich lag auch darin die Wirkung des Buches, daß ein Tabu-Thema überhaupt benannt wurde. So beschreibt sie u.a. eine Begegnung mit dem österreichischen Kommunisten Manfred Stern (bekannt aus dem Spanischen Bürgerkrieg als General Klèber und Held von Madrid), was nur für Insider zu deuten war und als indirekte Rehabilitierung gelten konnte. Denn Manfred Stern wurde, wie viele andere, in der Sowjetunion erschossen. Kein Thema in der DDR.

Sicher ist das wiederum ein Grund dafür gewesen, daß das Manuskript einige Zeit lag und geprüft wurde.

Ruth Werner hat dazu öffentlich nichts gesagt. Damals nicht und nicht, als politische Stagnation und Ignoranz zum Ende der DDR führten. „Sonjas Rapport" bleibt als Dokument eines mutigen Lebens. Es bleiben die Fragen. Aber es bleibt auch ihre Antwort, die sie nach dem Erscheinen ihres Buches einer Journalistin gab: „(...) niemand wird von mir verlangen, daß ich einen Helden in mir sehe. Das wäre ja geradezu dumm. Der Kampf gegen Faschismus und Krieg war für uns selbstverständlich (...) Man sucht sich die Zeit, in der man lebt, und die Umstände, unter denen man kämpft, ja nicht aus. Für mich war es ein Glück, daß ich als Kommunist aktiv arbeiten konnte. Sonst wäre ich in der schweren Zeit moralisch kaputtgegangen."

Liebesglück und Politik

Aus den Aufzeichnungen von Rudolf Hamburger

Rudolf Hamburger, der erste Mann von Ruth Werner, der in „Sonjas Rapport" den Namen „Rolf" trägt, hat mehrere autobiographische Aufzeichnungen hinterlassen. In der umfangreichsten dieser bislang unveröffentlichten Schriften schildert er seine frühen Jahre als Sohn eines Fabrikanten im schlesischen Landeshut, seine Studienzeit in Berlin und die beruflichen Anfänge in China. Natürlich nehmen die erste Begegnung mit Ruth Werner und der weitere Verlauf ihrer Beziehung einen beträchtlichen Raum ein. „Axel Westheim" – so nennt sich hier der Verfasser – und seine „Toni" sind ein Liebespaar wie tausend andere, aber immer deutlicher spiegeln sich die Konflikte der Zeit in der Partnerschaft wider.
Hier werden die betreffenden Passagen erstmalig veröffentlicht.

Von seiner Heimat in einer schlesischen Textilstadt kommend, hat Axel einige Studienjahre in München und Dresden verbracht und ist nun Student bei dem renommierten Architekten Professor Poelzig in Berlin.

An einem warmen Sommertag im Jahr 1926 nimmt ihn sein Studienkollege, der Anarchist Hans, zu einer von jungen Arbeitern frequentierten Badestelle an der Havel mit.

In einer geschützten Bucht lagen sie im Sande. Welche rauchten 3 $^1/_2$ Pfennig Zigaretten, andere wühlten sich in ihren nassen Badeanzügen in eine warme Kuhle. Zwischen den Jungens ging ein lebhaftes Rededuell im Berliner Jargon hin und her. Die Mädchen waren zurückhaltender, warfen aber Bemerkungen dazwischen, die bei den Jungen Beachtung fanden. Besonders eine, schwarzhaarig und springlebendig, parierte sehr gewandt Angriffe auf die organisierte Arbeiterjugend. „Die ist in Ordnung," wisperte Hans mir zu. Wir hatten uns ausgezogen und dazugesellt. Hans war im Kreise bekannt, und so wurde ich ohne Zeremonien als zugehörig betrachtet. Die Gruppe war zusammengewürfelt aus Organisierten der Kommunistischen Jugend, Anhängern der SPD, Anarchisten und politisch Uninteressierten. Der Streit ging um den Führungsanspruch der Arbeiterklasse, die Rolle der SPD in der Koalitionsregierung, um Löhne und Arbeitslosigkeit.

Die Jungkommunisten waren ideologisch am besten beschlagen, und das schwarzhaarige Mädchen genoß unter ihnen Ansehen. Jetzt sprang sie auf und rief: „Schluß mit dem Diskutieren. Die Sonne geht bald unter. Los, rein ins Wasser, Genossen. Wer schwimmt mit um den Weltrekord der roten Wassersportler?" Der Sand stiebte auf, alles folgte ihr im Sturmlauf. Mit ein paar kräftigen Stößen war sie weit herausgeschwommen. So ein Kerl von einem Mädel! Es dunkelte, als wir in unsere Sachen schlüpften. Der Kiefernwald war schwarz geworden. Wir brachen auf. „Können wir noch zusammen sein", fragte ich sie. „Geht nicht, ich muß in den Abendkursus der MASCH." (Marxistische Arbeiterschule). „Schade, und ein andermal?" „Könnte man überlegen." Damit war sie auf und davon.

Das schwarzhaarige Mädchen geht dem Studenten nicht aus dem Kopf. Er sucht nach einer Möglichkeit, sie wieder zu treffen.

Ich hatte eines Abends, nicht lange nach dem Badefest an der Havel, vor dem Haus mit der abgebröckelten Fassade im Wedding auf sie gewartet – auf das Mädchen mit den schwarzen Haaren, das hier den Abendkursus der „MASCH" besuchte. „Könnte man überlegen," hatte sie mir damals im Weglaufen zugerufen, als ich sie um ein Wiedersehen bat. In Gesellschaft von sechs, acht jungen Männern und Mädchen kam sie herausgestürmt mit dem Enthusiasmus ihrer achtzehn Jahre. Kurzes blaues Fähnchen, braungebrannte Beine, Sandalen und weiße Söckchen, die die Haut noch dunkler machten. Ein wenig verwundert gewahrte sie mich. Mein Sommeranzug stach von der Kleidung der Berliner Arbeiterjungen beträchtlich ab. Sie fing sich sofort und begrüßte mich. Die Gruppe löste sich auf. „Mach's gut, Steppenpferd, laß dir mal von dem Burschui richtige Manieren beibringen, det aus dir endlich 'n anständiget Meechen wird", rief einer und die andern stimmten lachend ein und drückten ihr kräftig die Hand. Einer versetzte ihr noch einen Schlag auf die Schulter, ein anderer ergriff geziert ihre Hand, als wolle er sie küssen. Sie entriß sie ihm, holte aus und streifte dem Davoneilenden gerade noch Ohr und Nacken.

Rudolf Hamburger in Berlin als junger Architekt

Toni und ich wurden ein Liebespaar. Fast jeden Tag waren wir zusammen. Sie arbeitete im Buchhandel, im gleichen Stadtbezirk, wo meine Hochschule lag. Meist holte ich sie nach Feierabend ab, manchmal schlüpfte sie zu kurzem Gruß in der Mittagspause in unsere Kantine und aß ein Apfelmus. Wir gingen zu der alten Badestelle an der Havel schwimmen. Es war schön, ihre nassen Haarsträhnen zu sehen, die von Wasserperlen benetzte Haut, die der Wind trocknete. Im Walde warteten wir auf die Nacht und die Stille. Sonnabend mittag fuhren wir von einem der Berliner Bahnhöfe in die Mark. In

43

übermütigster Laune saßen wir im überfüllten Abteil des Bummelzuges auf altmodischen Holzbänken. Ein Marktkorb mit gackernden Hühnern, die Knubbelnase einer Bauersfrau, ein schwitzender Mann – alles erhöhte unser Glück. Kloster Chorin, der Stechlinsee, Rheinsberg waren unsere Ziele. Bei der Ankunft im Dorfgasthaus durchlebten wir den heiklen Augenblick, ob der Gastwirt auf unser Verlangen nach dem Zweibettzimmer die Gretchenfrage des Trauscheins stellen würde. Meist siegte der Geschäftssinn über die Moral: wir durften. Unser Schlafraum lag über dem Vereinszimmer, wo sonnabends die Sangesbrüder des Dorfes beim Glase Bier ihren Kehlen freien Lauf ließen. Durch die hellhörige Holzdecke drang an unsere Betten vom zweistimmigen Männerchor gesungen:

Wer hat dich, du schöner Wald,
Aufgebaut so hoch da droben.

Ein heller Tenor rutschte ein wenig aus, und Toni lachte. Meine Liebkosungen schlossen ihr den Mund. Bald umfing sie ein tiefer Schlummer, aus dem sie kein Männerchor mehr erweckte. Ich betrachtete ihr schlafendes Gesicht. Zum ersten Mal gehörte mir eine Frau, die meine Liebe mit einem starken ungebändigten Gefühl erwiderte. Unsere Liebesgeschichte war so einfach und gewöhnlich wie tausend andere, und deshalb gefiel sie mir ganz besonders.

Toni war nicht schön im Sinne ästhetischer Schönheit. Toni war schön in ihrem reinen Wollen, in ihrer Berliner Keckheit, in ihrem Temperament, das von Herz und Verstand durchglüht war. Es tat mir wohl, daß sich kein Hauch Sentimentalität, kein Betreuen und Bemuttern einschlich, Dinge, die mir mütterliche Liebe bis zum Verdruß hatte angedeihen lassen. Toni hatte sich bald nach dem Verlassen der Schule der Arbeiterbewegung angeschlossen und war im Kommunistischen Jugendverband organisiert. Ich begleitete sie häufig zu ihren Veranstaltungen. In ihrem Wohnbezirk spielte sie eine führende Rolle. Wochenlang vor den Feiertagen der Revolution, dem 1. Mai und dem 7. November, stellte sie Festprogramme zusammen. Ein sympathisierender Gasthausbesitzer gab seinen Saal her. Die roten Agitationsgruppen traten auf, Toni spielte selbst mit, nachdem sie zuvor die Gäste begrüßt hatte. Ein Dutzend Mal kam sie die drei

Stufen von der Bühne herunter in den vollen Saal, um etwas zu ordnen, und lief flink und mit gerötetem Gesicht wieder zurück hinter den Vorhang. Stets flogen ihr Zurufe von den Jungens ihrer Zelle entgegen. „Macht man los, Meechen, mer kriegen schon kalte Beene."

„Nee, nee, warte Steppenpferd", rief ein anderer, „Papa Hindenburg is noch nich injetroffen."

Unbändiges Gelächter. Ich saß in bester Laune mitten drin. Die Abende zuvor hatte ich die Kulissen für den politisch-satirischen Sketch gemalt. Ich erlebte auch den Alltag: Streikbeschlüsse, Aktionsprogramme gegen den wiedererstandenen Imperialismus, Protest gegen Lohndrückerei bei Frauen- und Jugendlichenarbeit.

Axel steht auch in der Hochschule mitten im Strudel der künstlerischen und politischen Auseinandersetzungen, wobei er gegenüber den anderen Studenten eine dezidiert linke Auffassung vertritt. Zugleich arbeitet er zielstrebig an seinem Diplom, das er 1927 ablegt. In der Beziehung zu Toni, die gerade in die KPD eingetreten ist, zeichnen sich schon Konflikte ab.

Ich liebte meinen Beruf. Ich stand kurz vor dem Abschlußexamen und wurde von Poelzig zur Bearbeitung großer Aufträge herangezogen. Mir gelangen einige gute Entwürfe. Mein Selbstbewußtsein erstarkte. Die Fragen des modernen Bauens gewannen in jenen zwanziger Jahren ebenso wie die moderne Malerei eines Paul Klee, die Plastik eines Lehmbruck, brennende Aktualität für uns junge Menschen.

Auf der Hochschule noch erzogen im Geiste alter Tradition – der Tradition der korinthischen Säule, die wir bis auf die kleinste Akanthusblattspitze nachzuzeichnen hatten, der Tradition des Kreuzverbandes beim Backsteinbau und des Holzdrempels – gerieten wir über Nacht in das Schmelzfeuer einer revolutionären Umwälzung. Die neue holländische Schule, die Wolkenkratzerstädte Amerikas, die Experimente des Bauhauses lösten in unserm Kreis leidenschaftliche Auseinandersetzungen aus. Die Wunder moderner Technik und neuentdeckter synthetischer Baustoffe hoben die Gesetze der klassischen

Eines der seltenen Familienfotos mit dem ersten Mann Rudolf Hamburger,
Ursula, Jürgen, seine Frau Marguerite, Brigitte, Mutter Berta, Barbara,
(v.l.), vorn Sabine, Renate (etwa 1929)

Statik von Stütze und Last auf. Eine neue Formsprache mußte gefunden werden. Ihr eilten rasch geprägte Begriffe voraus, mit denen sich geschickt operieren ließ, wie Kubismus, Expressionismus, Sachlichkeit. Aus der Ferne ragten große Namen in unsere Welt, wie der eines Frank Lloyd Wright, Gropius, Corbusier. Geleitet von ihrem Vorbild, vielleicht auch verwirrt und verführt von Scharlatanen oder verantwortungslosen Extremisten mußte jeder sich durchbeißen und die für sich gültige Form suchen. In jenen Tagen stand unser Lehrer Poelzig wie ein Fels in der Brandung der Leidenschaften. Er belächelte souverän „das heilige Gasrohr," die zur dekorativer Wohnkultur aufgewertete Haustechnik von Rohren und Heizkörpern. Er schied das Gültige vom Eintagsbluff. Er war für uns Junge, die die Zeit vor schwere Entscheidungen stellte, der unbestechliche Freund.

So lebte ich in zwei Welten. Beruflich war meine Laufbahn eindeutig auf die bürgerliche Sphäre abgesteckt. Staat und herrschende Gesellschaft, meine zukünftigen Auftraggeber, setzten sich aus dem wohlhabenden Bürgertum zusammen. Nicht nur mit ihrem Geld würde ich bauen, auch ihren Vorstellungen von Repräsentation und ihrem Geschmack würde ich Rechnung tragen müssen. Von meiner politischen Anschauung her konnte ich diese Auftraggebergesellschaft nicht anerkennen. Aber die fortschrittliche Klasse, der mein Schaffen gehören sollte, würde mir auf lange Sicht keine Aufträge erteilen. Dazu mußte sie erst an die Macht gelangen. Hier traten Konflikte auf, die sich auf mein Verhältnis zu Toni auswirkten.

Die Zärtlichkeit und Reinheit unserer Liebe war bisher ungetrübt gewesen. Uns gehörten die Abende nach der Arbeit und die Wochenenden. Ostern und Pfingsten brachen wir aus den Großstadtmauern aus ins Riesengebirge, auf die Insel Poel und nach Ahrenshoop, damals noch unberührte Künstlerkolonie. Es waren Tage wie strahlende Feste. Bei der Rückkehr fanden wir den Berliner Alltag ebenso strahlend. Durch Tonis Vermittlung hatte ich einem jungen Genossen, der etwas Geld besaß, im Arbeiterviertel am Görlitzer Bahnhof seine „Rote Buchhandlung" eingerichtet. Regale, Büchertische, alles war rot. Mein Honorar waren Kunstmappen von Käthe Kollwitz, Paula Modersohn und Otto Dix.

Toni fand Freude am Buchhändlerberuf, aber ihr wirkliches Leben begann erst nach Ladenschluß, wenn sie sich in die Parteiarbeit stürzte. In der Zelle bei den Genossen, in der MASCH war der Kampfplatz, wo sie ihre Kräfte maß. Der Kampfplatz, auf dem ich focht, war das Bauen. Toni hatte Verständnis für meinen Beruf, fand aber keine enge Beziehung dazu. Sie stand zu stark im Prozeß ihrer eigenen Entwicklung, konzentrierte ihre Kräfte zu massiv auf das eigene Ziel, um vom schöpferischen Fluidum einer ihr fremden Welt berührt zu werden. Denn das Bauen ist eine besondere Sache. Deine Sinne und Gedanken, deine Phantasie und deine Träume sind darin verwurzelt. Gleichzeitig fordert das Bauen Beherrschung der Technik, das Kalkulieren auf dem Rechenstab. Mit hundert Armen umstrickt es dich. Die Beschäftigung in der Buchhandlung belastete Tonis anderes

Leben nicht, aber das Bauen belastet. Es gibt keinen Ladenschluß. Waren meine Gedanken zu sehr davon in Anspruch genommen, las ich in Tonis Gesicht die Frage, wem meine Arbeit nützlich sei. Der Nutzen ihrer Arbeit war der große Einsatz, war Lenin, war die Revolution. Man würde auch Baumeister brauchen im zukünftigen Arbeiterstaat. Aber jetzt, wo es galt, die Macht des Kapitals und der SPD-Verräter zu brechen, gab es dringendere Aufgaben. Ich küßte Toni, und die Gedanken verflogen.

Im Oktober 1928 wird Axel Meisterschüler an der Akademie der Künste im Atelier von Hans Poelzig.

Ein funkelnder Herbst war eingezogen. Es war Ende der zwanziger Jahre. Sonntags zog es uns nach Kloster Chorin und den goldenen Buchenwäldern Mecklenburgs. Nach der Abschlußprüfung war ich in Poelzigs Meisteratelier eingetreten. Viel Arbeit und ein kleines Gehalt. Man mußte zufrieden sein. Die Zeiten in Deutschland wurden schlechter. Streiks der Werftarbeiter in Hamburg und Kiel. Streiks der Ruhrkumpel, zunehmende Arbeitslosigkeit.

„Für euch Junge wird es lange keine eigenen Aufträge geben", sagte Poelzig mit fast brutaler Offenheit, wie man es von ihm nicht gewohnt war.

Die Nazis begannen stark zu werden. Tonis Arbeit im kommunistischen Jugendverband wurde immer angespannter. Manchmal sahen wir uns nur in den späten Abendstunden nach einer Kundgebung. Die Auseinandersetzungen zwischen Kommunisten und Sozialdemokraten wurden härter. Mit Toni geriet ich darüber in heftige Gegensätze.

„Arbeiter", sagte ich, „stehen an derselben Werkbank. Sie wohnen in den gleichen Mietskasernen, haben gleichen Lohn, nehmen sich Mädchen aus ihrer Klasse und kämpfen darum, daß ihre Kinder frei von Ausbeutung und Krieg leben werden. Ihre Lebensinteressen vereinen sie, aber sie vergeuden ihre Kraft, sich gegenseitig des Verrats an der Arbeiterklasse zu beschuldigen."

„Du weißt, daß die SPD das Volksbegehren gegen den Panzerkreuzerbau nicht unterstützen wird. Sie macht sich zum Handlanger des Monopolkapitals. Sollen wir mit diesen Schuften an einem Strick ziehen?" In Tonis Stimme lag Enttäuschung über mein ungefestigtes Denken.

Tiefer noch verletzten mich Auseinandersetzungen mit Toni über Fragen der Kultur. Eine unserer heimatlichen Riesengebirgswanderungen führte uns durch Agnetendorf vorbei an Gerhart Hauptmanns Haus „Wiesenstein". Ich hatte Toni von unseren schlesischen Handwebern erzählt, denen ich als Junge in ihrer niedrigen Holzhütte bei der Arbeit zugesehen hatte. Mich hatte Hauptmanns geniales Weberdrama, der verzweifelte Kampf der Unterdrückten ergriffen. Es waren die Menschen aus meiner Kindheit, der Karl und die Hübners, die verhärmten Frauen, die vor unserer Küche auf Mutter warteten. Toni widersprach. Ein Kommunist müsse Hauptmann ablehnen. In seiner Jugend war er zwar ein progressiver Dichter gewesen, danach habe er eine enttäuschende Entwicklung genommen. Anstatt über die „Die Weber" und „Florian Geyer" hinaus zum Tribun des revolutionären Klassenkampfes zu werden, habe er sich der bürgerlichen Verfallsgesellschaft zugewandt. „Vor Sonnenuntergang", die Familiengeschichte eines reichen Fabrikanten, sei der unrühmliche Abschluß seines Schaffens. „Kein Vorbild, Axel, für einen Revolutionär."

Vergeblich mein Einwand, daß jede progressive, dem Humanismus verpflichtete Tat unserer Sache nütze, sei sie auch ein aufflackerndes Feuerzeichen der Intuition, dem noch die Kraft der Beständigkeit und letzten Konsequenz fehle. „Soll die revolutionäre Jugend", fuhr ich eifernd fort, „auch Goethe und seinen Götz verwerfen, den Anführer der Odenwälder Bauern im Grossen deutschen Bauernkrieg, weil der Dichter ihm kein Schauspiel über die Französische Revolution folgen ließ?" Die Erwähnung von Goethes Namen hätte damals unter der kommunistischen Jugend ironisches Lächeln hervorgerufen. „Geheimer Rat, Fürstendiener." Damit war er erledigt. „Für euch möchte mit der Revolution das Jahr Eins anfangen. Alles, was vorher war – in den Mülleimer!" provozierte ich Toni erbittert. Sie schwieg.

Enttäuscht gingen wir auseinander. Sie hält mich für einen hoffnungslosen Versöhnler, dachte ich betrübt auf dem Heimweg.

Natürlich war mein Weg noch ein Suchen. Er hatte mich aus dem Milieu meiner Herkunft weg von der bürgerlichen Reaktion zu jenen Kräften geführt, die ich seit meiner Jugend als die jungen, die stärkeren erkannt hatte. Aber die Partei verstand nicht, Sympathisierende an sich zu ziehen, ihre Vorbehalte zu zerstreuen und sie zu gewinnen.

Mich schmerzte Tonis Unduldsamkeit. Sie widersprach dem temperamentvollen, anpassungsfähigen Wesen des Mädchens, widersprach Tonis verständiger Aufgeschlossenheit für das Leben in seiner oft unbegreiflichen, aber auch beglückenden und hinreißenden Widersprüchlichkeit. Als Genossin verschrieb sie sich dem Prinzip unbedingter Parteidisziplin. Ich dachte darüber nach, wie weit Gedankenfreiheit dadurch eingeengt werden darf, und wie vorbehaltlos und ohne darum zu kämpfen, Toni sich ihr unterordnete, während sich an jeden meiner Schritte eine Last von Fragen und Zweifeln heftete. War unsere Liebe in Gefahr? War dieses Nachdenken womöglich schon der Sturz in die Tiefe – Nachdenken, wo zuvor vertrauensvolle und reine Hingabe war!

Jahre später erinnerten an diese glücklich-schmerzliche Zeit Konstantin Paustowskis kluge Worte: Niemand weiß mit Sicherheit, welcher Weg besser ist, derjenige, der vom Zweifel zur Anerkennung führt, oder der Weg, der keinerlei Zweifel kennt.

Bald verliert Toni ihre Stellung bei Ullstein aufgrund ihrer politischen Überzeugungen und arbeitet in einer Buchhandlung in New York. Nach ihrer Rückkehr 1929 beschließen sie und Axel zu heiraten.

Toni und ich, wir ließen uns an einem sonnigen Augusttag von der Arbeit freistellen und begaben uns zum Standesamt. Danach bestiegen wir die S-Bahn und traten unsere Hochzeitsreise zu einem der Berliner Seen an. Im Strandbad herrschten strenge Sitten. Die Geschlechter badeten getrennt von einander. Wir waren mehr belustigt als enttäuscht über diese spießerhafte Moral, die den soeben vom Standesbeamten verabreichten Berechtigungsschein zum ungestör-

Mit dem Bücherkarren am Königs-Platz, 1924

ten Miteinander außer Kraft setzte. Nicht lange tummelten wir uns in den Gewässern jener züchtigen Badeanstalt. Arm in Arm zogen wir in mein kleines Studentenquartier, das Toni jetzt mit mir teilte.

Am nächsten Morgen teilte ich Poelzig beiläufig meine gestern erfolgte Eheschließung mit. Im Moment war er ganz verblüfft. Die radikale Absage des Fabrikantensohns an die althergebrachten rührseligen Hochzeitszeremonien beeindruckte ihn. Sofort brachte er im Atelier das Gespräch auf dieses Ereignis. „Der Westheim, das ist ein Kerl. Nimmt sich ganz harmlos einen freien Tag und - - - heiratet. Hat's besser gemacht als der Maxe mit seiner Hochzeit in Glanz und Gloria, gefällt mir."

Gemeint war der getaufte Jude, der sich kurz zuvor in der Kaiser-Wilhelm-Gedächtnis-Kirche hatte trauen lassen. Poelzigs warme braune Augen blickten mich an mit dem Ausdruck menschlichen

Wohlwollens, der mich mein Leben lang begleitet. Es war die letzte persönliche Berührung mit ihm.

Kurze Zeit danach verließ ich meinen Arbeitsplatz, verließ Deutschland. Die zunehmende Verschlechterung der wirtschaftlichen Lage, die sich im Bauwesen immer zuerst auswirkt, die beginnende Arbeitslosigkeit und die fortschreitende Faschisierung das Landes erleichterten mir den Entschluß, das Angebot eines in China lebenden Freundes anzunehmen, in der aufstrebenden Millionenstadt Shanghai eine Stellung als Baufachmann anzutreten.

Ich war frei und verspürte eine mächtige Lust, auszubrechen aus der Obhut meines zivilisierten Daseins, fort von dem Einfluß des Meisters, fort von den täglichen Gesichtern, von Verwandten und Eltern, und einzudringen in eine unbekannte Welt, wo sich meine jungen Kräfte messen konnten. Toni fiel der Abschied von der Parteiarbeit nicht leicht. In einem Augenblick, wo der Kampf gegen die Reaktion immer verbissener wurde, fühlte sie sich wie ein Soldat, der seinen Posten verläßt. Schließlich versetzte sie die Aussicht auf verantwortungsvolle Aufgaben unter erschwerten Bedingungen in gespannte Erwartung. „Streich China rot an" riefen ihr die Berliner Genossen zum Abschied zu.

Die unmittelbare Konfrontation mit den extremen sozialen Unterschieden in China kommt für beide als gewaltiger Schock. Doch Axel erhält bald interessante Aufgaben, so die Projektierung eines vielgeschossigen Krankenhausbaus und bald darauf einer zehnklassigen Mittelschule für chinesische Mädchen. Große Aufgaben für einen 27jährigen Architekten! Er glüht für seine Arbeit und meint später, daß dies vielleicht die hellsten Stunden seines Lebens gewesen seien. Mit Toni bezieht er 1931 ein kleines Haus in der französischen Konzession.

Als Toni Abschied von Deutschland nahm und ihre Parteiarbeit aufgeben mußte, war ihr Entschluß gefaßt, den Weg zu den chinesischen Genossen, zur Kommunistischen Partei Chinas zu suchen, die sich zu dieser Zeit in der Illegalität befand. In Berlin hatte Toni ihr politisches, berufliches und privates Leben frei und unabhängig führen können. In Shanghai, als Frau eines städtischen Funktionärs des International Settlements, wurde sie in das Milieu einer privilegierten Kolonialgesellschaft versetzt. Diese Gesellschaft, ihrer Herkunft nach kleines Beamtentum, Angestellte, Kaufleute, 3-Zimmer-Wohnungsinhaber in Berlin oder anderswo in einer der hundert gesichtslosen Korridorstrassen unserer deutschen Gründerstädte, abendlicher Skatverein die Beschäftigung des Mannes, Waschtag im modrigen Keller mit Trocknen im Hinterhof und nachmittags Kaffeeklatsch die der Frau – diese Gesellschaft trat hier in China den Millionen unterdrückter Chinesen auf den Nacken als überlegene Herrenmenschen, Villeninhaber und Gebieter über zahlreiche Dienerschaft.

Die Damen dieser sogenannten Oberschicht befleißigten sich eines vornehmen Müßiggängertums, Modesalon, Klub, Flirt und Abenteuer, so wie sie es zu Hause in schlechten Romanen gelesen hatten. Toni fühlte sich von diesem inhaltlosen Leben, der Oberflächlichkeit und Klatschsucht abgestoßen. Die Gesellschaft war ihr zuwider, aber meine Existenz war in dieser Gemeinschaft verankert. Ich arbeitete für sie. Daraus entstanden Konflikte. Die unvermeidliche Einladung zu Vorgesetzten und Geschäftsleuten führte jedes Mal zum Streit, ob man sie annehmen müsse. Toni hätte am liebsten alle abgelehnt. Sie sah ihr kompromißloses Berliner Leben ins Wanken geraten, wenn sie widerwillig nachgab und sich innerlich ergrimmt ein Zurückweichen vorwarf. Für mich war ihr Nachgeben kein Sieg. Mich ödeten manche dieser Geselligkeiten genauso an. Aber sie schienen mir kein zu hoher Preis dafür, um Bauten zu entwerfen und auszuführen, von denen jeder einzelne für mich ein bedeutendes Ereignis war. Und zudem befriedigte mich unsere gesicherte materielle Existenz.

War die Annahme der Einladung entschieden, so verdüsterte schon die nächste Wolke das häusliche Glück. „Was soll ich anziehen?" Diese Frage, die Frauen stellen seit der Vertreibung aus dem Paradies, war in Tonis Fall weit schwieriger zu lösen, da es nicht einfach um die Wahl aus dem gefüllten Kleiderschrank ging, sondern auch hier eine ideologische Hürde zu überwinden war. Toni fand sich nur in ihren roten und gestreiften Pullis angemessen angezogen. Jede Art Gesellschaftskleidung widerstrebte ihr als Symbol bürgerlicher Entartung, von den Abendschuhen mit den Stielabsätzen, die sie ewig drückten, ganz zu schweigen. Sie kam sich vor wie in Harlekins-fetzen eingenäht und schämte sich beim Betrachten vor dem hohen Toilettenspiegel vor ihren alten Berliner Jugendfreunden und den chinesischen Genossen. Eine Anordnung der Partei, sich in jeder Hinsicht zuverlässig zu legalisieren – und sie hätte Brokat angelegt. Aber es gab keine solche, und so wiederholten sich jene mißlichen Szenen, die die Atmosphäre zwischen zwei Menschen so leicht ver-giften können.

Anläßlich einer solchen Abendgesellschaft bei dem Hauptinge-nieur der Stadtverwaltung kam das Gespräch auf die Armut des chi-nesischen Volkes, auf die Kranken und Krüppel, die in den Straßen Shanghais bettelten, die ihren ekelerregenden Aussatz und ihre Geschwüre zur Schau stellten, Blinde, die von zerlumpten Kindern an der Hand geführt, unter lautem Wehklagen um milde Gaben bet-telten. Die Herren in ihren weißen Sommeranzügen versuchten aus der Tiefe ihrer Sessel, die nach den frischen Leinwandüberzügen duf-teten, diesen Problemen zu Leibe zu rücken. Denn schließlich war es ein peinlicher Anblick, wie diese elenden Kreaturen das Bild der brei-ten gepflegten Straßen und Anlagen in den ausländischen Konzes-sionen verunstalteten. Der Manager einer respektablen englischen Firma, dessen Gesicht von saftigen Steaks und schottischem Whisky prächtig gerötet war, hatte schließlich die Radikalkur gegen das Übel gefunden.

„Nehmt einen großen Besen", erklärte er, „und fegt das ganze Gesindel in den Whangpoofluß." So wörtlich, und er meinte es. Der Gastgeber lachte.

„Aber Johnny", rief er und versetzte dem Freund einen Schlag auf die Schulter, „nach vierzehn Tagen wären wieder genauso viele da."

Toni, unruhig auf dem Rand ihres Sessel hin- und herrutschend, hatte sich auf einen Blick von mir mit großer Überwindung von einer Erwiderung zurückgehalten – und ich ahnte, wie viel schwerer es mir das nächste Mal fallen würde, sie zu einem ähnlichen Besuch zu bewegen. Diese scheinbar kleinen Konflikte waren gefährliche weiße Wölkchen am blauen Himmel, die Gewitter ankündigen.

Toni hatte um diese Zeit die Verbindung zu den chinesischen Genossen aufgenommen, und ihr Ehrgeiz war erwacht, nach den Monaten des Wartens sich in die Parteiarbeit zu stürzen. Diese neue Phase ihres Lebens stand im drastischen Gegensatz zu Begegnungen, wie wir sie in Gesellschaft jenes brutalen englischen Managers erlebt hatten. Tonis zwiespältige Lage vertiefte den Riß in unser beider gemeinsamem Leben. Die Pflichten der Parteiarbeit drängten sie in ein Doppelleben, von dem eines mir verborgen blieb. Aus Parteidisziplin, hieß es. Wer nichts weiß, kann nichts aussagen. Ich war nicht begierig zu wissen, einzudringen. Toni besaß mein Vertrauen und kannte meine Sympathie für die Sache. Wie aber würde sie dieses Doppelleben bewältigen? Ihre Gedanken beschäftigt mit der Arbeit, voll Teilnahme für den gefahrvollen Einsatz der Genossen, das Schicksal der Bedrohten – konnte sie dieses Leben, konnte sie ihre Gefühle abschließen, sich gewissermaßen umziehen, wenn sie heimkehrte – und war es Heimkehr? – in die gepflegte Atmosphäre des liebenswürdigen kleinen Reichs, das mit Liebe geschaffen war vom Architekten des Internationalen Settlements aus dem Verdienst für Projekte und Bauten der herrschenden Klasse, der kolonialen Unterdrücker, der Leute mit dem großen Besen?

Toni war sich bewußt, daß ich in meiner Arbeit aufging. Wie sollte sie sich ihr gegenüber verhalten, wie meinem Enthusiasmus begegnen? Konnte sie Gedanken aussprechen, wie etwa: „Gute Arbeit, aber leider verschwendet an die falsche Gesellschaft?" Sie verhielt sich zurückhaltend, ohne echte Anteilnahme. Anerkennung anderer spornte mich an. Daß er mir von dem Menschen versagt blieb, der mir am nächsten stand, stimmte mich traurig. Unbewußt trat der schmerzliche Gedanke auf: Stehe ich ihr noch am nächsten? Toni hatte auch in der frühen Zeit unserer Liebe keine echten Kontakte zu meiner Arbeit gefunden. Als Student hatte es mir noch nichts ausgemacht. In dieser Zeit sind die Härten im weichen Sonnendunst verborgen. Später würde ich ihr mit Taten beweisen, was ich kann und ihre Anteilnahme gewinnen. Aber das waren Vorstellungen einer naiven Seele, die daran glaubt, daß Leistung an sich zählt. Tonis Zurückhaltung hatte andere Ursachen. Erzogen im dogmatischen Geist des kommunistischen Jugendverbandes, der alle Bildungsstätten der privilegierten herrschenden Klassen verachtet, war sie darauf eingeschworen, grundsätzlich nichts anzuerkennen und nichts zu bewundern, was von dort kam.

Eine Ausnahme bildeten allenfalls die progressive Philosophie und Wirtschaftswissenschaft, aus denen einige Marxisten hervorgingen, die der Partei unmittelbar Nutzen brachten. Aber Baufachmann! Für wen lernte er sein Handwerk? Um Wohnhäuser zu bauen für die Reichen, Banken und Staatsgebäude für die Monopole. Und für die Arbeiter, wenn der Klassenkampf sich zuspitzte, noch mehr Gefängnisse und Zuchthäuser. Da konnte ich einpacken mit meiner Kunst. Sie hatten recht, die jungen Kommunisten, nichts verband sie mit dem bürgerlichen Bildungswesen, und doch war es nur die eine Seite der Wahrheit. Die Arbeiterklasse besaß noch keine eigenen Fachschulen. Also mußten alle, gleich welcher Gesinnung, gleich welchem Ziele sie zustrebten, bei der alten kapitalistischen Gesellschaft in die Schule gehen, die Bauleute auf ihren Baustellen ihre praktischen Erfahrungen sammeln. Die Arbeiterklasse hatte weder Mittel noch Aufgaben für uns junge Ingenieure. So gesehen, war zu diesem Zeitpunkt die pauschale Verurteilung bürgerlicher Bildungsstätten durch die kommunistische Jugend vom Thron des reinen Klassenstandpunkts herab ein enger, sektiererischer, der Sache des Sozialismus abträglicher Standpunkt, durch den viele Sympathisierende abgestoßen wurden.

Tonis Ansicht über solche Grundsatzfragen hatte sich kaum geändert. So entfernten sich unsere Wege immer mehr voneinander. Toni suchte sich neue Aufgaben, die sie von mir wegführten. Sie verließ mich und ging in ein anderes Land. Unsere Ehe war zerbrochen.

*

Rudolf Hamburger Ende der 70er Jahre in Dresden

Rudolf Hamburger konnte sich aber doch nicht zu einer Laufbahn in seinem bürgerlichen Beruf verstehen. Zu nachhaltig erwies sich wohl der Einfluß seiner Frau, zu verheerend das weltpolitische Geschehen. Nach der Trennung von „Sonja" nahm auch er eine konspirative Tätigkeit für den Geheimdienst der Roten Armee auf. Als sie ihre Tätigkeit in Polen fortsetzte, war er sogar bereit, als Ehemann pro forma wieder zu ihr zu ziehen, um seine und ihre Arbeit zu legalisieren, und als sie von einem anderen Mann eine Tochter zur Welt brachte, erkannte er sie als seine an. Die Scheidung erfolgte dann 1939 in der Schweiz. Hamburger war dann in China als Kundschafter tätig, wo er verhaftet und gefoltert wurde. Nach seiner Freilassung setzte er die konspirative Arbeit in Persien fort und geriet den Amerikanern in die Fänge. Er konnte entkommen und floh zu seinen Auftraggebern in die Sowjetunion. Als er sich dort in Sicherheit wähnte, wurde er von einer paranoiden Justiz wegen angeblicher Spionage gegen das Land

57

zu mehreren Jahren Lagerhaft verurteilt. Auch hierüber hat er Aufzeichnungen hinterlassen.

Im Jahr 1955 kehrte Rudolf Hamburger aus der Sowjetunion nach Deutschland zurück und war bis zur Pensionierung an Bauprojekten in Dresden, Hoyerswerda und Pjöngjang beteiligt. Er trat in die SED ein, wurde als Kämpfer gegen den Faschismus anerkannt und erhielt mehrere Auszeichnungen. Die Arbeit im Exil und der Aufenthalt in Rußland blieben in der DDR jedoch Tabuthemen.

Er wählte Dresden als seinen Wohnsitz. Gelegentlich konnte er sich über den Besuch seiner Enkel aus Berlin erfreuen. Das Verhältnis zu seiner ehemaligen Frau, deren Leben durch die Veröffentlichung von „Sonjas Rapport" 1977 schlagartig bekannt wurde, blieb distanziert. Zu seinen Freunden zählten sein alter Kommilitone Fritz Lazarus, die Grafikerin Lea Grundig und der Romancier Heinrich Alexander Stoll, der ebenfalls Jahre in einem sowjetischen Lager verbracht hatte. Der Schriftstellerin Brigitte Reimann, deren Bekanntschaft Hamburger in Hoyerswerda machte, diente er als Vorbild für die Gestalt des alten Architekten in ihrem Roman „Franziska Linkerhand." Die in der Studentenzeit geknüpfte enge Freundschaft mit Richard Paulick hielt bis zu dessen Tod 1979.

Rudolf Hamburger starb 1980 in Dresden, wo er im Ehrenhain der VdN begraben liegt.

Seine Leistungen als Architekt finden endlich eine Würdigung in einer 2007 von Eduard Koegel an der Bauhaus Universität Weimar vorgelegten und auf deren website abrufbaren Dissertation: „Zwei Poelzigschüler in der Emigration: Rudolf Hamburger und Richard Paulick zwischen Shanghai und Ostberlin (1930–1955)."

Eine Würdigung seines bewegten Lebens steht noch aus.

Zusammenstellung und Kommentar Michael Hamburger

Janina Blankenfeld
„*Entschuldigt Verzögerung, habe Tochter geboren ...*"

Acht Stunden bevor meine Mutter am 27. April 1936 ihr zweites Kind zur Welt brachte, saß sie spätabends bei verdecktem Licht an ihrem illegalen Sender und funkte. Am Tage, als sie aus der Klinik zurückkehrte, funkte sie wieder.

In dieser Nacht begann ihr im Geheimcode verschlüsseltes Telegramm mit dem Satz: „Entschuldigt Verzögerung, habe Tochter geboren." Diese Tochter bin ich.

Mutter war Kommunist und Partisan der Roten Armee, ein heimlicher Soldat ohne Uniform. Ihr Deckname war „Sonja"; ihre Waffe der selbstgebaute Sender. Als Kundschafterin für die Sowjetunion funkte sie wichtige Meldungen nach Moskau, die einen Krieg mit dem einzigen sozialistischen Land, das es damals gab, verhindern sollten. Mutter durfte niemandem etwas von ihrer Arbeit sagen. Sie hatte strengste Schweigepflicht auch den nächsten Freunden, Verwandten und den eigenen Kindern gegenüber.

Deshalb konnte ich nicht wissen, warum mein Leben so merkwürdig verlief, warum sich meine Kindheit in mehreren Ländern abspielte, warum ich drei Sprachen hintereinander lernen, so oft die Schule wechseln und so viele Trennungen von meinen Eltern erleben mußte. Ich erfuhr die Gründe, wie viele andere Menschen auch, erst vierzig Jahre später.

Eigentlich war ich schon vor der Geburt ein internationales Kind. Mutter war Deutsche, aber auch eine Zeitlang Engländerin; entstanden war ich in China, geboren bin ich in Warschau, drei Jahre bevor Hitler den Zweiten Weltkrieg begann und die deutschen Faschisten in Polen einfielen. Viele Menschen machten sich schon lange zuvor Sorgen um den bedrohten Frieden, aber nur sich Sorgen machen hilft nicht. Eine Gefahr muß man bekämpfen, und das tat Mutter, wenn auch ihr eigenes Leben dadurch bedroht war.

Als ich geboren wurde, war mein Bruder Michael fünf Jahre alt. Ein Kind zur Welt bringen ist immer eine große Verantwortung. Sicher hat Mutter lange darüber nachgedacht, ob sie nicht leichtsinnig handelte, ob sie mich haben durfte oder nicht. Aber sie war immer zuversichtlich und glaubte stets, die Antifaschisten würden Hitler besiegen. Und sie wollte mich so gerne haben.

Es muß ja auch schön für sie gewesen sein, gerade in so schwerer Zeit, solch eine Freude mit einem Baby zu erleben.

Nach den Erzählungen meiner Mutter war ich das hübscheste Kind der Klinik. Aber so denken alle Mütter von ihren Neugeborenen, da war meine keine Ausnahme. Und wie alle Mütter machte sie sich Sorgen um die kleinste Kleinigkeit – bei mir um einen Fleck im Gesicht, der aber nach ein paar Tagen verschwand. Wegen so etwas kullerten ihr die Tränen, obwohl sie sich so tapfer in der illegalen gefahrvollen Arbeit verhielt. Natürlich war sie um unsere Sicherheit sehr besorgt. Was wäre mit uns geschehen, hätte man sie, wie viele Genossen, plötzlich verhaftet?

Ein Baby braucht regelmäßig seine Mahlzeiten, es soll auch nicht stundenlang mit nassen Windeln liegen. Deshalb mußte mein Bruder lernen, mich zu wickeln und zu füttern, eine Flasche richtig zu halten, ein Bäuerchen abzuwarten. Und strampelnde Beine beim Wickeln zu bändigen – das ist nicht so einfach für einen gerade Sechsjährigen. Bestimmt quietschte und lachte ich dabei vor Vergnügen, und mein Bruder schwitzte und strahlte, als er es schaffte.

Viel später erzählte mir Mutter, ich sei einmal nachts aufgewacht und hätte geweint und geweint, gerade als sie im Nebenzimmer funken wollte. Die festgesetzte Zeit konnte nicht verschoben werden, und sie hatte Angst, mein Bruder würde durch mein Geschrei wach werden. Also nahm sie mich auf den Arm, wiegte mich hin und her und funkte dabei weiter. Es nutzte nichts, ich wollte mein nasses Bündelchen loswerden. Sie mußte als morsen: „Bitte warten!" Der Genosse, viele Kilometer entfernt in der Sowjetunion, hätte hundertmal raten können, was der Grund sei – bestimmt wäre er nicht darauf gekommen. Erst als ich trocken und zufrieden einschlief, konnte meine Mutter weiterarbeiten.

Manches aus meinen ersten Lebensjahren weiß ich aus Briefen, die meine Mutter an ihre Mutter schrieb. Ich lernte unsere Großmutter erst kennen, als ich schon vier Jahre alt war, deshalb schrieb meine Mutter regelmäßig und ganz ausführlich über meinen Bruder und mich an ihre Eltern. So schrieb sie, als ich fast zwei Jahre alt war: „Ninas Lieblingsspielzeug ist ein Kamm, und sie spricht nur ein Wort – Wauwau. Falls sie im Leben weiter nichts dazulernt, um ihre Zukunft ist uns nicht bange. Sie kann ja Hundefriseuse werden." Später waren es für uns die schönsten Stunden, wenn meine Mutter uns aus diesen Briefen vorlas. Sie waren so lebendig. Wir erfuhren auch viele lustige Dinge über uns und entdeckten Eigenschaften, die uns bis heute geblieben sind. Aber Hundefriseuse bin ich nicht geworden!

Als ich drei Jahre alt war, mußten wir Polen verlassen. Drei Jahre sind eine lange Zeit für einen Kundschafter, der zweimal wöchentlich illegal einen Sender betreibt. Da bestand ständig die Gefahr, daß die Faschisten das Gerät entdecken könnten. Sie hörten die fremden Funkzeichen und wußten, da sendet jemand heimlich.

Kurz bevor Polen von den Hitlersoldaten überfallen wurde, erhielt meine Mutter aus Moskau den Auftrag, in die Schweiz zu gehen. In diese Zeit fallen meine ersten Erinnerungen. Wir wohnten hoch oben in den Bergen, in einem einsamen Bauernhaus. Das war sicher gut für das Funkgerät und für die Arbeit meiner Mutter. Der Sender war immer versteckt, mal auf dem Heuboden, mal in einem Geheimfach im Schrank, mal im Keller. Meine Mutter hatte erst recht strenge Schweigepflicht gegenüber zwei neugierigen Kinder. Vielleicht ist es schwer, sich vorzustellen, daß jemand so lange und sogar vor den liebsten Menschen schweigen oder manchmal auch schwindeln muß. Aber wenn man weiß, daß man schon durch ein Wort andere und sich selbst in Lebensgefahr bringen kann, dann ist es zu verstehen.

Wir Kinder ahnten nichts von Krieg, von gefahrvoller Arbeit, von heimlichen Treffs mit den Genossen. Wir wußten nichts von den Sorgen der Erwachsenen und daß viele, auch meine Mutter, sich in ihre Heimat zurücksehnten. Aber natürlich in kein faschistisches Deutschland.

Tochter Janina als Vierzehnjährige

Sicher tat es meiner Mutter gut, zu sehen, wie sorgenfrei wir anfangs in dieser wunderschönen Gegend aufwuchsen, denn sie wußte ja nicht, was uns die Zukunft bringen würde. Da war ihr jede Stunde, in der wir glücklich waren, kostbar.

Unser Bauernhaus grenzte an einen Stall, und ich erinnere mich an die vielen Kühe mit den Glocken am Hals. Es roch warm und gut, und die Glocken klingelten in den verschiedensten Tönen.

Mein Bruder fuhr in den Wintermonaten im tiefsten Schnee mit Skiern zur Schule. Die Kinder blieben dort den ganzen Tag, und Mutter hängte ihm eine kleine Lampe um den Hals, damit er den Rückweg bei Dunkelheit besser finden konnte. Jeden Spätnachmittag stand ich am Hügel und schrie vor Freude, wenn ich im Tal die kleine Lampe auf und ab hüpfen sah. Dann wußte ich – Mischa kommt endlich.

Im Frühjahr gab es gleich hinter unserem Haus ein großes Feld wilder Narzissen. Zum Ärger meiner Eltern stampfte ich zu gern darin herum und knickte die Blumen.

Von klein auf nahmen uns die Eltern auf Wanderungen mit. Sie liebten beide die Natur, schöne Landschaften und einsame Gegenden. Als Kinder haben wir eigentlich nie so darauf geachtet, aber als wir erwachsen waren, empfanden wir die Natur genauso schön und liebten sie. Bestimmt waren unsere Eltern daran beteiligt, und heute sind wir ihnen dankbar dafür.

Ja, manchmal wurden meine Eltern auch von quengelnden Kindern begleitet, die getragen werden wollten, zum Beispiel von mir. Einmal wollte ich immer wieder am Hals meines Vaters hängen. Er war eigentlich nicht mein richtiger Vater und kam erst zu uns, als ich drei Jahre alt war, aber für mich war er immer der richtige. Jedenfalls hatte er sich schon lange mit mir abgequält, und als ich nun zum zehntenmal quengelte, „ich will um deinen Hals", da antwortete er streng: „Wenn du noch einmal Hals sagst, dann ..." Aber aus lauter Bockigkeit mußte ich den Hals unterbringen und fragte: „Blauer Hals darf ich doch wenigstens sagen?" Da sahen sich meine Eltern an und lachten.

Meine Mutter habe ich eigentlich immer fröhlich in Erinnerung und nie schlechtgelaunt oder laut.

Zwei Jahre lebten wir in der Schweiz. Hier lernten mein Bruder und ich Französisch, so sprach man in diesem Teil des Landes. Es war meine erste Fremdsprache. Leider habe ich sie später verlernt, weil andere dazukamen. Wir merkten nicht, daß diese Zeit für unsere Eltern besonders schwer war. Der Krieg hatte begonnen, Polen war von den Faschisten überrollt. Mein Geburtsort Warschau gehörte zu den Städten, die später die schlimmsten Bombenangriffe erlebten. Tausende Kinder und Erwachsene kamen in Konzentrationslager oder Ghettos, und viele von ihnen wurden vernichtet. Wie muß meine Mutter um Freunde gebangt haben, und wie muß es sie geschmerzt haben, wenn sie an das Schicksal dieser Kinder dachte. Auch um meine Großeltern machte sich meine Mutter Sorgen. Sie hatten, wie viele Antifaschisten und Juden, mit der ganzen Familie Deutschland verlassen müssen, und um ihr Leben zu retten, flüchteten sie nach England. Das ist nicht so einfach, wenn man fast sechzig Jahre in einem Land gelebt hat. Wie soll man sich da woanders wohl fühlen, wie Arbeit finden und Geld verdienen?

Eines Tages kamen zwei Polizeibeamte zu uns in die Berge, liefen um das Haus, kamen herein und stellten Fragen über Woher und Wohin und was meine Mutter so mache. Sie antwortete ihnen ganz ruhig. Immer war sie auf solche Fragen vorbereitet, und schlagfertig war sie auch. Als beide verschwanden, mußte das Funkgerät rasch auseinandergebaut und versteckt werden. Meine Eltern warteten, bis wir fest schliefen. Als es dann Nacht wurde, suchten sie eine sichere Stelle im Wald. Unter einer Baumwurzel gruben sie ein Loch, legten die einzelnen Teile hinein und verdeckten sie mit Erde, Laub und Zweigen. Sie merkten sich die Stelle gut, weil sie das Funkgerät wieder benutzen wollten. Aber dazu kam es nicht mehr ...

Unsere Kinderfrau, die bei uns lebte und meiner Mutter bei unserer Betreuung half, liebte mich ganz besonders. Vielleicht wollte sie mich ganz für sich haben, vielleicht war sie auch einfach alt und krank, den Grund kannte niemand genau, jedenfalls fing sie an, im Dorf über meine Mutter zu schwatzen. Beim Friseur, beim Bäcker, sogar bei der Polizei erzählte sie, das sei eine Kommunistin. Wie gut, daß sie nichts Näheres wußte. Keiner glaubte ihr, alle dachten:

64

Dummes Geschwätz einer alten Frau, die sich wichtig machen will. Aber falls doch jemand nachforschen würde, wäre das sehr gefährlich für uns geworden. Nun mußte rasch gehandelt werden. Viele Male hatte meine Mutter überlegt, was sie in solch einer Situation tun würde. Sie mußte sich so verhalten, daß sie ihre Genossen, sich und ihre Familie nicht noch mehr in Gefahr brachte. Um Gefängnis und vielleicht Folterungen leichter zu überstehen, hatte sie schon viele Jahre versucht, ganz gesund zu leben. Wie viel schwerer wäre es im Gefängnis gewesen, hätte sie sich vielleicht dort das Rauchen abgewöhnen müssen. Und wie viel leichter hält ein abgehärteter Körper das Leben in einer Zelle aus. Deshalb trieb sie, wann immer Zeit dafür blieb, Sport.

Es war aber nicht so, daß Mutter dauernd an solche schlimmen Dinge dachte. Obwohl immer darauf vorbereitet, war ihr Leben nicht voller Ängste. Die Zeit dafür ließen ihr schon die zwei kleinen lebhaften Kinder nicht. Sie erlebte mit uns die Sorgen und Freuden aller jungen Mütter – die ersten Schritte und Worte, die vielen Fragen und auch die Krankheiten. Ich glaube, gerade weil wir da waren, weil sie mit uns lachen und fröhlich sein konnte, auch wenn ihr manchmal nicht danach zumute war, hatte sie die Kraft, diese Zeit zu überstehen.

Unsere Anwesenheit war noch ein Grund mehr, doppelt vorsichtig zu sein, ruhig und besonnen zu handeln, und bestimmt hat sie gerade unseretwegen auch an die vielen anderen Kinder gedacht, deren Leben durch einen Krieg bedroht war.

Das wichtigste Beweismittel war vergraben, nun mußten wir auch in Sicherheit gebracht werden ... Das bedeutete Trennung von den Eltern. Wir beide kamen in ein Kinderheim, weit entfernt von Polizei und Kinderfrau, meine Eltern zogen vorübergehend in eine Pension. Obwohl Mutter ein schönes Heim mit lieben Erziehern gewählt hatte, war diese Trennung für mich der erste große Schock in meiner Kindheit. Ich war doch erst vier Jahre alt und klammerte mich an meine Mutter und schrie. Mein Bruder versuchte, tapfer zu sein und mich zu trösten, aber er war selbst den Tränen nahe. Unsere Mutter drehte sich schnell weg, um ihr Gesicht nicht zu zeigen. Sie wußte

Lesestunde mit der Familie im Grünen, ganz links Janina

nicht, ob sie uns je wiedersehen würde. In der Schweiz gab es nämlich ein Gesetz, wonach Deutsche, die dort lebten und gegen Hitler
handelten, jederzeit an die Grenze zu Deutschland „gestellt" werden
konnten. Das hieß, sie wurden aus der Schweiz ausgewiesen und
mußten in ihre Heimat zurückkehren. Da meine Mutter schon viele
Jahre Kommunistin war, hätte die Rückkehr in diese Heimat ihren
sicheren Tod bedeutet.

Das war nicht die letzte Trennung für uns, und wir wußten niemals, weshalb. Während dieser Zeit blieb mein zehnjähriger Bruder
immer an meiner Seite. Ihm war selbst schwer ums Herz, aber er war
so lieb und fürsorglich mit mir und beschützte mich, wo er nur
konnte. Meine Mutter wußte, wie sehr wir aneinander hingen, und
da hat es sie wohl doch etwas getröstet, daß wir beide zusammen
waren. Sicher ist unsere enge Bindung zueinander aus dieser Zeit
erwachsen. Ich weiß jedenfalls, daß wir uns bis heute nie gestritten
haben, und ich liebe und achte ihn wie damals.

Ruth Werners Ururenkelin, die am 1. Oktober 2005 geborene Vanessa, mit ihrer Mutter Nelly Blankenfeld.

Als ich später in England, unserer nächsten Heimat, mein erstes Taschengeld erhielt, habe ich ihm davon einen riesigen Dolch gekauft. Mutter war entsetzt, aber er strahlte.

Viele Deutsche, die vor Hitler in der Schweiz Zuflucht gesucht hatten, waren durch den begonnenen Krieg beunruhigt. Die Grenze war so nah, wann ist die Schweiz an der Reihe? Sie versuchten, in andere Länder zu fliehen. Mutter mußte auch die Schweiz verlassen, denn es kam der Auftrag, nach England zu gehen. Viele von euch sind sicherlich schon mal umgezogen und ihr wißt, was das für eine Arbeit macht, besonders, wenn man in eine andere Stadt zieht. In ein anderes Land zu ziehen – mein drittes, für meinen Bruder war es schon das vierte, denn er wurde in China geboren, wo Mutter auch als Kundschafter gearbeitet hatte, mit wenig Geld, ohne zu wissen, was einen erwartet, vom Krieg begleitet und mit zwei Kindern an der Seite –, das war nicht so einfach. Aber in England würde meine Mutter die Eltern und Geschwister endlich wiedersehen, und vor allen Dingen, sie könnte uns wieder bei sich haben. Das war die größte Freude. Nur daß mein Vater vorerst in der Schweiz zurückbleiben mußtet, machte meine Eltern traurig.

Unsere Reise nach England führte unter anderem über Spanien, und für dieses Land hatte er Durchreiseverbot. Später erfuhren wir, weshalb. 1936 hatte das spanische Volk nach jahrelanger Unterdrükkung und Armut eine Republik gegründet. Es wählte eine Regierung, die endlich den vielen Bauern und Arbeitern ein leichteres Leben und Rechte verschaffen wollte. Fortschrittliche Menschen in aller Welt freuten sich über diesen Sieg und bewunderten das tapfere spanische Volk. Als die junge Republik im selben Jahr durch spanische und deutsche Faschisten bedroht wurde, leistete das Volk verzweifelten Widerstand. Viele Tausende bangten mit ihm, und es geschah etwas Einmaliges in der Weltgeschichte. Aus 51 Ländern eilten Freiwillige herbei, um das spanische Volk in seinem Kampf zu unterstützen.

Es waren Freiwillige, die wußten, daß es keine Bezahlung gab, daß das hungernde Volk sie ernähren mußte, daß die Kampfbedingungen schwer waren und ihren Tod bedeuten konnten. Sie nannten sich die Interbrigaden. Zu ihnen gehörte auch mein Vater – er war damals 22 Jahre alt.

Drei Jahre dauerte der Krieg, bis die Faschisten doch siegten, weil ihnen das faschistische Deutschland und auch Italien Soldaten und Waffen schickten ... Während dieser Zeit gab es aber auch unzählige Beispiele der Solidarität; eine Solidarität, die das spanische Volk nie vergessen hat und die nie besiegt wurde. Von überall gelangten Waffen, Nahrungsmittel, Medikamente und Geldspenden nach Spanien. Dort, wo die Menschen nichts besaßen, spendeten sie ihr Blut für die Verwundeten.

Mein Vater spricht nicht viel über diese Zeit, aber wenn er erzählt, dann merken wir, daß diese drei Jahre bei den Interbrigaden zu den wertvollsten seines Lebens gehören. Dort hatte er viele gute Genossen kennen gelernt, Freundschaften fürs Leben geschlossen, und die Solidarität, die er dort erlebte, konnte auch er nie vergessen. Einmal sagte er mir, das Beste, was ihm je passiert ist, sei die Zeit in Spanien und daß er Mutter kennengelernt hat.

Ehrung für Ruth Werner
Berlin (ND). Den „Orden der Freundschaft" hat am Donnerstag der russische
Botschafter Sergej B. Krylow an die Tochter Ruth Werners, Janina Blanken-
feld, übergeben. Ruth Werner bekam die Auszeichnung postum für ihren großen
Beitrag zur Festigung der Freundschaft zwischen den Völkern der russischen
Föderation und der Bundesrepublik Deutschland verliehen. Krylow würdigte
den Mut der Schriftstellerin, sie habe während des Zweiten Weltkrieges viel für
das russische Volk und für den Weltfrieden getan. (Neues Deutschland vom 7./8.
Oktober 2000).
Nach der Auszeichnung: die Kinder Michael Hamburger, Janina Blankenfeld
und Peter Beurton (v. r.)

Mein eigentlicher Vater war ebenfalls ein guter Mensch und ein
tapferer Kommunist. Er war Kundschafter wie meine Mutter, und sie
lernten sich bei der Arbeit kennen. Jeder von ihnen bekam dann den
Auftrag, in ein anderes Land zu gehen, da mußten sie sich trennen.
Das fiel ihnen sehr schwer, weil sie sich liebten, und außerdem erwar-
tete meine Mutter ja mich. Nur er wußte davon, sonst niemand, und
sie nahm sich auch fest vor, weiterzukämpfen und ihren Auftrag zu

erfüllen. Ich glaube, das war die allerschwerste Zeit in ihrem Leben. Es ist doch viel schöner, wenn sich zwei auf ein Kind freuen, und gerade in dieser Zeit möchte man ganz dicht beieinander sein und sich doppelt lieb haben.

Als ich später selbst ein Kind hatte, erzählte mir meine Mutter von meinem Vater, und ich fragte, ob er mich je gesehen hätte. Sie sagte: „Ein einziges Mal, als du drei Jahre alt warst." Ich konnte aber nicht verstehen, warum er nie schrieb und nicht mehr von mir wissen wollte. Aber ich dachte mir, sie versteht es vielleicht selbst nicht, und da wollte ich sie nicht mir Fragen quälen.

Von der Schweiz nach England fliegt man heute zwei Stunden. Da die Faschisten den Flugraum und mehrere Länder bereits besetzt hatten, konnten wir nur auf Umwegen reisen. Frankreich, Spanien und Portugal mußten wir durchqueren. Dann ging es per Schiff weiter, zunächst in entgegengesetzter Richtung nach Gibraltar und dann wieder zurück über den Atlantischen Ozean nach England. Jeder kann sich auf der Landkarte ansehen, was das für eine verdrehte Reiseroute war. Nur das Wichtigste an Gepäck durfte meine Mutter mitnehmen, jedes Kleidungsstück wurde deshalb genau überlegt, und wir Kinder mußten unser Spielzeug zurücklassen.

Kurz vor Weihnachten 1940 begann unsere Reise. Mein Vater brachte uns zum Bus, half die Koffer verstauen. Dann umarmte er uns und blieb winkend zurück. Wir Kinder waren so aufgeregt und bemerkten gar nicht, wie schwer den Eltern der Abschied fiel. Damals wußten sie auch nicht, daß sie sich erst 20 Monate später wiedersehen würden. Aber so erging es vielen. Überall brachte der Krieg solche Trennungen mit sich. Und wie viele sahen ihre Familien nie wieder.

*Auf der Rücksei-
te des Fotos steht:
„Meine Mutter,
Regina Graden-
witz, geb. Treu-
enfels mit ihren
Eltern Julius und
Berta Henriette
Treuenfels.
Kinder hebt es
auf! Berta
Kuczynski"*

*Der Vater René
Kuczynski
(1876–1947) und
die Mutter Berta
Kuczynski, geb.
Gradenwitz
(1879–1947)*

71

Das Bibliothekszimmer in der Villa Schlachtensee, mit einem Porträt der Schwester Brigitte (vor 1925)

Post an die Mutter: „Ich habe mich sehr über Deine Karte gefreut. Am Tage habe ich gar keine Sehnsucht nach Euch, bloß wenn ich Abends im Bett liege."

Tauf-Schein.

Nach Angabe des Tauf-Buches der *Kirche zu Friedenau*
~~Kirche~~ ist dem *Verwalter im städtischen Amt in Schöneberg*
Robert Kurt Abraham Kuczynski
von seiner Ehefrau *Berta Henriette*
Kuczynski geborene Gnadenwitz
am *fünfzehnten* (15ten) *Mai*
Ein Tausend *Neun* Hundert *und sieben* (1907)
eine *Tochter* geboren, welche am *22ten September* 1907
die heilige Taufe und die Namen:

Ursula Marie

empfangen hat.

Taufzeugen:

1. *Herr Professor Paul Hensel*
2. *Fräulein Felie Gnadenwitz*

Dieses wird glaubhaft und ordnungsmäßig hierdurch bescheinigt.

Berlin Friedenau den *16ten September* 19 *14*

[Unterschriften]

Gebühren: *0,75 M.*
Jahrgang: *1907* Seite: *162*

Ursula mit anderthalb Jahren   *... mit fünf Jahren, Berlin 1912*

Der große Bruder Jürgen, Ursula, die jüngere Schwester Brigitte

Berlin 1925/26: Die Geschwister Jürgen, Ursula, Brigitte, Barbara, Sabine, Renate

Peter Beurton

Zwei „radikale Rote"

Man weiß genau: So und so viele Hungernde, so und so viele Bett-
ler gibt es in den Straßen; aber heute geht man zu Hilbrich in die
Konditorei; das vorige Mal stand vor der Tür ein Bettler. Auf
einmal hat man den Gedanken: Wenn heut doch keiner dastände!
Man merkt zwar gleich: Halt, da machst Du Dir was vor, daß ist
eine unklare Linie. Für Dich darf absolut nichts anders sein,
dadurch, daß dieser Bettler jetzt vielleicht an der nächsten Ecke, wo
Du ihn nicht siehst, steht. Du mußt genauso wissen, daß er da ist
und nicht nur dieser einzelne, sondern daß sie alle da sind, auch
wenn Du sie nicht siehst und im Augenblick keiner an Deine
Gefühle appelliert.

(aus dem Tagebuch der siebzehnjährigen Ursula, 1924)

Der Weg meiner Mutter in den zwanziger Jahren zu den deutschen Kommunisten, dann nach China und zu Richard Sorge, ihre Aufenthalte in Moskau, die Arbeit in Polen, später die in der Schweiz auch mit Rado und schließlich ihre Zusammenarbeit mit Klaus Fuchs in England – davon haben die Leser von „Sonjas Rapport" Kenntnis. Sie ist für ihre über zwei Jahrzehnte reichende Kundschaftertätigkeit verehrt worden. Und man nahm es mit Erstaunen, ja Bewunderung zur Kenntnis, daß sie es gleichzeitig vermocht hat, eine Familie zu gründen und Kinder großzuziehen.

Was hat diese Frau aus gutbürgerlichem Hause zur kompromißlosen Kommunistin, zu einer „radikalen Roten" werden lassen? Zu einer, die bereit ist, die eigene Person bis an die Grenzen der Selbstaufgabe einer Zukunftsidee und der Disziplin einer mit ihr verbundenen Partei unterzuordnen. Sich, vielleicht, für ihren Glauben sogar erschießen zu lassen. Und – welch ein Wahnwitz! – auch ihre eigene Familie, ihre drei Kinder den möglichen Konsequenzen ihrer lebensgefährlichen Arbeit auszusetzen. Aus der heutigen post-kommunistischen Sicht interessieren aber gerade diese Besonderheiten und das Unwägbare an der Geschichte des Kommunismus des letzten Jahrhunderts. Das gilt ebenso für jede einzelne kommunistische Biografie. So können wir auch bei Klaus Fuchs fragen. Der aus einer lutherischen Pfarrerfamilie kommende Fuchs wendet sich der kommunistischen Bewegung zu, emigriert mit dem Machtantritt der Faschisten nach England. Dort studiert er Physik, wird englischer Staatsbürger. Als hochbegabter Theoretiker ist er in einem Team hervorragender, hochmotivierter Wissenschaftler zuerst in England und später in Amerika am Atombombenprojekt tätig. Diese Forscher verbindet ein wissenschaftliches Ethos und letztlich das gleiche Ziel, nämlich einer militärischen Auseinandersetzung mit dem deutschen Faschismus gewachsen zu sein.

Fuchs, sensibel und ein wenig weltfremd, geht völlig auf in seiner Arbeit. Dieser gleiche Klaus Fuchs sucht mit geradezu nachtwandlerischer Sicherheit den Kontakt zu den Russen. Er geht zu ihnen ungefragt, offenbart sein Wissen und liefert über Jahre hinweg entscheidende Daten zum Bau der Atombombe. Wie kam er dazu?

*

Meine Mutter entstammt einer in mehrfacher Hinsicht besonderen Familie: Es hat im Europa des 20. Jahrhunderts nicht sehr viele jüdische Familien mit sechs Kindern gegeben, die zwischen 1904 und 1923 geboren wurden, sämtlich den Faschismus überlebten und von denen fünf Mitglied der Kommunistischen Partei wurden. Alle sechs Kinder gründeten schließlich eigene Familien. Obwohl es in den Anfangsjahren diese oder jene Scheidung gab, dauerten die Ehen in einem Fall über vier Jahrzehnte und in fünf Fällen wenigstens ein halbes Jahrhundert. Eine politisch-demografische Singularität hätte der Bevölkerungsstatistiker René Kuczynski, der Kopf dieser Familie, gesagt. Zu dieser Singularität gehört auch, daß die beiden ältesten Kinder, Jürgen als Wirtschaftswissenschaftler und Ursula als Kundschafter, Bedeutendes leisteten. Was also hat die Tochter auf ihren Weg gebracht?

Da ist zunächst die über Generationen zurückreichende Familien-
tradition. Von ihrem Ururgroßonkel, einem berühmten jüdischen
Arzt, wissen wir, daß er, sozusagen als linke Nebentätigkeit, an den
langen Winterabenden des Jahres 1839/40 die Schrift des russischen
Nationaldichters Alexander Puschkin „Geschichte des Pugatschew-
schen Aufruhrs" ins Deutsche übersetzt hat. Diese Schrift handelt von
der Niederschlagung eines Kosakenaufstandes durch Zarin Katharina
II. gegen Ende des 18. Jahrhunderts. Der Urgroßvater saß bereits
wegen linker Tendenzen im Gefängnis und mußte nach Paris emigrie-
ren. Dort kaufte er übrigens 1848 ein Exemplar des „Kommunistischen Manifest" von Karl Marx und Friedrich Engels. Es war aus
London dorthin gelangt und wurde seitdem in der Familienbiblio-
thek von Generation zu Generation vererbt. Heute ist diese Biblio-
thek Bestandteil der Berliner Stadtbibliothek. Die in Paris geborene
Großmutter meiner Mutter heiratete mit einem Bankier einen späteren Millionär. Aus dieser Ehe ging René Kuczynski, der Vater von
Ursula und ihrer fünf Geschwister, hervor.

In ihm konzentriert sich gewissermaßen die linke Tradition der
Familie: 1876 geboren, besuchte er das Französische Gymnasium in
Berlin, studierte Wirtschafts- und Rechtwissenschaften, ging für vier
Jahre nach Amerika und wurde 1906 Leiter des Statistischen Amtes
in Berlin-Schöneberg. Die Berliner Wohnungsnot wurde zu einem
seiner Hauptthemen. Kuczynski ist zwar nie einer Partei beigetreten,
aber die Unbestechlichkeit und Objektivität seiner Analysen machten ihn später für die KPD zu einem unentbehrlichen „Stützpfeiler"
im Kampf um die Interessen der Arbeiter. Er wurde 1926 Vorsitzen-
der des Ausschusses für die Fürstenenteignung. Im Kampf gegen die
Fürstenabfindung bildeten KPD und SPD übrigens das einzige Mal
während der Weimarer Republik eine funktionierende Einheitsfront.

René Kuczynskis Ehe war ausgesprochen harmonisch. Die Familie lebte in einer Villa am Schlachtensee. Hier wuchsen die Kinder in
einer geistig liberalen Tradition auf. Ursula begann frühzeitig Gedich-
te zu schreiben, sie übte sich in Kurzprosa. Das Vorbild des Vaters
war auch eine der Voraussetzungen für ihre frühzeitige politische
Betätigung. Sie wurde Mitglied im kommunistischen Jugendverband,

Ortsgruppe Zehlendorf, später trat sie in die KPD ein. Ursula begann eine Buchhändlerlehre, las Rosa Luxemburg und Thomas Mann, war von den Werken Franz Masarels und der Käthe Kollwitz begeistert. Ihrem Bruder Jürgen schrieb sie am 15. November 1926: „Von Stalin ,Probleme des Leninismus' ist jetzt erschienen. Soll sehr wesentlich sein, kostet leider 4,50 Mark." Im Kreise politisch und auch in ihrer Liebe zur Natur Gleichgesinnter machte sie sich mit ihrem Bücherkarren auf den Weg zur Weltrevolution ...

Nie aber gab sie deshalb ihre engen Bindungen an die elterliche Familie auf. Oft dachte sie an die Jahre in der Schlachtenseer Villa zurück. So hielt sie, siebzehnjährig, in ihrem Tagebuch das Weihnachtsfest 1924 fest:

Mutter hatte entzückend alles gemacht. Ganz allein, für uns zehn Personen. Sie war rot und jung und freute sich mit uns. Jürgen rührend in seiner Freude, Vati und Mutti zusammen fabelhaft. Wie man nach fünfundzwanzig Jahren Kennen noch so verliebt sein kann! Bärbchen und Brigitte, verlegen lebhaft und nett. Binchen außer sich ...

Unsere Ollo, die seit dreizehn Jahren für uns sorgt, die nie jemand zum Lieben hat und nur alles, was sie an Umsorgen und Lieben in sich trägt, uns schenkt. Ollo, das hysterische graue, kleine Wesen, das mit fast jedem von uns Mädchen Krach hat, immer unzufrieden ist. Ollo, die für uns durchs Feuer geht, alles für uns tut, nur für uns lebt, nichts auf der Welt kennt als ihre sechs. Ollo, von deren Prügel alle sechs schon gehörig bekommen haben, die seufzend Muttis grünseidenen Kasak betrachtet: „Ach, ich sehe schon die Flecke drauf, Frau Doktor." Die ermahnend zu mir sagt: „Ursula, die Nachthemden darfst du nur tragen, wenn du krank bist!" ...

Alle Kinder springen jetzt herum. Jürgen streichelt Mutter über Stirn und Haar: Vielen Dank, herrlich ist alles! Vater sagt leise: „Na, Gutes!" Mutti freut sich. Dann Vater zu Jürgen, wegen irgendwas strahlend und stolz: „Aber Kerlchen." Dann ich an meinem Tisch so froh über alles und doch immer erwägend, wie ich um den Weihnachtskuß für Mutter herumkomme, halb in Gedanken bei H., halb bei einem Bettler, den ich heut zusammenbrechen sah, bei Proletariern, dann wieder bei H., dann einmal voll und ganz bei den Gardinen, die ich für mein Zimmer gekriegt habe – und so fort ...

Jetzt sehr viel später kommt der Gärtner durch die Küche herein. „Heinz!" jubelt Bärbchen und fliegt ihm um den Hals (wie sie ja überhaupt Freundschaft mit allen Kellnern, Dienern, Gärtnern, Schauspielern und jede Sorte Mensch zwischen 17 und 30 pflegt). Jetzt springt sie herunter, und er nimmt sie an die Hand, riesig lang ist er, und Binchen klammert sich unten irgendwo an seine Beine.

„Der Gärtner sieht heut ja ganz mächtig froh aus", sage ich. Sein blonder Haarschopf fällt ihm vornüber ins Gesicht, seine Augen strahlen mich an. „Das ist seit langem mein schönstes Weihnachten", sagt er und reicht mir die Hand. Trotz seiner Freude ist irgendwie etwas Bitteres an ihm – nie kann er das ganz loswerden ...

Im November 1926 vertraut sie dem Tagebuch an:

Plötzlich habe ich Visionen: Der Genosse Hans läuft, weil er kein Fahrgeld hat nach dem Gruppenabend 1 1/2 Stunden bis Wannsee heim. Da sehe ich seinen betrunkenen Vater mit erhobener Axt im Hausflur stehen, weil der Junge so spät kommt. Wenn er fährt, ist er in 20 Minuten zu Hause. Der Genossin W. stirbt ihr Jüngstes weg, weil sie ihm nicht Milch kaufen kann. Sehr lieb hat sie es. Verrückt, vielleicht hätte ich ihr gar nichts gegeben. Außerdem, nur eine kleine Weichheit, allen Millionen hätte ich doch nicht helfen können. Außerdem brauche ich den Mantel. Nun liege ich im Bett und heule vor mich hin. Soll ich oder soll ich nicht?

Und habe abwechselnd Sehnsucht nach Rudi und nach allen Arbeitermädeln und Jungen der KJ. Und dann packt mich die Wut, daß so einer mir den Kopf verdrehen kann. Und daß ich ihn so sehr brauche. Und dann schlafe ich doch unter Heulen ein ...

Auf der einen Seite das Weihnachtsfest in der Geborgenheit der bürgerlichen Familie, erzählt mit einer Beobachtungsgabe und Intensität, wie man sie nur haben kann, wenn man selbst im Erzählten ganz aufgeht, Erlebender und zugleich Teil des Erlebten ist; auf der anderen die rauhe proletarische Welt der Armut da draußen, wahrgenommen von der jungen Kommunistin. Und doch bilden diese beiden Welten in ihrem im Erleben und Erzählen ein Ganzes.

Der Vater hatte als Leiter einer deutschen Delegation zum 10. Jahrestag der Oktoberrevolution die Sowjetunion besucht. Von ihrer kommunistischen Mission erfüllt, schildert die Tochter in einem Brief an den Bruder Jürgen ihr Bangen um den Vater, als dieser aus der Sowjetunion zurückkehrt:

20. November 1927
... Vater ist aus Rußland zurück. Es war schön, sein Ankommen. Morgens ganz früh holte ich ihn mit Mutter von der Bahn ab. Schon die Begrüßung der beiden. In dieser Sekunde mußte die Umgebung auf zehn Meilen im Umkreis fühlen, wie Mutter und Vater zueinander gehörten, dabei war eigentlich gar nichts Besonderes; man kann es nicht so beschreiben.

Das Wesentlichste für mich sein erster Satz: „Bisher habe ich nie verstanden, warum England den Krieg gegen Rußland will, jetzt verstehe ich es, ich finde es von Englands Seite aus berechtigt. Kein kapitalistischer Staat kann das mit ansehen, wie ein nichtkapitalistischer, ein kommunistischer Staat aufblüht und von Jahr zu Jahr große Erfolge hat." Ich habe bald geheult vor Freude, denn wenn Vati Rußland nicht bejaht hätte! Es wäre schrecklich gewesen.

Meine Mutter hat die Zehnklassenschule besucht. Studiert hat sie nicht. Eine akademische Karriere, die beim Vater Voraussetzung für sein politisches Wirken war, wurde für sie nicht einmal in Erwägung gezogen. Auch war eine solche Laufbahn damals für Frauen nicht unbedingt üblich. Aber ihr Ehrgeiz war getragen von dem Wunsch, ihrer Herkunft, dem Ethos ihres Vaters gerecht zu werden. Eines in ihren Augen einzigartigen Mannes: gutbürgerlich *und* links. Es einem solchen Menschen gleichzutun, war aber gegen Ende der Weimarer Republik, in der zunehmenden Polarisierung dieser Gesellschaft unter den Bedingungen des aufkommenden Faschismus, nicht mehr möglich.

*

Auch Klaus Fuchs kam, wie eingangs dargelegt, aus einer bürgerlichen Familie. Schon bevor er nach England ging, hatte er Marx und Engels gelesen und verstanden, was eine alles umfassende Weltanschauung bedeutet und wie diese die bisherige menschliche Geschichte unter einem einheitlichen Gesichtspunkt, nämlich dem der Arbeiterklasse, erklärte.

Obwohl er sich mit entsprechenden Äußerungen in der Öffentlichkeit zurückhielt, hat er nie seine politischen Grundüberzeugungen verleugnet. Aus Deutschland vertrieben, war Fuchs zwischen dem Beginn des Zweiten Weltkrieges im September 1939 und dem Überfall auf die Sowjetunion im Juni 1941 Mitarbeiter am Atombombenprojekt geworden. Die Gefahr bestand, daß auch die Deutschen an der Bombe arbeiteten. Dann würden die Geschicke dieser Welt vom Ergebnis des einsetzenden Wettrennens abhängen. Gleichzeitig war seine Sympathie gegenüber der Sowjetunion ungebrochen. Die Hinauszögerung der Eröffnung der Zweiten Front durch die Westalliierten dürfte seine innere Bereitschaft, der Sowjetunion zu helfen, noch verstärkt haben. Im Fall von Klaus Fuchs reicht also die große Politik auf ganz besondere Weise unmittelbar in seine wissenschaftliche Arbeit hinein.

Aber kann das allein sein Verhalten, seinen „Verrat" erklären: Des Tags begeisterter Wissenschaftler unter seinesgleichen, nachts oder an den Wochenenden gezielte Preisgabe von Geheimnissen. Woher diese über Jahre praktizierte Schizophrenie? Was hat ihn zu einem so und nicht anders handelnden „radikalen Roten" gemacht?

Auch hier gibt die Familiengeschichte Hinweise. Der 1911 im hessischen Rüsselsheim geborene Klaus Fuchs war der Sohn des lutherischen Pfarrers Emil Fuchs. Dieser war nach seinem Militärdienst für zwei Jahre als Vikar nach England gegangen und fand dort Kontakt zu den Quäkern, deren soziales Engagement ihn beeindruckte. Emil Fuchs einer der ersten unter den Pfarrern, die Mitglied der Sozialdemokratischen Partei Deutschlands wurden; das war im Jahre 1921. Seine Beziehung zum Elternhaus sah Klaus Fuchs ähnlich wie Ursula:

Ich hatte eine sehr glückliche Kindheit. Entscheidend war, daß mein Vater immer danach handelte, was er als richtig empfand, und er hat uns immer gesagt, wir sollten unseren eigenen Weg gehen, auch wenn er nicht einverstanden war.

Noch deutlicher sagte seine jüngere Schwester:

... das war eine sehr schwere Zeit, in der wir aufwuchsen, zwischen zwei Weltkriegen, aber doch war es eine glückliche Zeit für uns, da wir in einem schönen Haus lebten, das immer ein sehr offenes Haus war. Der Vater hatte viele Gäste, Gäste aus aller Welt, und wir haben oft zum Abendessen zwölf Leute gehabt, da kann ich mich noch sehr gut daran erinnern, die alle mit dem Vater über Philosophie, über Politik gesprochen haben. Das war sicher ein anregendes Milieu, in dem wir aufgewachsen sind. Vater war vom Quäkertum sehr beeindruckt, das er von England her kannte. Er hat uns immer davon erzählt, wie die Quäker auch in den Arbeitervierteln Manchesters arbeiteten, daß sie ihr Glauben dazu brachte, ein soziales Gewissen zu haben ...

Ob René Kuczynski ein Dutzend Gäste empfing, weiß ich nicht. Ansonsten aber gleichen sich die Bilder. Als in den 20er Jahren die Familie Fuchs in Eisenach lebte und die SA junge Arbeiter ermordet hatte, formierte sich ein Trauerzug hinter den Särgen durch die Stadt. Emil Fuchs, der Pfarrer, schritt in seinem schwarzen Talar voraus. Er war stadtbekannt, und die „Eisenacher Zeitung" des nächsten Tages hatte wohl politisch richtig gesehen, als sie von einem roten Talar berichtete.

Walther Rathenau, einst deutscher Außenminister, äußerte ironisch über René Kuczynski, daß dieser immer eine Ein-Mann-Partei bilde und sich auf deren linken Flügel stelle. Ähnliches könnte man von Emil Fuchs sagen. Beide Väter standen aus humanitären und politischen Gründen als Vertreter des bürgerlichen Lagers links.

So etwas gab es im Deutschland des letzten Jahrhunderts nur bis zur Machtergreifung der Nazis – und auch dann nur in jener Generation, die bereits aus dem vorletzten Jahrhundert kam. Wie meine Mutter war auch Klaus Fuchs von einem innigen Verhältnis zum

Vater erfüllt. Beide Kinder wollten es also ihren Vätern gleichtun. Diese Generation aber, nach der Jahrhundertwende geboren und in der Endzeit der Weimarer Republik groß geworden, konnte einen René Kuczynski oder einen Emil Fuchs nicht mehr wiederholen. „Radikal rot" zu werden – nur das entsprach unter den gegebenen Bedingungen der engagierten Unbestechlichkeit des Bevölkerungsstatistikers René Kuczynski oder der kompromißlosen Aufrichtigkeit eines Emil Fuchs. Die Kinder konnten es den Vätern nur dadurch gleichtun, daß sie über die Väter hinausgingen und Kommunisten wurden.

Und so schrieb Klaus Fuchs bereits 1939 in einem Brief an seinen Vater:

Wir haben uns den Weg nicht so schwer gedacht. Wenn wir ihn aber noch einmal zu wählen hätten, würden wir ihn doch wieder wählen. Wir können ja nicht anders.

*

Eine Frage bleibt in Bezug auf meine Mutter noch offen: Was hat sie bewogen, bei diesem ihrem gefährlichen und waghalsigen Leben gleichzeitig noch drei Kinder – von drei Vätern – in eine Welt voller Unwägbarkeiten zu setzen?

Ihre große Sehnsucht nach einer eigenen Familie, vielleicht, um so ein kleines Stückchen der Schlachtenseer Jahre auf ihre Weise zu wiederholen und an die eigenen Kinder weiterreichen zu können, spielte zweifellos eine Schlüsselrolle. Noch viele Jahrzehnte später, längst in der DDR, hat sie sozusagen völlig „unsozialistisch" davon geträumt, ein Einfamilienhaus mit einem großen Garten zu bewohnen. Tatsächlich waren ihre Kinder ihr „ganzes Leben" – sofern nur ein Mensch mehrere „ganze Leben" gleichzeitig haben kann. Und sie konnte es. Dies war vielleicht ihre erstaunlichste Eigenschaft.

Und doch bleibt der Vorwurf, „daß sie ihre Kinder ungemein gefährdet hat, und von meinem Standpunkt aus finde ich es verantwortungslos" – so formulierte es eine Leserin von „Sonjas Rapport".

Wie konnte sie also diesen Wahnwitz begehen, bei ihrem Leben gleichzeitig noch drei Kinder in die Welt zu setzen?!

Nie käme einer von uns dreien auf die Idee, ihr einen Vorwurf zu machen. Doch kann weder der Hinweis auf das Vorbild eines glücklichen Elternhauses als vollständige Antwort dienen, noch kann ihr tatsächlich gelebtes, wundervolles Leben diese Frage ersparen. Es ist nicht daran zu denken, was gewesen wäre, wenn ... und wie sie es ertragen hätte. Und doch hätte sie kein anderes Leben führen dürfen!

Sagen wir es so: Es bleibt in jeder historisch einmaligen Situation, in jeder Biografie etwas Unergründbares. Vollständig schließt sich der Kreis an dieser einen Stelle nicht. Es gibt keine letzten Erklärungen. Das Leben meiner Mutter war doch auch geprägt von ungeheurem Glück. Auch das ist eine historische Feststellung. Es war das Glück einer großen und immer auf die Zukunft neugierigen Optimistin.

Im Frühherbst '89 besuchte ich sie in einer noch nie dagewesenen Situation. Erich Honecker war krank, das Politbüro gelähmt, die politische Führung der DDR sprachlos. Die Lage war so verfahren, daß uns allen klar war, jetzt wird etwas passieren. Ohne schnelle und tiefgreifende Wandlung des bisherigen Sozialismus konnte es nicht mehr abgehen. Wir alle wußten das. Plötzlich sprach meine Mutter die herrlich-naiven Worte in den Raum: „Aber was kommt dann?" Wir alle waren so naiv. Selbstverständlich ein besserer Sozialismus. Und für sie war das so selbstverständlich, daß in ihrer Frage Neugierde, fast ein Frohlocken, mitklang. Ich kann ihre Worte nicht vergessen.

Werner Rahn

Für mich war es ein Ehre

Besuch bei Len Beurton, 1982

„Ich traf Len das erstemal im Januar oder Februar 1939 in Vevey vor dem Einheitspreisgeschäft. Er war damals fünfundzwanzig Jahre alt, hatte dichtes braunes Haar, zusammengewachsene Augenbrauen und braun-grüne, klare Augen. Er war dünn, aber sportlich, kräftig und muskulös. Teils schüchtern, teils aggressiv, machte er einen jungenhaften, unfertigen Eindruck.

Als er hörte, daß er für eine gefährliche Arbeit in Deutschland ausersehen war, begann er zu strahlen. Ich erklärte ihm, wie schwer es die Genossen in Deutschland hatten und welche Vorteile ein Engländer für diese Arbeit besaß. Er betrachtete die neue Tätigkeit als Fortsetzung seines Kampfes auf spanischem Boden, der Höhepunkt seines Lebens gewesen war ...“ – Diese Sätze finden wir in Ruth Werners autobiographischen Erinnerungen „Sonjas Rapport".

Hier die Darstellung von Len: „Treff Mitte Januar in Vevey, Schweiz, vor einem Uni-Prix-Laden; Zeitung unter dem rechten Arm, Apfel in der linken Hand, zehn Minuten vor zwölf. Mich würde eine weibliche Person ansprechen, ein Netz mit Orangen in der Hand, die mich fragt, ob ich Eis mag. Antwort: ‚Nein, Whisky!' Alles funktionierte. Die weibliche Person kam wie verabredet."

*

Damit also hatte für Len Beurton, seit dem 23. Februar 1940 (dem Geburtstag der Roten Armee) mit „Sonja" (Pseudonym Ruth Werner) verheiratet ein neuer Abschnitt in seinem Leben begonnen. Der Mann, den wir in seiner kleinen Reihenhauswohnung in Berlin-Baumschulenweg besuchen, wurde am 19. Februar 1914 in Barking, im Südosten von London, geboren. Sein Vater, ein Franzose, fiel noch in Lens Geburtsjahr als Angehöriger der französischen Armee. Seine

Len Beurton in der Schweiz, 1939

Mutter, eine Engländerin, brachte ihn gegen Ende des Ersten Weltkrieges gegen Bezahlung bei einer 20 Meilen von London entfernt
lebenden Eisenbahnerfamilie unter. Von der Mutter hat Len später
nie mehr etwas gehört.

Kindheit und Jugend verbrachte der nunmehr elternlose Junge
nicht ohne Konfrontation mit den politischen Realitäten. Er lernte
Autoschlosser in einer LKW-Reparaturwerkstatt, bildete sich an der
Abendschule weiter, befaßte sich auch mit der Geschichte der
Gewerkschaften, mit Körperkultur und Sport; Geländelauf, Fußball,
Kricket, Boxen und Schießen wurden Teil seiner Existenz.

Len Beurton (links) brachte mit seinem Ford Verpflegung und Munition für die kämpfende Truppe

Mit 18 Jahren beteiligte er sich an einem 4-Tonnen-LKW-Unternehmen, das aber bald bankrott ging. „Danach arbeitete ich als Busfahrer und Steinbrucharbeiter, lernte den alten Revolutionär Moriarty kennen, mit dem ich sonntags Radio Moskau hörte. Damals kam, nach der Internationale, immer ‚Proletarier aller Länder vereinigt euch!' ... Mit Sorge verfolgten wir das Aufkommen des Faschismus in Deutschland, mit Anteilnahme die Ereignisse in Spanien. Inspiriert von den Berichten über die XI. Brigade, über Hans Beimler und Ludwig Renn, über die Verteidigung von Madrid, faßten wir einen Entschluß: Der einzige Platz für einen Antifaschisten ist in den Internationalen Brigaden!"

*

Beurtons Munitionstransporter „Ford" nach Artilleriebeschuß

Der 70jährige Moriarty war zu alt, aber Len bekam, nicht zuletzt wegen seiner guten Ergebnisse bei den Schießmeisterschaften in Südwest-Essex, von der Kommunistischen Partei die Erlaubnis, nach Spanien zu gehen. „Ich kam Ende 1936 dort an, noch bevor die englisch-amerikanisch-spanische XV. Internationale Brigade gebildet wurde. So diente ich zuerst in der zur 35. Division der spanischen Volksarmee gehörenden XI. Internationalen Brigade. Es war, wie wir heute wissen, die deutsch-österreichisch-spanische. Und in ihr kämpften viele hervorragende Antifaschisten. Verteidigungsminister Heinz Hoffmann hat in seinem im DDR-Militärverlag erschienenen Buch ‚Mannheim – Madrid – Moskau' anschaulich darüber berichtet. Ich hätte damals keine bessere Einführung in die internationale Solidarität bekommen können, in die neue Welt des Kommunismus und in die Notwendigkeit der Disziplin, als ich sie von jenen Genossen erhielt, die zuerst in ihrem eigenen Land und jetzt auf fremdem Boden gegen den Faschismus kämpften."

Im Februar 1937 kam Len an die Jarama-Front südwestlich von Madrid zu einem Zeitpunkt, als die erbitterten Kämpfe der republikanischen Truppen gegen die Faschisten auf dem Höhepunkt waren. Len erinnert sich: „An jenem Morgen vor nunmehr 45 Jahren brach der Tag kalt und klar an. Unser 600 Mann starkes britisches Bataillon, dem ich inzwischen als Melder zugeteilt worden war, kletterte durch die Olivenhaine die Hügelkette über den Fluß Jarama hinauf. Die Kämpfe waren erbittert. Als die Nacht hereinbrach, waren wir noch 300. Am 13. Februar noch 225, einen Tag später noch 140 Kämpfer! In jener historischen Februarwoche wurde die faschistische Offensive zum Stehen gebracht. Die Lebenslinie Madrid-Valencia war gerettet. Das Bataillon begrub seine Toten. Noch niemand aus der britischen Arbeiterklasse war mit größeren Ehren gestorben ..."

„Solidarität und Einheit", das war ihm vom alten Moriarty mit auf den Weg nach Spanien gegeben worden, „sind die schönsten Worte im Lexikon des Revolutionärs." Die Schlacht um den Jarama bewies, wie recht er damit hatte. Len wurde später beauftragt, den Munitionswagen des Bataillons zu fahren. Zwei seiner Autos verlor er bei Tieffliegerangriffen der faschistischen deutschen Legion Condor und der Luftwaffe Mussolinis sowie einen durch Panzerabwehrartillerie: „Bei dieser Gelegenheit konnte ich feststellen, daß mein Nervensystem auch unter Streß funktioniert ..."

*

Beurton erinnert sich auch an den amerikanischen Schriftsteller und Reporter Ernest Hemingway, der als Kriegsberichterstatter in Spanien weilte und später für seine Erzählung „Der alte Mann und das Meer" den Literaturnobelpreis erhalten sollte: „Im Juni 1937 war ich als Delegierter des britischen Bataillons der 15. Brigade gemeinsam mit vier Genossen aus anderen Bataillonen in Madrid, weil wir Hemingway bitten wollten, uns bei der Beschaffung von Ersatzteilen für die Fahrzeuge zu helfen. Früh sieben Uhr trafen wir ihn auf seinem Zimmer im Hotel ‚Florida' zusammen mit Herbert Matthews von der ‚New York Times' beim Frühstück: Fleisch in Dosen, Whisky, Weißbrot. Er hörte uns aufmerksam zu und sagte dann, er würde uns gerne helfen, wenn er könnte. Er habe aber kein Geld, weil alles, was er als Korrespondent der ‚New York Tribune' verdiene, auf das Konto der spanischen Republik gehen würde. Er wünschte uns Erfolg in unserem weiteren Kampf."

Von den über 2000 britischen Freiwilligen sind rund 500 in Spaniens Erde gebliebe. Die übrigen kehrten zurück. Vom Demobilisierungszentrum der internationalen Brigaden in Ripoll hatte Len ein Dokument mit folgendem Wortlaut erhalten:

„Hiermit wird bestätigt, daß Genosse Sergeant Leon Beurton im britischen Bataillon, XV. Brigade, seit dessen Formierung, im Februar 1937 gedient hat. Er zeichnete sich durch beispielhaften Mut und Hingabe aus. Er war in jeder Hinsicht ein vorbildlicher antifaschistischer Soldat. – Kommandant der XV. Brigade, Major Sam Wild, Dez. 1938."

Vierzig Jahre später übrigens, als Genosse Sam Wild die Ehrenmedaille des Komitees der antifaschistischen Widerstandkämpfer der DDR erhielt, schrieb er auf dieses alte Dokument: „Ich bestätige dies an meinem 70. Geburtstag, gefeiert im sozialistischen Deutschland. 19. August 1978, Salud Sam Wild."

*

Die spanischen Erfahrungen und Erkenntnisse übten einen entscheidenden Einfluß auf Len Beurtons weiteres Leben aus: „Nach Spanien war mir klar: Was das Schicksal auch immer bringen möge, ohne das, was wir Kommunismus nennen, konnte ich mir mein Leben nicht mehr vorstellen. In Spanien war ich der KP beigetreten, und in London trat ich sofort in die Kommunistische Partei Großbritanniens ein. Meine Zukunftspläne waren klar – politische Arbeit in der Industrie."

Das Schicksal allerdings solle Len sehr bald in Gestalt eines ihm völlig Fremden gegenübertreten. Eines Mannes mit ausländischem

Ausweis von Spanienkämpfer Len Beurton mit der Nr. 93266

Akzent, der ihn nach drei Begegnungen fragte, ob er bereit sei, den deutschen Genossen im Kampf gegen den Faschismus zu helfen. Len war bereit: „Treff im Januar 1939 in Vevey, Schweiz …"

Vieles von dem, was Len Beurton dort als Kundschafter der Roten Armee unter Einsatz seines Lebens geleistet hat, kann man in „Sonjas Rapport" nachlesen. Len ging zusammen mit Sonja im Auftrag der Moskauer Zentrale 1940 nach England. Die Arbeit in seinem Heimatland während des Zweiten Weltkrieges war nicht weniger gefährlich als die in Spanien und die in der Schweiz.

Schließlich wurde er Angehöriger der Britischen Gardepanzerdivision. Mit ihr kam er kurz vor Kriegsende auf Festland, nach Kassel. Kämpfend mit der Waffe in der Hand gegen den Hitlerfaschismus legte er von dort aus den Weg bis nach Travemünde zurück. Später gelangte er nach Berlin. Eine Stadt, die für ihn auch mit dieser Erinnerung verbunden ist:

„Unmittelbar nach Abschluß der Potsdamer Abkommens, Anfang August 1945, las ich von der Enthüllung des sowjetische Kriegerdenkmals im Tiergarten, ein paar hundert Meter westlich des Brandenburger Tores. An einem freien Sonnabendnachmittag tauschte ich Zigaretten gegen einen Strauß roter Dahlien, ging zum Denkmal und legte die Blumen am Fuße der mittleren Säulenplatte zwischen den beiden T-34 nieder, ging zwei Schritte zurück und grüßte nach Art der Guards.

Inzwischen waren zwei Jeeps der Roten Armee auf der Bildfläche erschienen. Ein Offizier sagte zu mir in sorgfältigem Englisch: ,Kommen Sie bitte mit. Ein General der Roten Armee möchte mit Ihnen sprechen.' Wir gingen hin, salutierten, es wurde gedankt. Der General sprach kühl mit dem Dolmetscher, dieser übersetzte: ,Erklären Sie bitte, weshalb ein Soldat der britischen Guards unseren Toten Ehrenbezeugung erweist. Sind Sie Berufssoldat?'

Darauf ich: ,Nein, Genosse General, ich bin als Freiwilliger hier. Genauso wie ich als Freiwilliger dort war, wo ich erstmalig die Achtung vor der Roten Armee lernte – in Spanien.'

Ursula und Len in der Schweiz, 1939

Ruth und Len: „Auch im Alter zärtlich sein ...“

‚In Spanien? In welcher Brigade?‘
‚XV. Internationale – angloamerikanische.‘
‚Name des Kommandeurs?‘
‚Oberstleutnant Copic, ein Jugoslawe.‘ Der General hielt mir die Hand hin und sagte: ‚Salud.‘

Unser Gespräch kam immer wieder auf Spanien zurück. Vor allem wollte er wissen, wie die Veteranen der Internationalen Brigaden, die Verwundeten, die Invaliden und die von ihnen abhängigen Familienangehörigen in England versorgt würden. Ich hatte den Eindruck, der General wußte von Spanien mehr als ich; aber er erwähnte nicht ein einziges Mal, daß er dort gewesen sei. Schließlich ging es auf fünf Uhr, und da ich um sechs Uhr zum Dienst mußte, bat ich, gehen zu dürfen. Wir grüßten. Der General sagte wieder: ‚Salud.‘ Zwei Tage später wurde ich vom Bataillonskommandeur für die roten Dahlien und das Generalsgespräch mit 28 Tagen Arrest bestraft ...“

*

Seit 1951 lebt Len Beurton in der DDR, deren Staatsbürger er ist. Zwanzig Jahre lang hat er beim Allgemeinen Deutschen Nachrichtendienst eine auf seinen politischen und Sprachkenntnissen beruhende wichtige Arbeit geleistet. Er wurde dafür mehrfach, unter anderem mit der Verdienstmedaille der DDR ausgezeichnet. Jetzt übersetzt er „Sonjas" Bücher ins Englische.

Vor dem Besuch bei Len Beurton haben wir in dem im Militärverlag erschienenen Band über den spanischen Befreiungskrieg „Pasaremos" gelesen. Auf Seite 347 stießen wir auf ein alphabetisch geordnetes Namensregister von über 600 ehemaligen Spanienkämpfern. Die Nummer 31: „Beurton, Leon Charles". Es war die Liste derjenigen, die für ihre hervorragenden Verdienste in den Internationalen Brigaden bei der aktiven Unterstützung des spanischen Volkes in seinem national-revolutionären Freiheitskampf 1936–1939 mit der Hans-Beimler-Medaille geehrt worden waren.

Hermann Kant

Gestern mit Ruth und Len

Schade, Herr Weidermann hat mein Angebot ausgeschlagen, wir sollten uns zu dem von ihm gewünschten Gespräch statt im Café Weinstein im Großraum der in Berlin erscheinenden *Frankfurter Allgemeinen Sonntagszeitung* treffen. Ich suchte sein Interesse mit der Behauptung zu wecken, zu dieser Etage im Häuserblock Mittelstraße/Charlottenstraße gegenüber der Universitätsbibliothek wisse ich spannende Geschichten, doch zog der Journalist die edle Eckkneipe seinem edlen Arbeitsplatz vor.

Womöglich wäre er andern Sinnes geworden, hätte ich gesagt, wen ich vor ungefähr 40 Jahren in der Mittelstraße Nr. 2 getroffen habe. Damals befand sich *ADN* in diesem Gebäude, die *Allgemeine Deutsche Nachrichten Agentur* der DDR, und bei dem Mitarbeiter des Hauses, mit dem ich verabredet war, handelte es sich um den Übersetzer Len Beurton. In einschlägigen Kreisen galt er zu Recht als gewesener sowjetischer Kundschafter; inzwischen gilt er zu einem gänzlich anderen Recht als englischer Spion und Vaterlandsverräter. Ihm kann es egal sein, er ist tot. Seiner Frau kann es auch egal sein, sie ist ebenfalls tot. Auch zu Lebzeiten hat es sie wenig gekümmert, wie man ihren Mann oder sie benannte. Er war Soldat, sie Offizier – Oberst oder Oberstleutnant, sie gab vor, es nicht genau zu wissen – in der sowjetischen Militäraufklärung. Sie nannte sich unter anderem und aus wechselnden Gründen Ursula Kuczynski, Ursula Beurton, Ruth Werner oder einfach Sonja.

*

Wie Klaus Fuchs sie genannt hat, wenn er ihr seine zweckdienlichen, weil wissenschaftlich fundierten Hinweise zum Bau einer Atombombe zur Weiterleitung nach Moskau übergab, ist mir nicht bekannt. Als Gelegenheit gewesen wäre, ihn danach zu fragen, nämlich während der von Stephan Hermlin initiierten „Berliner Begegnung«, zu deren Teilnehmern wir beide gehörten, versäumte ich es bedauerlicherweise – vielleicht, weil bei diesem Treffen gegen das Wettrüsten Sprengsätze ganz anderen Kalibers zur Debatte standen. Ruth Werner bestritt selbstverständlich auch mir gegenüber, jemals in die Fuchs-Rosenberg-Affäre verwickelt gewesen zu sein. Die Regel, alles und jedes nur dann einzuräumen, wenn es als unumstößlich bewiesen galt (und, natürlich, das Einräumen von Moskau genehmigt worden war), wird ihr kompliziertes Leben ein wenig vereinfacht haben. Ich aber durfte erst bei der Totenfeier für die Funkerin von Richard Sorge und Mittelsperson für Klaus Fuchs über meine Genossin Ruth Werner sagen: „Natürlich hat sie gewußt, daß sie keine Pelmeni-Rezepte nach Moskau schaffte. Natürlich hat sie einmal gewußt, daß sie dabei war, den Göttern in Los Alamos Blitz und Donner zu stehlen. Natürlich hat sie später gewußt, wie nahe ihr das Feuer gewesen ist, in dem die Rosenbergs verbrannten."

Len Beurton, um den es an dieser Stelle auch gehen muß und über den seine Frau in *Sonjas Rapport* geäußert hat, er sei als ihr Aufklärungsassistent recht anstellig gewesen, gab sich mir gegenüber weniger undurchdringlich als meine nur dem Schein nach mitteilsame Berufskollegin, die neben Kinderbüchern ein weit verbreitetes Buch über die hingerichtete Widerstandskämpferin Olga Benario geschrieben hatte. Noch ahnungslos hinsichtlich des Weges, auf dem Len Beurton aus England in die Mittelstraße von Berlin-Mitte gekommen war, legte ich zu den englischsprachigen Drucksachen, die ich ihm seines Heimwehs wegen auf Bitten Ruths bringen wollte, den Agententhriller *Yesterday's Spy* von Len Deighton. Und war von da an weniger arglos, weil der eine englische Len, während er den Schmöker des anderen englischen Len in Händen hielt, bitter-melancholischen, aber lauten Tones den Titel verlas.

Der Gedanke plagt mich immer noch, *ADN*-Mitarbeiter Len Beurton könne die Überschrift der unterhaltsamen Scharteke als plumpe Anspielung von mir verstanden haben. Er hatte so eine Art, Gedrucktes des öfteren sehr persönlich zu nehmen. Am Ende der Lektüre von *The Best and the Brightest*, David Halberstams fulminanter

Darstellung der Kennedy-und-Vietnam-Ära, hat er mir das gloriose Pulitzer-Preis-Buch mit dem ratlos, ja fast verloren klingenden Satz zurückgegeben: „And what please do I now?"

Auch wenn ich nicht mehr weiß, welchen Krieg man gerade schrieb, als ich den nunmehrigen Übersetzer im damaligen *ADN*- und nachmaligen *FAZ*-Haus besuchte, wußte Len Beurton im allgemeinen durchaus, was wann zu tun sei. Man mußte in ihm einen Aufklärer im doppelten Wortsinn sehen. Dem Spanienkämpfer genügte es nicht, Kanonen-Blaupausen zu entwenden und an rote Adressen weiterzusenden. Viel mehr lag ihm daran, ganze Haubitzen-Mannschaften umzudrehen oder doch wenigstens einzelne Schützen zu veranlassen, ihre Flinten auf den wirklichen Feind zu richten. War ein solcher nicht vorhanden, erprobte er seine agitatorische Kraft auch an Frau oder Freund.

*

Hermann Kant und Ruth Werner, nach der Auszeichnung mit dem Vaterländischen Verdienstorden in Gold.

Wirklich schade, daß Herr Weidermann mich nicht im Großraum der *FAS* treffen wollte, denn während ich ihm dort von Len
Beurton bei *ADN* erzählt hätte, wäre vielleicht gerade besuchsweise
Herr Schirrmacher von der wochentäglichen *FAZ* vorbeigekommen,
um mich nach kurzem Hinhören zu fragen, ob ich, dessen verläßliche Promptheit ihm bekannt sei, nicht eine Glosse für sein Blatt aus
dem eben genannten Vorkommnis machen wolle.

Das könne ich tun, hätte ich wahrscheinlich geantwortet und hin-
zugefügt, um jedoch über eine bloße Personalie hinauszugelangen,
würde ich eine kartographische Meile in den Zirkel nehmen, dessen
Spitze auf die Berliner Niederlassung der *FAZ* setzen und einen,
wahrhaft gehaltvollen, Bogen um das Grundstück Mittelstraße 2
schlagen. So ließen sich, hätte ich gesagt, einige noch nicht oder nur
ungenügend benannte, aber belangreiche Begebnisse ins Öffentliche
liefern, die innerhalb des engen Kreises mit meiner Beteiligung statt-
gefunden hätten. – Was im übrigen die verläßliche Promptheit
angehe, habe es Herr Schirrmacher an ihr nicht fehlen lassen, als sie
mir nötig gewesen sei.

Das leicht geheimnisvoll in Rede Stehende soll, weil es sich außerhalb der genannten Zirkelspanne zutrug, aber unerläutert nur Mißverständnisse hecken könnte, gleich behandelt werden. Als die Frankfurter Buchmesse 1995 vom SPIEGEL mit einem Sonderdruck-Vor-
läufer des Gauck/Corino/Naumann-Produkts *Die Akte Kant* eröffnet
worden war, gehörte der heutige Mitherausgeber der *FAZ* zum Publikum, vor dem ich am Messeplatz aus dem Buch *Abspann. Erinnerung
an meine Gegenwart* gelesen hatte. Am Ende der Diskussion fragte er,
ob ich bereit sei, in seinem Tageblatt auf das zu antworten, was das
Wochenblatt am Wochenende mit einem Flyer vorbereitet habe und
am Montag in voller Länge verbreiten werde.

Besser konnte für mich gar nichts sein. Ich fuhr am Sonntag nach
Berlin, kaufte am Montag das Journal, schrieb eine Entgegnung mit
dem Hauptsatz „Ich war ungefähr so geheim wie der Marx-Engels-
Platz", wurde pünktlich um 14 Uhr aus Frankfurt angerufen, diktier-
te, was vorerst zu sagen war, hörte Schirrmachers Versicherung: „Wir
bringen es morgen" und sah es am Dienstag korrekt gedruckt. –

Gegen den Rest der *Frankfurter Allgemeinen Zeitung* habe ich, um es angemessen milde zu sagen, den einen oder anderen Einwand, gegen ihren Umgang mit meiner Erwiderung jedoch kann ich nicht das Geringste vorbringen.

*

Zurück zur Yesterday's-Spy-Story: Von ihrem Rest ließe sich, führte es nur nicht so weit aus dem Zirkel um die Sonntagszeitung hinaus, lange erzählen. Len Beurton litt an Parkinson und keineswegs, wie ich schändlicherweise nach dem Verzehr zu vieler Bücher über Philby und Co zunächst gedacht hatte, an der Berufskrankheit der Ausspäher, besonders der stillgelegten, die zartfühlend Alkoholproblem genannt wird. Er wurde lahm und taub und blind, und im Maße, wie seine Anstelligkeit einer Hinfälligkeit wich, mußte Ruth sein Stab und Stecken sein. Buchstäblich, weil er die kleine Treppe im beinahe englisch kleinen Reihenhaus bald nicht mehr allein bewältigte. Als auch die Augen kaum noch wollten, hat die Frau – ich weiß es, wir alle wurden von ihr in die Suche einbezogen – kein optisches Gerät ungeprüft gelassen, das dem Mann eine Lesehilfe zu sein versprach.

Von Ruth Werner innerhalb des von mir eingegrenzten Bezirks zu handeln, ist legitim, weil auch der Platz, an dem ich sie allmonatlich traf, im Zirkel um das *ADN/FAZ*-Quartier lag. Wir gehörten zur Parteileitung der Berliner Verbandssektion und sahen uns regelmäßig in der Liebknechtstraße, wo sich Ostberlins Schriftsteller einige Verwaltungs- und Versammlungsräume mit Ostberlins bildenden Künstlern teilten. Das schreibt sich so hin, rechtfertigt jedoch den Einwurf, daß die Mietkosten der von uns zu berufsständischen Zwekken benutzten Immobilie am Fuße des Fernsehturms inzwischen wegen der Schlendernähe zu Rathaus, Alexanderplatz, Lustgarten und Museumsinsel weit oberhalb der Grundstückspreis-Schmerzgrenze liegen dürften.

Ruth schätzte es, wenn ich sie nach unseren weltbewegenden Beschlüssen zu ihrem in Baumschulenweg nicht eben verkehrs-

Auszeichnung von Ruth Werner mit dem Nationalpreis 1. Klasse, 1977

günstig gelegenen Reihenhausteil fuhr, und mir gab es nicht nur einen sehr vertretbaren Grund, einige Kilometer länger an meinem Lieblingsplatz, dem hinterm Lenkrad, zu sitzen. Wir waren beide Schriftsteller und Freunde genug, um mit Grimm oder Vergnügen alles zu bereden, was uns nach unserer Meinung anging. Und vorzüglich das, was uns nach der Ansicht anderer überhaupt nichts anging.

Hier falle ich mir ins konspirative Wort, weil ich sehe, wie der Literaturredakteur der *FAS* und der Herausgeber der literaturvertrauten *FAZ* sich fragen, ob sie jemals vom belletristischen Œuvre der Schriftstellerin Werner genossen hätten. Vermutlich nicht, denn zumindest in einem Belange hat man es hier mit einer krassen Nichtpoetin zu tun. Während der wahre Dichtersmensch immerfort, wenngleich meist bei wechselnder Camouflage, lauthals hinauszuschreien pflegt, was ihm an zentraler Herzensstelle geschehen ist, und sich darüber hinaus bereit zeigt, öffentliche Mitteilungsblätter mit höchstdero

eigenem Erleben in höheren Kreisen oder klandestinen Zirkeln auszufüllen, hatte Ruth von derartigen Angelegenheiten fein stillezu-
schweigen.

(Wobei mir einfällt: Dieser Tage stellte ich einem Achtjährigen die
törichte Frage, was er denn einmal werden wolle, und bekam sogleich
die erstaunliche Antwort: „Geheimagent." Aus tiefstem Schriftsteller-
herzen antwortete ich, das Dumme an diesem schönen Beruf sei nur,
man dürfe mit keinem darüber reden. – Wenn ich den Knaben richtig las, hat das Gewerbe seither einen Kandidaten weniger.)

*

Hätte man aus den von Ruth Werner bevorzugten Gesprächsthemen ihre Profession ableiten wollen, wäre man womöglich auf
Kindergärtnerin oder Sozialanwältin verfallen, aber gewiß nicht auf
Geheimdienstlerin. Ganz einfach, weil dergleichen von ihr wenig, ja
so gut wie nicht beredet wurde. Als ihr ungarischer GRU-Kollege
Rado in seinem Buch *Dora antwortet* vermutet hatte, die Agentin
Sonja habe einer Schwäche nachgegeben und ihren Posten verlassen,
war ihr das Dementi immerhin einen kurzen unmutigen Satz wert;
danach beherrschten wieder Umweltsünden und Verlegersitten den
Austausch zwischen uns. Zu dem, was in einer englischen Publikation über sie als Botin von Klaus Fuchs enthüllt worden war, und zwar
im Tone höchsten professionellen Lobes, sagte sie nur: „Das, was die
dazu schreiben, stimmt nicht."

Zugleich aber bildete die Tätigkeit, der sie seit Anfang der dreißiger Jahre nachgegangen war, einen unversteckten Teil ihres Alltags,
von dem sie, wenn es sich nicht vermeiden ließ, redete, als habe sie
beim Roten Kreuz gedient. Der Agentenlohn, über den man immer
so Kitzelndes hört, bestand in ihrem und Lens Falle aus einem Ferien-
und Arbeitshäuschen, das zum Carwitzer Nachlaß von Hans Fallada
gehörte. Wie der sonst so geheimnistuerische Hauptnutzer des Anwe-
sens hieß, ersah der Besucher aus Einprägungen in den simplen Kan-
tinenbestecken, mit denen das Wernersche Erholungsquartier bei
Feldberg ausgestattet war. *MfS* stand in Messer-, Gabel- und Löffel-

stiel eingestanzt, was *Ministerium für Staatssicherheit* bedeutete und nicht, wie die forschenden Ämter immer so falsch sagen, *Staatssicherheitsdienst*, und nicht, wie die forschen Blätter immer so falsch schreiben, *Stasi.*

In Mecklenburg war es infolge der Verkehrsgegebenheiten von mir in Prälank zu Ruth in Carwitz zwar an Kilometern wesentlich weiter, aber an Minuten nur wenig länger als von Berlin-Baumschulenweg nach Berlin-Hessenwinkel. Weshalb wir uns auch auf dem Lande

September 1997: Ruth Werner auf dem Solibasar der Journalisten: Berlin-Alexanderplatz, Stand des Neuen Deutschland. Die Autorin signiert das wiederaufgelegte Büchlein „Gong des Porzellanhändlers" und erfüllte sich damit einen ihrer „besonderen Nachwende-Wünsche".

öfter sahen. Soweit es die Tonlage oder den Themenfächer betraf, machte es für unsere Gespräche keinen Unterschied. Immer einmal mußte ich sie bitten, sich als Schriftstellerin nicht klein zu reden; immer einmal forderte sie mich auf, nicht großzutun. Freundschaft drückt sich in vielem aus, in solchen Ermahnungen ganz sicher.

Des öfteren habe ich mehrere Frauen bei Namen genannt, die wesentlich älter als ich und, so oder so, von starkem Einfluß auf mich gewesen sind. Bei allen Unterschieden waren ihnen zwei biografische Elemente gemeinsam: ihre jüdische Herkunft und ihre kommunistische Gesinnung. Vielleicht aus Gründen einer konspirativen Haltung, die mir von Ruth Werner angeflogen war, habe ich sie bisher nicht in dieser Reihe genannt. Das sei als Ehren- und Dankessache hiermit nachgetragen.

Rudolf Hempel
„*Du sollst als erster wissen warum ...*"

Es war im Dezember 1969. Hatte sich Ursula Beurton im Datum geirrt, als sie beim Pförtner des „Großen Hauses" eine Notiz schrieb für einen Mann, den sie knapp 20 Jahre kannte. Und der es nun als erster wissen sollte. Möglich wäre es schon. Denn immerhin handelte es sich um eine hohe sowjetische Auszeichnung. Wie damals 1937 im Moskauer Kreml. Wo ihr Andrej, nachdem sie aus dem Sanatorium in Alupka zurück war, mitgeteilt hatte, sie solle sich bereit halten, denn sie bekäme den Rotbannerorden.

Sonja zog seinerzeit ihr gutes, graues Kostüm an, putzte die Schuhe blank, kämmte ungewöhnlich lange ihr Haar. Und bestieg, wo genau, wußte sie nicht mehr, als sie den „Rapport" schrieb, einen offenen Lastwagen, auf dem sich schon sowjetische Armeeangehörige befanden.

„Wir saßen auf rohen, lehnenlosen Bänken, schluckten Staub, und der Wind blies mir das Haar durcheinander. Im Kreml gingen wir an den Wachen vorbei, liefen durch viele Gänge und kamen in einen kleinen Saal. Wir warteten ein paar Minuten, ehe ein alter grauhaariger Genosse den Raum betrat. Es war Kalinin. Für mich war es eine ganz besondere Freude, daß ich meinen Orden aus seinen Händen empfangen sollte.

Ich hatte viel von ihm gelesen und verehrte ihn. Kalinin war vor der Revolution vierzehnmal im Gefängnis gewesen. Später wurde er der erste Präsident der Sowjetunion. Nun war er schon über sechzig Jahre alt. Obwohl für ihn eine Ordensübergabe Routine sein mußte, wirkte er unmittelbar warm und herzlich. Wir wurden alphabetisch aufgerufen, lange hielt Kalinin meine Hand fest, lange klatschten die Rotarmisten, wahrscheinlich, weil ich die einzige Frau unter ihnen war. Ich habe Kalinins Güte, den Ausdruck seines Gesichts noch heute in Erinnerung.

Mein Orden trug die Nummer 944. Spangen gab es damals noch

nicht. Um den Orden zu befestigen, mußte ich für seine dicke Schraube ein Loch in den Jackenaufschlag des Kostüms bohren, die mit einer zwei Zentimeter breiten Mutter festgedreht wurde."

*

Diesmal, an einem Dezembertag 31 Jahre später, hatte sie per Post eine Einladung in die Sowjetische Botschaft in Berlin bekommen. Und dort, vom Botschafter persönlich, ihren 2. Rotbannerorden. So etwas ist, auch für eine Frau vom Kundschafter-Format einer Ursula Beurton, die als Sonja zwei Jahrzehnte lang an der geheimen Front nicht nur einmal ihr Leben aufs Spiel setzte, mit einiger Aufregung verbunden.

Gegen Mittag erhielt sie den Orden. Anschließend ging sie allein von der Botschaft am Brandenburger Tor stadteinwärts zum Werderschen Markt. Zum „Großen Haus". Dorthin, wo seit 1959 das Zentralkomitee ihrer Partei Sitz und Stimme und ein Mann von besonderer Bedeutung für ihr Leben seinen Arbeitsplatz hatte. Ruth Werner ging zu Willi Kling.

Die Ausgezeichnete kam offensichtlich unangemeldet. Wie überhaupt über der ganzen Angelegenheit wohl ein Hauch von Geheimnis zu liegen scheint. Ganz im Sinne jener von der Moskauer Zentrale ihr zwanzig Jahre streng verordneten Kundschafterphilosophie. Möglicherweise war Kling gerade außer Haus. Daß er keine Zeit für ein kurzes Gespräch mit der Besucherin beim Pförtner gefunden hätte, ist wohl eher unwahrscheinlich bei einer respektvollen Freundschaft, wie sie beide seit knapp zwei Jahrzehnten verband. Fest steht nur, es gab kein Gespräch. Denn hätte es das gegeben, wäre der im Nachlaß – den Ruth Werner noch zu ihren Lebzeiten der Stiftung Archiv der Parteien und Massenorganisationen der DDR im Bundesarchiv (SAPMO) übereignete – befindliche gelbliche Karton überflüssig gewesen. Ein postkartengroßes Stück Papier, beidseitig mit einem Filzstift beschrieben.

„Lieber Willi. Du weißt, daß ich in der Gegenwart lebe, aber heute wurde die Vergangenheit wach und Du sollst als erster wissen warum, denn Du hast mich als erster nach meiner zwanzigjährigen Abwesenheit von der Heimat als Genosse der Partei begrüßt – Du hast meine ersten Schritte nach so langer Trennung gelenkt und bist immer ein Bolschewik und ein Freund für mich gewesen.

Da sitze ich nun hier in eurer Anmeldung und bin bewegt und schreibe diese Zeilen – vor einer Stunde überreichte mir der Botschafter der Sowjet-Union meinen zweiten Rotbannerorden.

Das solltest Du erfahren – und zugleich wollte ich Dir für Deine Freundschaft und Dein Interesse danken.

Herzlichst U.

29.12.69. 14 Uhr "

Vom Datum, in dem sich Ursula Beurton möglicherweise geirrt hat, wird noch zu lesen sein. Zuerst aber: Wer war dieser Willi Kling? Welche Rolle spielte er im Leben von Ursula Beurton? Wer war er, daß sie ihm sofort von ihrer Auszeichnung Mitteilung machen mußte?

Wiederum zahlt sich der Blick in den Nachlaß aus. Eine Abschrift von der Original-Kopie, „nur für den internen Gebrauch" bestimmt, hilft weiter.

„Von besonderer Seite wurden wir gebeten, die nach Deutschland zurückgekehrte Genossin Ursula B e u r t o n unter Vermeidung der Kandidatenzeit in die Partei zu übernehmen; in eine ihrer Zuverlässigkeit und Eignung entsprechende Tätigkeit einzuweisen."

Begründet wurde diese besondere Empfehlung mit folgender Erklärung: „Genossin Beurton hat sich in 20 Jahren durch ihre Zuverlässigkeit und Disziplin das volle Vertrauen erworben. Sie wird als gute Genossin gewertet. Für ihre Leistungen hat sie hohe Auszeichnungen erhalten.

Es wird gebeten, auf eine detaillierte Darstellung der Tätigkeit in den Jahren 1930/1950 zu verzichten. Auf Wunsch wird dem Genossen Walter Ulbricht oder einem anderen verantwortlichen Sekretär entsprechende Erklärung gegeben.

gez. Kling"

Willi Kling

Mit dieser knappen Notiz übergab also die „besondere Seite" (die Sowjetunion) den vorliegenden „Fall" der Partei der deutschen Kommunisten, zu Händen Willi Klings.

Wie wichtig für die heimgekehrte Kundschafterin ein vertrauenswürdiger Ansprechpartner war, belegt, was Kling am 10. Januar 1953 für den Genossen Matern, Chef der Zentralen Parteikontrollkommission (ZPKK) und damit auch für Kaderfragen zuständiges SED-Politbüromitglied, notiert hatte.

„Betr.

Genossin Ursula Beurton, bisher Abtl.-Leiter im Amt f. Inf. jetzt Presseamt beim Ministerpräs.

Die oben bezeichnete Genossin kam am 7.1. zu mir, nachdem sie am gleichen Tag zur Abtl. Kaderregistratur bestellt und hier von einem Genossen über ihren Lebenslauf gehört worden war, der praktisch eine Lücke von 1930–1950 zeigt. Die Genossin nannte einige Länder und sagte, weitere einzelne Angaben nicht machen zu können. Sie sei 1950 aus England nach Berlin gekommen und hier an den Genossen Kling verwiesen worden.

Ich bat nun den fragl. Genossen, der die Befragung offenbar ohne Unterlagenkenntnis vornahm, in den Unterlagen der Genossin B. eine Notiz zu prüfen, falls diese nicht vorhanden oder ein besonderer Anlaß gegeben wäre, sich an den Genossen Matern zu wenden. Du kanntest diesen Fall. Ich übermittle Dir jedoch die einzige Durchschrift dieser fragl. Notiz. Wenn Du es für nötig hältst spreche bitte mit mir, damit ich Dir sagen kann, wer über die gewissen 20 Jahre Auskunft geben dürfte. In dieser Frage darf die Genossin m. E. nicht in eine schlechte Lage gebracht werden (‚Genossin, vor der Partei kann man alles sagen.')

Die Sache sieht für einen nicht orientierten seltsam genug aus: auch der Mann, der Engländer, befindet sich in Berlin (z. Zt. beschäftigt beim ADN), außerdem ein 1952 aus England gekommener Sohn mit Namen Michael Hamburger, der z. Zt. in Leipzig studiert.
Kling
Eine Anlage:
Copie einer Notiz v. 28.4.1950"

Kling wurde ihr Schutzpatron. Peter, der jüngere Sohn Ruth Werners, der durch die Mutter irgendwann von dieser Episode erfuhr, berichtete im Anhang zur neuen Ausgabe von „Sonjas Rapport" 2006:

„So ein Fall trat dann in den frühen 50er Jahren ein. Vor dem Hintergrund jener Schauprozesse, die in der DDR glücklicherweise nicht stattfanden, gab es verhörartige Kaderüberprüfungen durch die Partei. Jeder Genosse mußte einen Bericht anfertigen, in dem er beispielsweise über seine illegale Arbeit während der Naziherrschaft für jedes Jahr detailliert Auskunft gab. Da waren nun bei unserer Mutter 20 Jahre weiße Flecken, und sie weigerte sich konstant, diese auszufüllen. Das brachte sie in Schwulitäten. So etwas konnte es nicht geben, daß ein Genosse vor der Partei schweigt.

Sie wandte sich also an Willi Kling. Nach ein paar Tagen kam er auf sie zu und sagte: ‚Hör mal, ich hab für dich einen Termin bei Hermann Matern vereinbart. Ich sage dir, auf den kannst du dich unbedingt verlassen.' So ging sie zu ihm, und er fragte: Na, Mädchen, was hast du denn, erzähl mal? Und da fing sie an, ihre Sache zu erzählen. Nach anderthalb Sätzen winkte er ab und sagte, ist gut.

Das war das Ende dieser Geschichte. Nie wieder hatte sie Probleme mit weißen Feldern. Matern muß das dann an die entsprechenden Stellen durchgestellt haben: Finger weg von dieser Frau."

*

Mit dem aus der oberrheinischen Tiefebene stammenden Willi Kling verband sie von Anfang an eine tiefe Freundschaft. Oft führte sie der Weg in den folgenden Jahren zu ihm ins ZK; über den früheren Bülowplatz am Anfang der Wilhelm-Pieck-Straße, die nun wieder Torstraße heißt. Doch kannte sie diesen Weg schon aus der Zeit vor ihren „weißen Flecken".

Dort war sie Mitte 1930 das letzte Mal. Mit dem Ziel einer Rücksprache im ZK der KPD, das seit November 1926 in der Nähe dieses Platzes seinen Sitz hatte, zusammen mit der Zeitung „Rote Fahne", einer Buchhandlung, einer Druckerei und einem Verkaufsladen für Uniformen des Roten Frontkämpferbundes. Eine Uniform wollte die junge Genossin nicht kaufen. Obwohl das so abwegig nicht gewesen wäre. Denn immerhin hatte sie auf ihrem Weg zur Weltrevolution von ihrem ersten Lehrlingsgeld nicht nur eine Pistole der Marke „Walter" gekauft, sondern auch an diversen Festen des Roten Frontkämpferbundes teilgenommen, dort bis morgens drei Uhr getanzt, keinen Tanz gesessen, sich fabelhaft amüsiert. Sie wollte auch nicht zur „Roten Fahne". Im KPD-Blatt hatte sie einst einen kritischen Kommentar über Ullstein veröffentlicht. Die Ausgabe gab es gratis bei einer „Rote Hilfe Kundgebung" im Sportpalast. Und der Artikel hat, wie sich die Autorin erinnerte, „ziemlich eingeschlagen". Möglicherweise trug er auch zu ihrer Entlassung bei. Im Jahre 1928 wurde ihr von einem der Ullstein-Brüder nahegelegt, „auszuscheiden, da in einem demokratischen Betrieb keinerlei Aufstiegsmöglichkeiten für Kommunisten vorhanden sind". Sie wurde arbeitslos, ging dann auf Anraten ihres Vaters nach Amerika, um dort als Buchhändlerin zu arbeiten.

Vor ihrer Abreise nach China informierte Ursula Hamburger die Genossen im ZK der KPD am Bülowplatz, heute Rosa-Luexemburg-Platz

Von ihrem mehrmonatigem Aufenthalt in New York zurückgekehrt, begab sie sich zum ZK am Bülowplatz. Vorher noch hatte ihr aus einer bürgerlich-liberalen Familie stammender Freund Rolf Hamburger in Berlin sein Architekturstudium beendet. Die beiden heirateten.

„Rolf und ich sprachen oft davon, wie schön es wäre, die Welt kennenzulernen. Die schlechte wirtschaftliche Lage in Deutschland verstärkte unseren Wunsch. Wir hatten daher Rolfs guten Freund Walter, den Vertreter eines großen Konzerns in China gebeten, die Augen offenzuhalten.

Eines Tages kam ein Telegramm von Walter, ein Zeitungsinserat besage, der Shanghai Municipal Council (SMC) suche einen Architekten. Rolf telegrafierte seine Bewerbung. Sie wurde angenommen mit der Bedingung, daß er umgehend anfangen müsse.

Mich begeisterte die Aussicht, als deutscher Kommunist mit den verfolgten Genossen in China zusammenzuarbeiten; ich meldete

111

mich beim Zentralkomitee unserer Partei, das auch über meinen Aufenthalt in den USA Bescheid gewußt hatte. Es muß sonderbar für die Genossen gewesen sein, als ich ihnen burschikos und zugleich naiv den Vorschlag machte. Ausgezeichnet hatte ich mich bisher in keiner Weise. Sie sprachen mit mir über die Lage in China, über die strenge Illegalität und die Gefahren, denen dort jeder Kommunist ausgesetzt war. In einem zweiten Gespräch sagten sie mir, daß ich nach meiner Ankunft in Shanghai eine Verbindung erhalten würde. Ich hinterließ die Adresse von Walter, bei dem wir zunächst wohnen würden ..."

*

Nun lagen China, Polen, die Schweiz und England hinter ihr. Zwei Jahrzehnte waren vergangen. Die Kundschafterin stand 1950 in der gerade gegründeten DDR vor einer neuen Herausforderung. Vor einem Anfang „außer Dienst". Im April hatte sie ein entsprechendes Angebot ihrer bisherigen Auftraggeber abgelehnt: „Zwanzig Jahre sind genug!" Und Willi Kling, nach zehn harten Jahren in den Zuchthäusern von Plötzensee und Brandenburg-Görden, im Aschendorfer Moor, in den KZ Sachsenhausen und Mauthausen, in Einzelhaft und in der Strafkompanie Klinker, gehörte zu den Pionieren der ersten Stunde. Ein Foto zeigt ihn unmittelbar nach Kriegsende bei einer Funktionärsversammlung KPD-SPD, zusammen mit Wilhelm Pieck, Walter Ulbricht und Bruno Leuschner, seinem engen Freund aus den Tagen des Lagers. Für Ursula Beurton sollte Kling bis an dessen Lebensende ihr „Kaderleiter" sein.

In einem Porträt Willi Klings für die Wochenpost 1982 erinnert sie sich: „Hatte ich Probleme, gingen wir sonntags gelegentlich im Plänterwald spazieren. Seine Wochentage waren zu besetzt für ein ruhiges Gespräch ... Bei diesen Spaziergängen lernte ich politisch dazu und erfuhr auch manches aus seinem Leben, aber immer nur, wenn es zum Thema paßte."

Beispielsweise hörte sie von einer Broschüre, Autor: Willi Kling, Titel: „Der große Fabrikant des Todes". Auf 80 Seiten erhellt der ehemalige Häftling die Geschichte des IG Farben-Konzerns, der bei seinem Profitstreben auch vor der Vernichtung Hunderttausender Menschen in Auschwitz und Birkenau nicht halt machte.

Haus der Einheit, Wilhelm-Pieck-Straße, heute Torstraße, wo Ursula Beurton nach ihrer Rückkehr aus England mit Willi Kling zusammentraf

Spaziergänge im Plänterwald unternahm Ursula Beurton auch und nicht selten mit ihrem Mann Len. Die Eheleute gingen die Uferpromenade entlang, hörten die Vögel zwitschern, trafen Bekannte, sprachen über die Familie, analysierten politische Probleme, kommentierten die mit ihnen verbundenen alltäglichen Mühen.

Um die Mühen der politischen Ebene geht es im Stadtbezirk Treptow-Köpenick auch, seit im Mai 2006 mit einer Unterschriftensammlung zur Benennung einer Ruth-Werner-Straße begonnen wurde.

Wie es weiterging, ist im Beitrag „Eine Straße für Ruth Werner" nachzulesen. Es geht um ein Jubiläum und um eine Ehrung. Es geht um den 15. Mai 2007. Um ein Datum also, das jeden Irrtum ausschließt.

*

Ganz im Gegensatz zu jenem von Ursula Beurton auf Karton geschriebenen und dem Nachlaß beigefügten 29. Dezember 1969. Einem Datum, von dem wir immer noch nicht wissen, ob es stimmt. Einiges spräche eher für den 19. Dezember. Indizienträger ist in diesem Falle die Zeitung „Neues Deutschland". Die damals noch täglich (außer sonntags) die Proletarier aller Länder zur Einheit aufrief und ihre Leser über den Weg dorthin informierte.

In der Ausgabe vom 23. Dezember 1969 gab es einen ganzen Komplex von solchen Beiträgen. Vorausgegangen war deren Veröffentlichung ein anläßlich des 20. Jahrestages der DDR verfügter Erlaß des Präsidiums des Obersten Sowjets der UdSSR vom 6. Oktober 1969. Darin wurde eine Gruppe deutscher Bürger für ihre aktive Teilnahme am Kampf gegen Faschismus, ihre Unterstützung der Sowjetunion während des Großen Vaterländischen Krieges und dabei gezeigtem Mut, Initiative und Standhaftigkeit mit Orden der UdSSR, in der Mehrzahl postum, ausgezeichnet.

„Mit dem Rotbannerorden wurden Adam Kuckhoff, Kurt Fischer, Ilse Stöbe, Harro Schulze-Boysen, Arvid Harnack und Hans-Heinrich Kummerow ausgezeichnet. Unter den mit dem Orden des Großen Vaterländischen Krieges 1. Stufe Geehrten befinden sich Karl Behrens, Günther Weisenborn, Albert Hößler u. a. Den Orden des Großen Vaterländischen Krieges 2. Stufe erhielten 8 und den Orden des Roten Sterns 5 Personen."

Der Erlaß wurde am 7. Oktober 1969 in Moskau im KPdSU-Zentralorgan „Prawda" und in der Militärzeitung „Krasnaja Swesda" veröffentlicht.

Die ND-Ausgabe vom 23. Dezember machte, ohne Angabe eines konkreten Datums, mit dem Auszeichnungs-Vorgang auf Seite 1 auf, setzte auf Seite 2 mit der „Ansprache von Botschafter Abrassimow"

Den Rotbannerorden Nr. 944 mit der Fahnenlosung „Proletarier aller Ländern vereinigt Euch!" bekam Sonja 1937 im Kreml vom sowjetischen Staatsoberhaupt Michail Kalinin verliehen. Dieser Orden verblieb lange bei den Unterlagen in Moskau. Er wurde ihr, nach „Intervention" ihres Kontaktmannes in der Kaderabteilung der SED-Zentralkomitees, Willi Kling, am 18. April 1965 in Berlin überreicht. Einen zweiten Rotbannerorden erhielt Ruth Werner am 29. Dezember 1969 aus den Händen des damaligen russischen Botschafter Pjotr Abrassimow.

fort, komplettierte den Vorgang auf den Seiten 4 und 5 unter der Dachzeile „Hohe sowjetische Ehrungen für antifaschistische Widerstandskämpfer". Zu lesen und zu sehen waren die Porträts deutscher Patrioten und Internationalisten. Ursula Beurton war nicht dabei.

Immerhin enthält die Würdigung des Botschafters auch den Satz: „Auf Grund einiger Erwägungen werden nicht alle Namen der mit sowjetischen Orden ausgezeichneten Teilnehmer bekanntgegeben."

Ursula Beurtons Kinder, befragt nach Ort und Stunde, konnten auch kein Licht in das Dunkel dieser Ordensverleihung bringen. Zu lange sei es her. Aber so viel stehe fest: Zum Jahresende 1969 seien sie nicht über die Auszeichnung informiert worden. Und schon gar nicht bei einem der traditionellen Familienmittagessen im Dammweg 35.

Janina Blankenfeld weiß zwar nicht mehr, wann sie davon erfuhr, an eines aber erinnert sie sich noch genau: „Meine Mutter war bei der Auszeichnung in der Botschaft nicht allein." Und Michael Hamburger vermutet, sie habe, „wenn überhaupt, uns das einzeln und eher beiläufig mitgeteilt." Peter Beurton hingegen erinnert sich daran, „daß sie es damals irgendwann in meiner Gegenwart mitgeteilt hat, ob die Geschwister dabei waren, weiß ich nicht mehr. Sie ging dabei einen Augenblick in sich, wie um kundzutun, daß sie Jahrzehnte auf ein solches Zeichen seitens der Sowjetunion gewartet hatte."

Ruth Werner kokettierte nicht mit ihren Auszeichnungen, und Endgültiges wäre hier wohl nicht mehr in Erfahrung zu bringen, wäre da nicht das Birthler-Amt nahe beim Berliner Alexanderplatz. Dort fand sich in unserer Angelegenheit ein Aktenvermerk, der lediglich den BStU-Stempel mit einer entsprechenden Seitenzahl-Nummer trägt. Darin steht:

„Nach der am 29.12.1969 in der sowjetischen Botschaft erfolgten Auszeichnung mit dem Rotbannerorden brachte die Genossin Beurton zum Ausdruck ...

Sie äußerte, daß die Auszeichnung für sie nur zum Teil eine Freude sei, da ihr Ehemann nicht mit zu der Verleihung eingeladen war. Sie selbst sei bereits 1938 mit dem Rotbannerorden geehrt worden, ihre Arbeit also anerkannt, und sie lebe jetzt in ihrer Heimat. Ihrem Ehemann sei für seine Tätigkeit seitens der sowjetischen Freunde bisher nicht einmal ein persönliches Dankeschön gesagt worden...

Einen etwas seltsamen Eindruck machte, daß die Einladung zum Auszeichnungsakt zwar auf ihren richtigen Namen ausgestellt war, das überreichte Ordensbuch jedoch den Namen Hamburger enthielt, den sie bereits mit Wissen der sowjetischen Freunde infolge ihrer zweiten Eheschließung seit 1940 nicht mehr trägt ..."

Immerhin wissen wir nun: Es gab am letzten Montag im Dezember des Jahres 1969 in der Sowjetischen Botschaft eine Auszeichnungsveranstaltung, bei der Ursula Beurton ihren 2. Rotbannerorden verliehen bekam. Veröffentlicht wurde darüber keine Zeile. Aus gutem Grund. Das am 17. Juli 1967 begonnene Manuskript, aus dem einmal „Sonjas Rapport" werden sollte, hatte seine jahrelange Odyssee durch die deutsch-sowjetischen Instanzen noch vor sich ...

Werner Liersch

Sonjas Grün

„Die Sonne ist der größte Feind der Revolution"

Sie kamen im Abstand von drei Jahrzehnten und zwei Epochen nach Carwitz, Hans Fallada und Ursula Beurton. Er kam im Juli 1933 und sie kam im Sommer 1952. Leibhaftig begegneten sie sich nie und wie sollten sie auch, Fallada war ja schon im Februar 1947 gestorben. Und wenn? Sie waren persönlich grundverschieden. Aber immerhin gab es da eine Ähnlichkeit mit ihren bürgerlichen Namen. Sie wechselten sie. In beiden Fällen hatte die „Literatur" daran Schuld. Als Fallada sich in dem Dorf ansiedelte, hatte er seinen Namenswechsel schon hinter sich. Für Ursula Beurton stand er noch bevor.

Ihn hatte der Vater vor dem Erscheinen des ersten Romans dazu gedrängt. Das Buch erschien 1920 und hieß „Der junge Goedeschal". Der Vater, Reichsgerichtsrat Wilhelm Ditzen, fand, man könne mit dem Klarnamen des Sohnes „Rudolf Ditzen" auf zuviel Unrühmliches aus dessen Biographie kommen, etwa die konsternierenden Jugendjahre mit Haft, einer Tötung, Nervenklinik. „Das fordere ich in erster Linie in Deinem Interesse", hatte der Vater ihm geschrieben. Aus dem Verfasser des Romans „Der junge Goedeschal" wurde 1919 ein „Hans Fallada".

Ursula Beurton drängte ihr Verleger vor dem Erscheinen ihres ersten Romans „Ein ungewöhnliches Mädchen" zu einem Schriftstellernamen. Der Roman erschien 1957. Den Verleger plagte der Gedanke, man könnte sonst auf zuviel Rühmliches aus der Biographie seiner Autorin kommen, beispielsweise ihre Zusammenarbeit mit der Abwehr der Roten Armee und mit dem „Meisterspion" Richard Sorge. Aus der Verfasserin des Romans *Ein ungewöhnliches Mädchen*, Ursula Beurton, wurde 1957 eine „Ruth Werner". Im März hatte die Autorin in spe ihrem Mann, Len Beurton, geschrieben: „Der Kinderbuchverlag hat meine Beiträge genommen. Ein bißchen traurig habe ich das Pseudonym Ruth Werner gewählt, das von nun auch für meine anderen Bücher Pseudonym sein wird. Dabei trage ich Deinen Namen gern".

Ruth Werner kam nach dem Nazisystem nach Carwitz. Fallada hatte es in Carwitz hingenommen. Sie hatte es bekämpft. Er hatte sich den Ort als mögliches Refugium 1933 bewußt gesucht. Sie hatte der Zufall in das Dorf geführt.

Der Zufall hieß Nina und Nina war ihre Tochter. Tochter Nina verlebte Anfang der 50er Jahre als Schülerin Sommerwochen in einem Ferienlager in Carwitz und brachte die Nachricht von etwas Wunderbarem mit. Nur noch Carwitz. Das sollte zu gegebener Stunde seine Wirkung tun. Nina hatte auch anderes noch beeindruckt.

Die Liebeserklärungen der Dorfjungen an die Mädchen aus der Stadt. Für ihre Liebeserklärungen riefen sie ihnen eine Losung der Einheitspartei zu: „Stadt und Land – Hand in Hand".

Die Einheitspartei war die Autorin von anderen wunderbaren Losungen für das tägliche Leben noch. Gepaßt hätte auch ihr Appell „Die Kraft der jungen Generation liegt in ihrem Zusammenschluß".

Carwitz hatte sich seit Falladas Einzug äußerlich kaum verändert. Neues war so gut wie nicht hinzugebaut worden. Die Dorfstraße zierte Kopfsteinpflaster. Stattliche Linden säumten sie und spendeten Schatten. Die Einwohnerzahl war sich ziemlich gleichgeblieben. Wie seit ewigen Zeiten umringten Seen das Dorf. Der Schmale Luzin. Der Zansen. Der Carwitzer See. Und Felder und Wälder schlossen es ein. Fallada hatte Carwitz in seinem Erinnerungsbuch „Heute bei uns zu Haus" den Namen Mahlendorf gegeben.

*

„Das Land sieht flach aus, ab und zu liegt zwischen den reifenden Feldern ein dunkler Waldstreif. Wer es nicht weiß, kann nicht ahnen, daß jeder dieser dunklen Waldstreifen einen tief ins Land eingeschnittenen langen See bedeutet, Seen mit dem tiefsten, klarsten Wasser, von einem bezaubernden Türkisgrün oder Azurblau. Wir sind hier in einem Endmoränengebiet, hier endeten die Gletscher der

Eiszeit, tief schnitten ihre Zungen in das Land ein. Heute noch hat das Wasser etwas von der Frische und Klarheit des Eises, unsere Seen sind wie Hochgebirgsseen".

Ruth Werner gab ihm in ihrem Buch „Ein Sommertag" den Namen „Tarnow".

„Rechts liegt der langgestreckte Golden hinter den Häusern. Ihn umsäumt bewaldeter Steilhang; Erlen, Ulmen, Eichen, Buchen und Eschen neigen sich über das grüne klare Wasser; das Ufer ist von hellen Steinen wie von einer Perlenkette eingefaßt. Der Steilhang setzt sich unter dem Wasserspiegel fort ...

Die Felder auf der Seite von Schule und Gasthaus laufen bergab zum Tarnower See, der freundlich, hell und offen ist. Er hat überhaupt keine richtige Form, buchtet aus, wo es ihm gefällt, oder wechselt unbekümmert die Richtung. Die Landschaft an seinen Ufern ist vielfältig mit ihren Wiesen, Hügeln, Sümpfen und dem Hochwald".

*

Carwitz war ein Dorf wie manches andere. Nur Naturschön. Die Sehenswürdigkeit „Fallada" stand noch vor ihrer Entdeckung und seine ehemalige Frau, Anna Ditzen, die in dem großen Haus, das sie 1933 gekauft hatten, nach seinem Auszug weiter lebte, war eine Frau wie andere Frauen im Dorf. Als Witwe plagte sie sich mit der Landwirtschaft und vermietete Zimmer. Zur Ikone wurde sie, wie der Mann, viel später erst.

Die Anziehungskraft des Ortes hatte andere Gründe als die Literatur und einen Hans Fallada. Auch in der DDR regte sich der Tourismus. Bescheiden und beschränkt. Manche, die nach Carwitz kamen, wären sicher gern anderswo hingefahren. Die Realisten dachten an Ziele wie die Ostsee. Die Träumer an bella Italia. Die Brüder und Schwestern im Westen reisten mit der D-Mark in der Hand an den Gardasee und weiter in das Landesinnere. Wovon Vico Torriani sang, „Mandolinen und Mondschein", „Arriverderci Roma", kannten sie von persönlichem Ansehen. Die Brüder und Schwestern im Osten vom Ansehen der Filme mit Torriani. Mit Sechzehn hatte ich mein italienisches Lied kennengelernt. Den Refrain sangen wir mit Inbrunst. „O bella ciao, bella ciao, bella ciao, ciao, ciao." Also: „Bella tschau, bella tschau, bella tschau, tschau, tschau ..." Es war ein italienisches Partisanenlied. „Eines Morgens in der Früh trafen wir auf unseren Feind ..."

Ich war das erstemal 1957 in Carwitz und hatte am Carwitzer See mein Zelt stehen und am Wasser ein Boot liegen. Wir machten eine Faltboottour über die Seen. An einem der Sommertage lag vor mir ein Landgang nach Feldberg. Ich wollte zur Post und einen Brief abholen. Der Weg vom See nach Carwitz führte auf die Kirche zu. Die Dichteradresse rechts ab in Richtung zum Bohnenwerder und war noch nicht ausgeschildert, und ich ging vorbei in Richtung Feldberg. Im nächsten Jahr tauschte ich vorübergehend in Garmisch-Partenkirchen meine DDR-Papiere gegen einen provisorischen Reisepaß der Bundesrepublik. Im August 1958 regnete es übermäßig am Nordrand der Alpen. Bei besserem Wetter hätte ich den Gesetzesverstoß vielleicht nicht begangen. Den ersten Blick auf den Gardasee hatten wir im Bus bei Moletta. Es war die Straße von Trient. Der See lag wie ein blauer Fjord vor uns. In Riva del Garda faßte ich meine erste leibhaftige Palme an. Auf dem Markusplatz in Venedig flog mir eine der berühmten Tauben leibhaftig auf die Schulter. Auf dem Foto halte ich eine Futtertüte in der Hand und lache. Die Bilder ließen wir nach der Rückkehr in der anderen Hälfte der Stadt entwickeln. Es war aus der Perspektive der Behörden eine schändliche Unternehmung und meine heimliche Freude daran groß. Das Mädchen auf den Fotos neben mir hatte erst vierzig Jahre später wieder die Möglichkeit zu einer ähnlichen Reise.

Das Partisanenlied habe ich auch erst jetzt wieder gesungen. Das heißt den Refrain. Der Text war mir nicht in Erinnerung. Die Italiener sangen das ganze Lied. Sie sangen es in einem Nobelrestaurant in der Uhlandstraße. Das ist am Kurfürstendamm. Sie waren zu viert und nicht von der Straße. „Stamattina mi sono alzato ..." Einer schlug den Tamburin und ein anderer spielte die Gitarre: „Eines Morgens in aller Frühe ..." Es war das Dessert der Italiener zu dem teuren Essen, zu dem ich mitgegangen war. Es war das Essen einer Klubspitze.

Ich konnte den Text nicht, aber den Refrain. Die Kollegen, deren Kollege ich seit 1989 war, konnten gar nichts. Ich sang den Refrain mit den Italienern. „Bella tschau, bella tschau, bella tschau, tschau, tschau ..." Ich weiß nicht, ob die Kollegen wußten, daß wir ein Partisanenlied sangen. Vielleicht hielten sie mich für betrunken. In Venedig sahen wir damals einen Italiener, der vor einem Restaurant „O sole mio" sang. Er kassierte mit einem Teller die Restaurantterrasse ab, setzte sich noch einmal und sang „Bandiera rossa". Er ging, ohne sich umzublicken. Italien ist ein tröstliches Land.

In gewisser Weise war Ursula Beurton auch eine Partisanin.

*

Sie kam von ihrem Einsatz 1950 zurück. In die DDR. Als eine Frau, die in England in der Emigration gewesen war und zuletzt in dem Dorf Great Rollright 20 Meilen von Oxford gewohnt hatte. Sonst war nichts weiter. Sie kam am 28. Februar 1950 mit den Kindern Nina und Peter in das kalte, nasse, zerstörte Berlin. Sie kam mit dem Flugzeug aus England und aus eigener Überlegung. Der zuständige Flugplatz für Englandflüge war Berlin-Tempelhof. Amerikanischer Sektor. An- und Abflug der Maschinen dicht über die Hausdächer. Auf der Neuköllner Seite die Flugschneise ein Stück über die Friedhöfe an der Hermannstraße. Praktisch. Ihr Bruder, Jürgen Kuczynski, war schon eine Weile daheim. Heimat Berlin. Sie hatten ein Elternhaus am Schlachtensee. Eine wunderbare Villa, natürlich in anderen Händen. Vielleicht wollte sie vor dem Haus als Beweis stehen, daß sie eine Epoche überlebt hatte. Oder daß sie da ein Kind gewesen war. Hier ihre Eltern und Geschwister gelebt hatten. Der Schlachtensee ein schönes Stück Natur ist. Oder alles zusammen und mehr. Im Frühjahr 1924 hatte sie als Sechzehnjährige am Schlachtensee eine Tagebucheintragung gemacht.

„Es ist sechs ein halb Uhr morgens und draußen ein Regen wie ich ihn gerne mag. Ich meine eine Frühlingsluft, daß man sich immer nur die Lungen füllen möchte und ein Regen, Regen, Regen, der immerhin vergnügt macht. Jawohl ihr Dummköpfe! Vergnügt! Denn

Lesen zwischen den Bäumen

die Vögel singen nichtsdestotrotz, die Kastanie hat grüne Blätterspitzen und an den feinen Ästen und Zweiglein der Birke hängen viel über tausend kleine, klare, runde, vergnügte und was noch alles Regentropfen und Tröpfchen. Jawohl!"

*

Die 1. Order der Partei war, sie habe die Westsektoren nicht zu betreten. Der Schlachtensee liegt im Bezirk Zehlendorf. Der Bezirk Berlin-Zehlendorf lag im amerikanischen Sektor von Berlin. Die Heimgekehrte akzeptierte die Order. Sie wußte, es gab dafür ernste Gründe. Sie und die Kinder wohnten in einem Haus in der Wilhelm-Pieck-Straße und dann in Karlshorst. Karlshorst war auch der Sitz verschiedener sowjetischer Hauptquartiere.

Ihr Mann, Len Beurton, war der Familie im Juni nach Berlin gefolgt. Er hatte sich in England ein Bein gebrochen. Auf dem Schreibtisch des Polizeihauptwachmeisters von Great Rollright lag der Auftrag von Sir Percy Sillitoe, MI 5, den Aufenthaltsort der Beurtons herauszufinden. Am 8. August hatte der Polizeihauptwachmeister herausgefunden, die Beurtons seien in Berlin, der Hausrat der verlassenen Wohnung öffentlich versteigert worden, Frau Beurton habe eine Arbeit in Berlin angenommen.

Familie Beurton, zu der ab 1951 nun auch der aus England nach gekommene älteste Sohn Michael gehörte, machte etwas, an das bisher nicht zu denken gewesen war: Urlaub. Auf der Insel Vilm, in dem Spreewalddorf Cossewitz. Tochter Nina hatte aus ihrem Urlaub die Nachricht mitgebracht, Carwitz sei **das** Ferienparadies, nur noch dieses Dorf käme für sie und den Sommer in Frage. Die Beurtons machten einen Versuch mit einem Vorurlaub im Winter. Sie trugen die Botschaft im Ohr. Im Hullerbusch bei Carwitz war aus dem Jagdschloß des Barons von Schröder, der 1933 Hitler und die Hochfinanz zusammengebracht und es selbst zu einem hohen Rang in der SS gebracht hatte, ein Ferienheim geworden. Sie fuhren im Winter für eine Woche nach „Hullerbusch" und im Sommer dann für drei Wochen. Sie reisten mit einem Beiwagenmotorrad an, einer „AWO",

Len Beurton als „Fotoreporter"

deren stolzer Besitzer Len Beurton war. Bei einem Spaziergang nach Carwitz schlug Len Beurtons stille Begeisterung in laute Begeisterung um. Sie verwunderte seine Frau.

„Ich dachte, die Gegend sei dir zu bäurisch?"

„Aber, nein im Gegenteil."

„Dann suchen wir uns doch ein Urlaubsquartier für das nächste Mal!"

Sie taten es an Ort und Stelle. Die Stelle war die Bäk in Carwitz, das Unterdorf, wo das Wasser der Seen sich in einem Fließ begegnet. An der Bäk wohnte eine Frau Schönfeld, die Frau Schönfeld, die Nina kannte. Sie verabredeten mit der Frau Schönfeld den Urlaub für das nächste Jahr und dann noch einmal und dann wurde Carwitz mit wechselnden Adressen der Ort ihres Sommerurlaubs. Sie sahen sich auch nach einem eigenen Haus um, aber vergeblich. Den Gedanken, sich ein Zelt samt Ausrüstung anzuschaffen, ließen sie nach einiger Zeit wieder fallen.

Die Urlauberin Ursula Beurton war eine Frau voller Überzeugungen und ernster Standpunkte. Einer ihrer alltäglichen ernsten Standpunkte war, daß der Mensch jeden Tag ein warmes Mittagessen braucht. Besonders wenn er ein Kind ist, wie es ihr Sohn Peter war, dieses begeisterte Carwitzer Sommerkind, das gern Fische fing.

In den Carwitzer Urlaubsquartieren ein Mittag zu kochen, war nicht leicht. Oder genauer gesagt, unmöglich. Die Dorfkneipe zu Mittag immer übervoll. Ein Bekannter hatte seine Wirtin gefragt, ob es außer der Kneipe noch woanders einen „Mittagstisch" gäbe. Seine Wirtin riet ihm, es bei Anna Ditzen zu versuchen, das letzte Haus im Dorf in Richtung Bohnenwerder. Der Mann kam unter, und die Beurtons folgten dem Tipp. Der Sohn Peter wäre auch ohne das Mittagsessen ausgekommen, er war lieber auf den Seen und das Haus kam ihm muffig vor. Alles war seit Jahren an seinem Platz geblieben. Das war ein Dienst der Witwe an ihrem Mann. Peters Mutter hatte Sorge um ihre Familie. Die Pilze, die sie sammelte, legte sie jedes Mal Anna Ditzen zur Begutachtung vor. So begann die Begegnung der beiden Frauen und sie befreundeten sich mit Abstand. „Anna Ditzen gehört zu den Menschen, die im Alter ihr Gesicht bewahren, die

Ruhe, die von innen kommt, die stille ausgeglichene Kraft, die es ihr möglich machte, das komplizierte Leben eines Hans Fallada zu teilen ...", schrieb sie später.

An dem Vater ihres Sohnes beobachtete sie eine Veränderung.

Len, in Berlin verschlossen und in sich gekehrt, lebte in Carwitz auf. Drei Wochen lang hatte er mit den Querelen in der Nachrichtenagentur ADN, bei der er arbeitete, nicht mehr zu tun. Drei Wochen war er für die Menschen in seiner Umgebung kein Objekt des Neides mehr. Seinen Mecklenburgern galt ein Engländer, oder ein Franzose oder ein Spanier als nichts Besonderes. Drei Wochen lang verstand er auch leichter Deutsch. Die Carwitzer sprachen es verständlich Norddeutsch. Drei Wochen lang war er ein bißchen zu Hause. Das englische Dorf Great Rollright umringten zwar keine Buchenwälder und Seen, aber weitgestreckte Hügel wie hier Carwitz. Wenn Len Beurton nach drei Wochen das Dorf verließ, legte er einen Kieselstein an eine Stelle. Er wünschte sich, daß er ihn im nächsten Jahr wiederfinden würde. Die Tage in Carwitz zählte er.

Aus Ursula Beurton wird in Carwitz Ruth Werner. Im Sommer 1956 hat sie eine Geschichte zu schreiben angefangen, die im nächsten Jahr beim Erscheinen *Ein ungewöhnliches Mädchen* heißen wird.

Zum Ritual der Beurtons gehört es, Morgens mit dem Boot auf einen der Seen hinauszufahren und erst am Abend zurückzukehren. Die Urlauberin nimmt jetzt ein besonderes Zubehör mit, einen Liegestuhl und eine Schreibmaschine. An irgend einer Stelle läßt sie sich am Ufer absetzen. Sie bevorzugt die Halbinsel Bohnenwerder mit ihrem äußersten Ende. Dort sitzt sie zwischen Schafen und schreibt. Ein verirrter Wanderer hat Mühe, seinen Augen zu trauen.

„Kann ich Ihnen helfen?" fragt er.

Sie dankt.

Die Frau im Liegestuhl schreibt in ihren ersten Roman viel von ihrer eigenen Geschichte hinein. Vera ist ein Kind reicher Eltern. Ihre ersten Schuljahre fallen in die Zeit des Ersten Weltkrieges. Sie lernt in einer Berliner Buchhandlung. Die sozialen Gegensätze fordern ihren Gerechtigkeitssinn heraus. Sie wird Mitglied des Kommunistischen Jugendverbandes. Das Mädchen lebt mit vielen Spannungen.

Ruth und Len beim Spaziergang in Carwitz, 1978

Arm und reich. Sie und die Natur. Sie und die Männer. Wer sie besser kennt – oder sie besser zu kennen in die Lage kommt –, sieht, das ist sie, das ist, was sie umtreibt, worauf sie Anworten gesucht hat, jetzt, in der letzten großen Verwandlung ihres Lebens, als eine Schriftstellerin, geht sie dem allen noch einmal nach.

„Der Vater war kein Kapitalist, er war Gelehrter, aber sie lebten wie die Kapitalisten, ihre Villa war vom Bankier-Großvater erbaut worden ...

Ein Windstoß fegte durch die Lichtung. Braune Kastanien lösten sich aus den geplatzten stachligen Hüllen. Blätter segelten durch die Luft und glitten als kleine rotgoldene Kähne über den tiefblauen See ...

Am Bootshaus von Carwitz, 1983. In der Einsamkeit reifte manche literarische Idee

Wie schön, wie herrlich ist die Natur. Was bedeuten Menschenschicksale im Vergleich zu ihr – zur Sonne, zu den Sternen, zu den Welten ...

Aber ich kann eben nicht mehr wie früher, als mir das Leben der anderen Menschen unbekannt war, die Natur bewundern und genießen ..."

Aus einem Kursus über Marxismus läuft Vera hinaus und in den Wald. „Aber die Freude blieb aus. Ihr schlechtes Gewissen nahm den Gräsern die Anmut, den Blumen die Farbe und dem Himmel sein Licht". Vera schreibt in ihr Kursusheft den denkwürdigen Satz: „Die Sonne ist der größte Feind der Revolution".

Vier Jahrzehnte später hat Vera, die jetzt Ruth Werner ist, das puristische Entweder – Oder hinter sich gelassen. Alle Landschaften ihres Lebens waren Lebenslandschaften. Nicht Asyle vor der Welt.

China, Rußland, Polen, die Schweiz, England. Ohne schlechtes Gewissen, kann sie, angesichts von Leuten, die sich wundern, daß sie es in einem kalten, vom Sturm umtosten Häuschen auf Hiddensee bei guter Laune aushält, im März 1957 frei heraus sagen: „Aber ich könnte hier, wie überall, wo die Natur schön ist, ein ganzes Jahr hausen". Sie genoß die Natur ohne sie zu romantisieren. Ich traf sie, wo ich die meisten Schriftsteller meines Lebens traf, im „Heim" der Schriftsteller am Schwielowsee zwischen Werder und Petzow. Die Villa am See war einmal von der Filmschauspielerin Marika Rökk und ihrem Mann, dem Regisseur Jacoby, bewohnt worden. Sie kam mit Vorliebe zu Ostern mit Len, ihrem Mann, nach Petzow, wenn die Natur aufbrach. Sie liebte den heiteren See hier wie die ernsteren um Carwitz.

*

Dem Dichter Fallada war der Ort Carwitz von der ersten Stunde ein Fluchtort. In regelmäßigen Abständen entflieht er der brüchigen Illusion, es sei anders, in die Kliniken, den Suff, die Betten anderer Frauen. Selbst in das idyllische Carwitz-Buch, *Heute bei uns zu Haus*, dringt 1942 vor, was er sonst nur „privat" äußert: „Wir wollen fort von hier ..." Ruth Werner vermag in diesem Carwitz wirklich zu Hause sein. Mit einer Illusion dafür zu bezahlen, ist sie nicht bereit. Sie grämt sich über den biederen Schönheitssinn, dem vier alte Linden an der Dorfstraße zum Opfer fallen, der einen Traktorfahrer auf die Idee kommen läßt, die Feldsteine aus dem Wasser der Bäk zu räumen, die Rücksichtslosigkeiten der sozialistischen Ökonomie. Nach zwei Jahrzehnten Carwitz stellt sie 1972 fest: „Es ist nicht mehr so ein Paradies wie früher: drei blinkende Metallsilos, die man überall vom See aus sieht, viele Wochenendhäuser und Betriebsferienheime, geschmacklos gebaut, und noch schlimmer: Die Bisamratte frißt allmählich das ganze Schilf auf, und das bedeutet keinen Schutz für die Vogelwelt, weniger Vögel haben Junge. Aber es ist so viel ruhiger, und noch immer ist die Umgebung schöner als irgendwo. Und ich weiß nicht warum, wir lieben es mehr denn je".

Im September 1980 bereitet ihr der nächste Carwitzer Sommer Sorgen: „Im übrigen fürchten wir uns, nächstes Jahr hinzufahren, denn nun ist auch die Mühle durch Gebäude und riesige Silos verschandelt; Futtersilos für eine Schweinemastanlage in einem vierzehn Kilometer entfernten Ort, also ständiger Lastwagentransport mit Benzinverbrauch. Wir haben's ja. Ihr seht, ich bin nicht nur Dorfromantiker, sondern auch Ökonom".

Als die Rede geht, ein Feldberger, der in Carwitz schon ein großes Wochenendhaus hat – von seinem medizinischen Beruf her ein Hätschelkind der Behörden –, wolle auf dem alten Friedhof mit Blick auf den Schmalen Luzin, ein Haus bauen, mobilisiert sie Himmel und Partei, um das Vorhaben zu stoppen. Von ihren Honoraren gibt sie für den Ort. Die Kirche profitiert davon, das „Fallada-Haus", das seit 1965 „Ferienheim" des Berliner Kinderbuchverlages ist. Manchmal hat sie, was Carwitz betrifft, sündige Gedanken. Auch öffentlich wie in ihrer Ferienerzählung für Kinder „Ein Sommertag".

„Die Ruhe und die herrliche Luft – Tarnow ist einzig', sagte Mam.

,Wenn es nur nicht mal FDGB wird', erwiderte Va.

Mam schwieg eine Weile und sagte dann: 'Weißt du, das ist ein Gewissenskonflikt für mich. Tarnow könnte noch viel mehr Gäste aufnehmen, vielleicht müßte man die Gewerkschaft sogar darauf aufmerksam machen. Aber wir tun das nicht, weil wir Egoisten sind, weil wir es für uns behalten wollen, ruhig und ohne Fremde wie jetzt. Wir haben geradezu Angst davor, es könnte entdeckt werden, und darüber schäm ich mich. Ich meine, da nennt man sich Sozialist und ...'

,Schäm dich meinetwegen', sagte Va, ,aber wehe, du verrätst Tarnow.'"

Und dann ist in Carwitz mit ihr noch etwas ganz anders als es mit ihrem Kollegen, dem armen Fallada war.

Sie schreibt ihre Bücher nicht als Flaschenposten. Bei jedem Buch, das sie schreibt, hat sie das Gefühl, damit willkommen zu sein. Sie ist in Carwitz nicht allein für sich. Ihre Tragödie ist anderer Art als die des Kollegen Fallada. Am Ende erweist sich als dauerhafter, was er beschrieben hat, als sie erhoffte. Als sie 1985 den Hans-Fallada-

Preis der Fallada-Schule in Feldberg bekommt, hat sie den Schülern gesagt: „Den Älteren unter euch hat sicher sein Buch ‚Kleiner Mann, was nun?' ganz besonders gefallen, soweit ihr es bekommen konnte, es ist ja leider fast immer vergriffen. Ich habe es vor 53 Jahren gleich nach dem Erscheinen gelesen und war tief beeindruckt. Es entsprach der damaligen Zeit, den zwanziger und dreißiger Jahren. Die Zeit der Not und Unsicherheit, das von der Hand in den Mund leben, und manchmal war die Hand auch leer; das Sich-Hinüberhangeln von einem Tag zum anderen, das der Kapitalismus damals für Millionen mit sich brachte.

Vielleicht solltet ihr einen Gedanken daran verschwenden, was Unsicherheit bedeutet. Sechzigmal um Arbeit bitten, und jedes Mal vergeblich. Ihr erlebt es nicht selbst ..."

*

Nach vielen Jahren der Sommerquartiere, verfügt sie in den 70ern über ein eigenes „Haus" in Carwitz. Es ist eine Holzhütte auf dem weitläufigen Fallada-Anwesen, das jetzt dem Kinderbuchverlag gehört. Das Domizil liegt abseits des Hauses und nahe am Wasser. Es ist mehr als reparaturbedürftig. Ihr wird geholfen, es in Ordnung zu bringen. Es gibt Leute im Dorf, die von Privilegien reden. Die Gleichmäßigkeit der Verhältnisse ist für diese Leute kein Thema mehr, als sie sich öffentlich einfordern lassen. In dieser Hütte und auf der großen Wiese des Fallada-Anwesens entstehen jetzt ihre Bücher. Auf der Wiese des Fallada-Hauses schreibt sie den größten Teil von *Sonjas Rapport*. Zum Ende ihres Lebens und ohne Len Beurton wird sie hier draußen nur noch selten sein. Einige Zeit vor ihrem Tod ist sie noch einmal in dem Haus am Schlachtensee gewesen. Eigentlich wollte sie in Carwitz ihr Grab haben.

Die Lebensfarbe dieser Frau war das Rot. Und das Grün.

Das mecklenburgischen Dorf Carwitz verfügt gleich über zwei Dichterorte auf derselben Wiese. Es muß noch ein bißchen lernen. Das Steinhaus des Hans Fallada und ein Stück davon die Holzhütte der Ruth Werner. Sie war wirklich eine ungewöhnliche Spionin.

Klaus Eichner

Das Jahrhundert der Spione

„Das Wissen um die Zukunft kann man nicht von Göttern und Dämonen erlangen; man kann es auch nicht durch Nachahmungen oder Messungen und Berechnungen erwerben. Die Kenntnis des Gegners wird nur durch Menschen vermittelt.

Es werden fünf Arten von Spionen verwandt: es gibt ortsansässige Spione; es gibt innere Spione; es gibt zurückkehrende Spione; es gibt Spione des Todes; es gibt Spione des Lebens.

Wenn alle fünf Arten von Spionen eingesetzt sind, kann niemand die geheimen Wege erfahren. Das wird das göttliche Geheimnis genannt. Es ist der kostbarste Besitz des Herrschers.

Die Arbeit der Spione muß der Herrscher persönlich leiten. Die zurückkehrenden Spione ermöglichen die Kenntnis des Gegners; darum verhalte dich ihnen gegenüber besonders großzügig."

Sun Tzu, 4. Jhdt. v. Chr.

Krieg und Frieden

Noch immer wird die Frage heftig diskutiert, ob und inwieweit die Geheimdienste zumindest bis zum Ende der Blockkonfrontation zur Sicherung des Friedens beigetragen haben.

Aufklärungsergebnisse über die Pläne und Absichten sowie die Stärken der Gegenseite trugen in verschiedenen Phasen der Ost-West-Auseinandersetzung dazu bei, die Falken auf beiden Seiten zu beschwichtigen und ihren Einfluß zurückzudrängen. Dabei waren Geheimdienst-Informationen – soweit sie von den politischen Entscheidungsträgern zur Kenntnis genommen wurden – nur ein Teil umfassender Maßnahmen des Krisenmanagements. So führten die gesicherten Erkenntnisse des Warschauer Vertrages über Entwicklungen in der Militärdoktrin der NATO dazu, daß im Mai 1987 auch die

Militärdoktrin des Warschauer Vertrages entscheidend verändert wurde. Die ursprünglich stark offensive Doktrin, den Gegner auf seinem eigenen Territorium vernichtend schlagen, wurde durch eine „Defensivstrategie" ersetzt, die berücksichtigte, daß selbst ein konventioneller Krieg in Europa in den Auswirkungen einem Kernwaffenkrieg gleichkäme und deshalb nicht führbar sei. Eine bedeutsame Funktion hatte die Spionage für die Verhinderung des Überraschungsmomentes – nach westlicher Terminologie: Indications and Warning. Diese Aufgabenstellung umfaßte jedoch nicht nur die Aufklärung der gedeckten Vorbereitung eines Angriffs, sie orientierte auch auf das rechtzeitige Erkennen möglicher Qualitätssprünge zum Beispiel im wissenschaftlich-technischen Bereich, die der anderen Seite eine monopolartige Überlegenheit hätte sichern können. So diente auch die geheimdienstliche Absicherung und Durchsetzung der sogenannten COCOM-Bestimmungen, die Verhinderung des Technologietransfers, dazu, der östlichen Seite bestimmte qualitative Fortschritte in der Entwicklung der modernen Produktivkräfte vorzuenthalten und sie damit von der internationalen Arbeitsteilung auszuschließen.

Spionageoperationen
mit weltpolitischen Auswirkungen

Dr. Richard Sorge, Funksprüche der Gruppe Ramsay aus Tokio
Richard Sorge, 1895 bei Baku als Sohn des deutschen Ingenieurs Wilhelm Sorge und dessen russischer Frau geboren, ging im Auftrag der Hauptverwaltung für Aufklärung der Roten Armee (GRU) Anfang 1930 nach Shanghai. Er lernte dort auch Ursula Hamburger kennen, die er als „Sonja" in seine Arbeit für den russischen militärischen Geheimdienst einbezog. Ab 1933 war der Spion offiziell als deutscher Journalist in Japan tätig.

Am 6. September 1941 beschloß die kaiserliche Konferenz in Tokio im kleinsten Kreis, den Krieg gegen die USA, England und die Niederlande zu beginnen.

Sorges Analyse besagte, daß die japanische Armee nicht in der

Lage ist, an zwei Fronten zu kämpfen, und die geostrategischen Interessen Japans zumindest im Augenblick auf den Südpazifik gerichtet sind. So konnte er am 14. September nach Moskau funken, daß die japanische Regierung die UdSSR nicht angreifen wird, der Ferne Osten der UdSSR damit sicher sei. Deshalb konnte die sowjetische Militärführung gut ausgeruhte und ausgerüstete Divisionen des Fernöstlichen Militärbezirkes nach Moskau entsenden, die dazu betrugen, die Schlacht vor Moskau zu entscheiden. Das war auch das Ende der Blitzkriegsstrategie der faschistischen Wehrmacht.

Der britische Geheimdiensthistoriker Phillip Knightley schreibt dazu: „Das war der größte Dienst, den Sorges Ring der Sowjetunion leistete, aber er lag in der Grauzone zwischen politischem Einfluß [Ozakis Rolle im Kabinett des Ministerpräsidenten] und Spionage. Man kann argumentieren, Sorges Funkspruch sei nur eine Zusammenfassung dessen, was er und Ozaki bereits geschafft hatten – sie hatten die japanischen Entscheidungen gegen einen Angriff auf die Sowjetunion beeinflußt. Sorge selbst glaubte ohne Zweifel, daß der politische Einfluß seines Ringes wichtiger sei als seine Spionagetätigkeit."

Das berührt eine alte Streitfrage in der Geheimdienstarbeit, das Verhältnis des Einsatzes menschlicher Quellen zum Einsatz technischer Aufklärungsmittel und speziell die Rolle hochrangig plazierter Quellen.

Das Beispiel der Gruppe Ramsay zeigt, insbesondere im Verhältnis zwischen Sorge und Ozaki: Eine genaue und zeitnahe Einsicht in die Absichten und Entscheidungsgründe potentieller Gegner erhalte ich nur, wenn ich zuverlässige Quellen im Umkreis der Entscheidungsträger nutzen kann. Diese Quellen sind dann in der Regel so plaziert, daß sie nicht nur schlechthin Informationen beschaffen, sondern durch geschicktes Agieren die politischen Entscheidungen auch im Sinne ihrer Auftraggeber beeinflussen können.

Eine solche strategische Orientierung der nachrichtendienstlichen Einflußnahme auf politische Prozesse, weit über die klassische Informationsbeschaffung hinaus, war auch nach 1990 im Zuge des deutschen Einigungsprozesses erkennbar, beispielsweise aus den

Enthüllungen über HVA-Kontakte zu prominenten Politikern der BRD.

Und das betrifft ebenso die nachrichtendienstliche Begleitung und Absicherung der „back channels", der geheimen diplomatische Kanäle, zwischen Ost und West, durch leitende Mitarbeiter der sowjetischen oder DDR- Aufklärung.

Klaus Fuchs, Soldat im Krieg für den Frieden

Die Vereinigten Staaten betrachteten ihr Monopol über die Entwicklung der Atombombe als eine entscheidende Waffe in dem mit dem Ende des Zweiten Weltkrieges einsetzenden Kalten Krieg. Sie hofften, mit dem Besitz der Atombombe ein wirksames Drohpotential gegenüber der UdSSR und der mit dem Sieg über den Faschismus erstarkenden kommunistischen Bewegung aufbauen und aufrechterhalten zu können.

Die Atombombenabwürfe auf Hiroshima und Nagasaki waren für den Sieg über Japan ohne strategische Bedeutung, aber sie waren eine Machtdemonstration der USA und eine menschenfeindliche Drohgebärde gegenüber ihrem Alliierten, der Sowjetunion.

Deshalb waren für die sowjetische Führung die forcierten eigenen Entwicklungsarbeiten und die Aufklärung des Standes der anglo-amerikanischen Entwicklung der Kernwaffen von höchster Priorität.

Eine zentrale Rolle kam dabei dem deutschen Physiker Klaus Fuchs zu, der als „Atomspion" in die Geschichte eingehen sollte. Im Wissen über die Notwendigkeit, die Sowjetunion beim Wettlauf um die „Superbombe" zu unterstützen, wandte sich Klaus Fuchs, vermittelt von Ursula Beurtons Bruder Jürgen Kuczynski, im Spätherbst 1941 – die faschistische Wehrmacht stieß auf Moskau vor – an die sowjetische Botschaft in London. Er bot seine Hilfe an.

Zu seiner „Botschafterin" bestimmte, wieder auf Kuczynskis Vorschlag, die Zentrale in Moskau „Sonja". Diese war, nach den Stationen Shanghai, Moskau, Mandschurei, Polen und Schweiz, ab Anfang 1941 für die GRU in England tätig. Damit wurde Fuchs, der einer Frau, ohne deren wahre Identität zu kennen, in knapp zwei Jahren bei etwa einem Dutzend Treffs hochbrisante Forschungsergebnisse übergab, zum sowjetischen Kundschafter. Der er auch bleiben sollte, als ihn Ende 1943 Robert Oppenheimer, Chef des „Manhattan-Projektes" zur Entwicklung und zum Bau der Atombombe, in die USA holte, ab Mitte August 1944 nach Los Alamos. Im Juni 1946 wurde Klaus Fuchs dann Mitarbeiter am britischen Kernenergieforschungszentrum in Harwell (Oxfordshire) und leitete die Abteilung für Theoretische Physik. In dieser Zeit und bis 1949 hatte er – mit Unterbrechungen vor allem in den USA – Kontakt mit der sowjetischen Aufklärung.

Klaus Fuchs unterrichtete die Sowjetunion über seine eigenen Forschungsergebnisse und den Stand der Entwicklung der Atombombe in den USA und Großbritannien. Damit bestätigte er den sowjetischen Wissenschaftlern, daß ihre Forschungen in die richtige Richtung gingen und ersparte ihnen zeit- und materialaufwendige Umwege. Am 29. August 1949 zündete die Sowjetunion ihre erste Atombombe.

Mit Hilfe von Klaus Fuchs hatte sie den amerikanischen Vorsprung aufgeholt und das atomare Patt oder auch das „Gleichgewicht des Schreckens" zwischen den Großmächten hergestellt. Damit wurde auch die längste Friedensperiode in Europa eingeleitet. Der Kalte Krieg wurde, bei allen zeitweiligen Turbulenzen, nicht zum heißen Kernwaffenkrieg. Der Menschheit blieb ihre mögliche Selbstvernichtung erspart. Das Ereignis war zugleich eine der größten Niederlagen der US-Geheimdienste in dieser Periode. Sie hatten der amerikanischen Regierung Mitte der 40er Jahre überzeugend versichert, daß die erste russische Atombombe erst in zehn bis zwanzig Jahren, gewiß nicht früher als 1953/1955, fertiggestellt sei. Experten bezeichnen das als die „größte Fehleinschätzung" des Kalten Krieges.

Operationen ULTRA und MAGIC

Die auf der Grundlage der wissenschaftlichen Arbeit polnischer Mathematiker durch britische, französische und US-amerikanische Spezialisten ermöglichte Entschlüsselung großer Teile des militärischen, geheimdienstlichen (Amt Abwehr/Ausland) und polizeilichen (bzw. SS-) Funkverkehrs Nazideutschlands war einer der bedeutendsten Einbrüche in die Kommunikation eines Gegners und bisher in der Militärgeschichte unvergleichlich. Den Spezialisten im Bletchley Park war es gelungen, die Arbeitsweise der deutschen Verschlüsselungsmaschine ENIGMA aufzuklären und Grundlagen für eine Decodierung der Tagesschlüssel der Maschine zu schaffen. Parallel dazu gelang es auch, andere Chiffrierkomplexe zu entschlüsseln. Der Gesamtkomplex dieser Maßnahmen – von der Arbeit der Horchstellen zur Erfassung der Funkverkehre über die eigentliche Entschlüsselung bis hin zum streng konspirativ organisierten Verteiler an die politischen und militärischen Spitzengremien – trug die Deckbezeichnung ULTRA. Parallele Operationen erfolgten gegen die japanischen militärischen und diplomatischen Funkverkehre unter der Deckbezeichnung MAGIC.

Historiker streiten noch immer, ob oder bis zu welchem Grade die Verwertung der entschlüsselten Funksprüche kriegsentscheidenden Charakter trugen. Klar ist jedoch, daß nicht wenige Kampfhandlungen der westlichen Alliierten durch die taktisch kluge Verwertung der gewonnen Erkenntnisse über Planungen und Dislozierungen der gegnerischen Verbände beeinflußt wurden. Eine besondere Bedeutung besaß ULTRA für den Schutz der alliierten Schiffskonvois und zur Aufklärung der U-Boot-Operationen der deutschen Kriegsmarine.

Aber der Funkbeobachtungs-Dienst der faschistischen Kriegsmarine soll parallel dazu in der Lage gewesen sein, den Funkverkehr der britischen Schiffskonvois zu entschlüsseln, so daß auf diesem Gebiet wahrhaftig ein „Krieg im Dunkeln" stattfand. Der Sieger stand niemals fest, die Verlierer waren die Seeleute auf beiden Seiten.

Andererseits zeigte die von Hitler angeordnete Funkstille vor der Ardennenoffensive der deutschen Wehrmacht, wie relativ einfach eine einseitige Orientierung auf nur einen Informationskanal auch zur militärischen Katastrophe führen konnte.

Möglicherweise ist der Historikerstreit müßig, ob und wie die sowjetische Seite an den Erkenntnissen von ULTRA beteiligt wurde. Der sowjetische militärische Geheimdienst hatte eine Quelle im Bletchley Park, John Cairncross, der seinem Londoner Kontaktmann regelmäßig die entschlüsselten Funksprüche, vor allem mit Bezug zur sowjetischen Front, übergab. Diese Quelle wird dem sowjetischen Geheimdienst auch alle notwendigen Informationen über das ULTRA-System übergeben haben.

Nach der Psychologie der Geheimdienstarbeit war das der überzeugendere Weg, da die Informationen von einem eigenen Agenten kamen. Hätte Churchill gleiche Informationen auf offiziellen Kanälen Stalin übergeben, hätte dieser vor allem einen Trick, eine Täuschung seines „Partners im Widerstreit" vermutet. Stalin traute Churchill niemals über den Weg.

Antifaschistischer Widerstand und Spionage

Im antifaschistischen Widerstand während des Zweiten Weltkrieges kam es zu einer spezifischen Verschmelzung zwischen Aufklärungsoperationen, politischen Widerstandshandlungen und bewaffneten Aktionen (z. B. der Resistance und der Partisanenbewegungen).

Die Rote Kapelle

Charakteristisch dafür waren die verschiedenen Gruppen der sogenannten Roten Kapelle (ursprünglich stammt die Bezeichnung von der Gestapo) in mehreren europäischen Ländern.

Sie können weder einseitig nur als Spionagenetze der sowjetischen Militäraufklärung definiert werden noch kann ihre Bedeutung bei der Beschaffung militärischer, politischer und wirtschaftlicher Spitzeninformationen über das faschistische Deutschland negiert werden. Nicht umsonst waren diese Gruppen mit entsprechenden Funkgeräten ausgerüstet.

Ruth Werner war 1939/40 mit ihrem Funkgerät auch zur Unterstützung der Schweizer Gruppe unter Leitung von Sandor Rado eingesetzt. Die Gruppen der Roten Kapelle hatten teilweise hervorragende Quellen in Führungsbereichen Deutschlands. Das führte dazu, daß der frühere Chef des Wehrmachtsgeheimdienstes Fremde Heere Ost, Reinhard Gehlen – später Gründer und Präsident des Bundesnachrichtendienstes der BRD – bis zuletzt fast paranoide Befürchtungen hatte, in den Führungsspitzen der Bundesrepublik könnten immer noch Quellen der Roten Kapelle sitzen. Er unterhielt deshalb einen kleinen internen Stab zur Sammlung und Analyse entsprechender Hinweise.

Deutsche Antifaschisten im Aufklärungseinsatz für die USA

Eine gewiß nicht kriegsentscheidende, aber außergewöhnliche nachrichtendienstliche Operation war der Kundschaftereinsatz deutscher Antifaschisten im Auftrag des Office of Strategie Service / Büro für Strategische Dienste (OSS) Anfang 1945 in Deutschland (Unternehmen „Hammer" u.a.).

Im Spätsommer 1944 hatten die westlichen Alliierten festgestellt, daß sie Informationen über die Lage in Deutschland – über Truppenbewegungen, Wehrmachtsstandorte, Rüstungsproduktion und Ressourcen, über die Stimmung in der Bevölkerung etc. – benötigten. Dazu sollten Kundschafter in Deutschland abgesetzt werden. Der Abteilungsleiter in der OSS-Station in London, Arthur Goldberg, hatte OSS-Chef William Donovan davon überzeugt, daß für solche „Himmelfahrtkommandos" geeignete Kandidaten nur unter den entschiedensten Nazigegnern zu finden seien – und das war die Freie Deutsche Bewegung in Großbritannien.

Die Bewegung war maßgeblich von kommunistischen Emigranten gegründet worden, in ihr wirkten aber auch christliche und konservative Kreise mit. Der mit der Suche nach geeigneten Kandidaten beauftragte Leutnant Joseph Gould kam in Kontakt mit Jürgen Kuczynski und über diesen mit dem Leitungsmitglied der KPD-Organisation in Großbritannien, Erich Henschke, der dort unter dem Pseudonym Karl Kastro agierte.

Die Zusammenarbeit mit dem OSS war von Anfang an mit Moskau abgestimmt, Ursula Beurton hatte die entsprechenden Funksprüche abgesetzt und die Antworten empfangen. Aber es war keine Operation des sowjetischen Nachrichtendienstes zur Anschleusung von Agenten mit dem Ziel der Aufklärung des OSS, wie der SPIEGEL im Jahre 2004 behauptete.

Drei der sieben Kundschafter nahmen später in der DDR verantwortliche Funktionen wahr. Nach langen Verzögerungen verlieh der Präsident der USA den Antifaschisten Anton Ruh und Paul Lindner 2006 postum eine der höchsten militärischen Auszeichnungen der USA, den „Silver Star".

Geheimdienste und Kalter Krieg

Im Jahre 1955 erklärte ein Sonderausschuß der Hoover-Kommission als Aufgabenstellung für die CIA: „Wir müssen lernen, unsere Feinde mit schlaueren, moderneren und wirksameren Methoden, als sie sie gegen uns anwenden, zu untergraben, zu sabotieren und zu vernichten."

Nach einer Untersuchung von Prof. R. W. Johnson vom Magdalen College in Oxford wurden nie unwiderlegbare Beweise für verdeckte Operationen des sowjetischen Geheimdienstes KGB gefunden: „Man hat keine einzige größere Geheimdienstaktion des KGB enthüllt, die beispielsweise mit der Schweinebucht oder der Destabilisierung in Chile vergleichbar wäre. Da es keinen Geheimdienst gibt, der 40 Jahre hintereinander so tüchtig ist oder soviel Glück hat, müssen wir folgern, daß der KGB, wenn überhaupt, nur selten mit verdeckten Aktionen arbeitet."

Bewaffnete Sabotageaktionen spielten ursprünglich vor allem in Vorbereitung oder als Auslöser von Kriegen eine Rolle, etwa beim Überfall auf den Sender Gleiwitz. Aber in den unmittelbaren Nachkriegsjahren setzten die Geheimdienste der Westalliierten eine Vielzahl von Diversantengruppen in der Sowjetunion oder den jungen Volksdemokratien ein. Sie wurden mit Schnellbooten der deutschen Kriegsmarine an den Ostseeküsten vor allem der baltischen Sowjetrepubliken und Polens oder in Gruppen als Fallschirmagenten abgesetzt. Oftmals gelang es, sie aufgrund von Informationen der in den Einsatzgruppen tätigen Agenten dieser Länder schon bei der Landung abzufangen.

Wie ein roter Faden zieht sich durch die Geschichte der westlichen Dienste die Vorbereitung, Unterstützung und praktische Inszenierung von Staatsstreichen und Militärputschen gegen mißliebige Regierungen in der ganzen Welt. Die Palette reicht vom Iran (1953) über Guatemala (1954), Brasilien (1964) bis Chile (1973). Sie mündet in Mordanschläge gegen demokratisch gewählte Repräsentanten souveräner Staaten: der gegen Patrice Lumumba im Kongo ist geglückt, die zahlreichen gegen Fidel Castro geplanten sind bis dato sämtlich gescheitert. Nicht zu vergessen die aktive Ausbildung, Ausrüstung und Unterstützung von Todesschwadronen und anderen Terrorkommandos, die in Vietnam, Nikaragua, Haiti oder El Salvador Tausende Menschen ermordeten.

Westliche Geheimdienste, auch und nicht zuletzt der Bundesnachrichtendienst (BND), unterhalten seit Jahrzehnten enge „Partnerdienst-Beziehungen" zu Geheimdiensten von Terror- und Folterregimes. Sie bieten Ausrüstungs- und Ausbildungshilfen an oder arbeiten in konkreten Operationen zusammen.

Am 10. Juli 1985 sprengte eine Einsatzgruppe des französischen Geheimdienstes im Hafen von Auckland/Neuseeland das Greenpeace-Schiff „Rainbow Warrior". Dabei kam ein Fotograph ums Leben. Der für diesen Anschlag verantwortliche General Jean-Claude Lesquer wurde zehn Jahre später zum „Großoffizier der Ehrenlegion", dem zweithöchsten Orden Frankreichs, ernannt.

Überläufer, Agenten und Doppelagenten

Die Gewinnung interner Informationen aus den Zentren der gegnerischen Geheimdienste wird im allgemeinen als die „Krone der nachrichtendienstlichen Arbeit" bezeichnet. Während die westliche Seite dieses interne Wissen fast ausschließlich durch Überläufer (Defektoren) geliefert bekam, gelang es den östlichen Geheimdiensten vielfach, Agenten in sensitiven Positionen der westlichen Geheimdienste zu werben beziehungsweise sie dort einzuschleusen und diese über längere Zeit zu führen. Damit konnten überaus wertvolle Informationen kontinuierlich beschafft und somit oftmals subversive Angriffe schon im Anfangsstadium erkannt und zum eigenen Nutzen umfunktioniert oder zumindest paralysiert werden.

Der Nachteil des Überläufers ist, daß er ein Augenblicksbild zum Zeitpunkt seines Verrates liefert. Aber der Verrat bleibt nicht verborgen, gefährdete Agenten können gewarnt, Strukturen und Personal verändert werden. Wenn dann alle Aussagen der Überläufer ausgewertet sind, haben sie noch eine weitere Funktion. Sie dienen als Werkzeug der Desinformation, denn ihre publizierten Erinnerungen sind Auftragswerke der Geheimdienste.

Aber die Überläufer richteten auch schweren Schaden bei den östlichen Diensten an. Am 5. September 1945 bot der Leiter der Chiffrierabteilung in der sowjetischen Botschaft in Ottawa, Igor Gusenko, den kanadischen Behörden Informationen über die Organisation der sowjetischen Spionage an. Im Mittelpunkt standen die Aufklärung der Entwicklung der Atombombe und das System der sowjetischen Chiffrierungsarbeit. Auf der Grundlage dieser Erkenntnisse waren die amerikanischen Dienste in der Lage, die in den Jahren 1944/45 aufgefangenen Funksprüche sowjetischer Einrichtungen in den USA und Kanada zu dechiffrieren.

Die Operation VENONA (beziehungsweise BRIDE in Großbritannien) nahm ihren verhängnisvollen Lauf. Aber die Ironie der Geheimdienstgeschichte schlug auch hier zu. Im September 1949 wurde der langjährige sowjetische Kundschafter Kim Philby Verbindungsoffizier der britischen Geheimdienste in Washington – und er war aktiv in den Informationsaustausch der VENONA/BRIDE-Materialien involviert. Damit war Moskau genauestens informiert, konnte aber zurückliegende Informationen nicht ungeschehen machen.

Die Auswertung der VENONA-Informationen führte Schritt für Schritt zur Enttarnung des Cambridge-Ringes. Von ihm wird behauptet, daß es fünf sowjetische Agenten gewesen seien. Allerdings wurden nur vier in der Öffentlichkeit genannt (Cairncross, Burgess, Maclean und Philby). Außerdem führte die Auswertung zur Enttarnung von Klaus Fuchs und einigen Helfern bei der Aufklärung der Kernwaffenforschung.

Zu den schwerwiegenden Verratsfällen auf der östlichen Seite gehörten Oberst Oleg Penkowskij (leitender Mitarbeiter der Militäraufklrung der UdSSR – GRU –, im Frühjahr 1963 wegen Spionage

für die CIA zum Tode verurteilt und hingerichtet), Oleg Gordiewsky (Mitarbeiter der Auslandsaufklärung des KGB, zuletzt KGB-Resi-
dent in London, einige Jahre Agent des britischen Geheimdienstes,
1985 Flucht nach Großbritannien) und Werner Stiller (Oberleutnant im Sektor Wissenschaft und Technik der Hauptverwaltung A der
DDR, 1979 zum BND übergelaufen.)

Andererseits waren viele bedeutende Quellen der östlichen
Geheimdienste in den westlichen Diensten vorwiegend in den
Arbeitsbereichen der Spionageabwehr gegen die sowjetischen Dienste platziert. Kim Philby war zuvor bereits in der Abteilung Abwehr
der Sowjetspionage im Secret Intelligence Service (SIS) tätig und
übernahm 1944 die Leitung dieser Abteilung. Damit konnte die
Sowjetunion auch in der Nachkriegsphase alle Aktionen der britischen Spionageabwehr gegen die sowjetische Spionage und viele britische und amerikanische offensive Spionageoperationen frühzeitig
erkennen.

Weitere Top-Quellen der sowjetischen Aufklärung in der gegnerischen Spionageabwehr waren z.B. Heinz Felfe als Leiter der Abwehr
sowjetischer Spionage im BND, der von 1951 bis zur Verhaftung 1961
für den KGB tätig war und in seiner Position zum Schutz der sowjetischen Aufklärung beitrug. Aldrich Ames war in der CIA Referats-
leiter Gegenspionage Sowjetunion und hatte von 1985 bis zur Enttarnung 1994 für den sowjetischen bzw. russischen Geheimdienst
gearbeitet. Ihm wird vorgeworfen, mindestens zehn hochrangige
Quellen der CIA in der Sowjetunion verraten zu haben. Fünfzehn
Jahre lang hatte der Mitarbeiter der Spionageabwehr im FBI Robert
Hanssen als Agent für den sowjetisch/russischen Geheimdienst gearbeitet, ehe er im Jahr 2001 enttarnt wurde. Nach Ansicht des FBI hat
Hanssen zumindest zwei sowjetisch/russische Doppelagenten iden-
tifiziert, die in Moskau hingerichtet wurden.

Aber auch die HVA der DDR hatte mit Klaus Kuron, verantwortlich für Doppelagentenoperationen des Bundesamt für Verfassungs-
schutz (BfV) gegen die DDR oder dem Überläufer Hans-Joachim
Tiedge, Referatgruppenleiter DDR-Spionage im BfV, wichtige Positionen zur Sicherung ihrer eigenen Aufklärungstätigkeit.

Abel gegen Powers

Über-Läufer im Wortsinn machten die Glienicker Brücke zu einer Attraktion in der Ost-West-Geheimdienstgeschichte. Als erster „echter" Spion überquerte am 10. Februar 1962, um 8.44 Uhr der amerikanische U2-Pilot Francis Gary Powers die weiße Markierungslinie eines Bauwerkes, dessen westliche Hälfte im Osten und dessen östliche Hälfte im Westen lag. Powers war am 1. Mai 1960 beim Schießen von Luftbildern über der Sowjetunion abgeschossen, zu einer zehnjährigen Freiheitsstrafe verurteilt und nach knapp zweijähriger Haft in Wladimir, östlich von Moskau, zum „Austauschobjekt" bestimmt worden.

Die Amerikaner wählten Oberst Rudolf Iwanowitsch Abel vom sowjetischen Geheimdienst aus. Dieser hatte in den USA ein Spionagenetz geknüpft, war von einem Überläufer verraten und zu 30 Jahren Zuchthaus verurteilt worden, von denen er viereinhalb Jahre in Atlanta (Georgia) absaß. Mit einem Zeitunterschied von sechs Minuten wechselten die Top-Spione die Fronten.

Die zahlenmäßig größte Aktion gab es am 12. Juni 1985, als um 12 Uhr mittags 23 CIA-Agenten die Brücke aus Richtung Potsdam passierten, vier Mitarbeiter östlicher Geheimdienste gingen die umgekehrte Richtung.

Der wohl spektakulärste und letzte „Fall" war der Austausch des unter dem Vorwurf des „Landesverrates in Form von Spionage" zu 13 Jahren Haft verurteilten sowjetischen Bürgerrechtlers Anatolij Schtscharanski und dreier weiterer Personen gegen fünf Westagenten. Beteiligt an dieser Aktion waren US-Botschafter Burt und DDR-Rechtsanwalt Vogel.

Die Nachrichtenagentur ADN informierte kurz und knapp: „Austausch auf der Glienicker Brücke. Aufgrund von Vereinbarungen zwischen den USA und der BRD sowie der UdSSR, der ČSSR, der VRP und der DDR fand am Dienstag, dem 11.2.1986 ein Austausch von Personen statt, die durch die jeweiligen Länder inhaftiert worden waren. Darunter befanden sich mehrere Kundschafter."

Nachdem ab November 1989 die Glienicker Brücke wieder ungehindert nach beiden Seiten passierbar geworden war, die europäischen Staaten des Realsozialismus in den Kapitalismus transformiert wurden, gab es diese für beide Seiten humane Version der Lösung von Ost-West-Konflikten auf dem Gebiet der nachrichtendienstlichen Arbeit nicht mehr. Ein bitteres Los für noch in Westhaft verbliebene Ostagenten. Seit 1962 wurde über die Glienicker Brücke und über andere Grenzübergangsstellen der Austausch von 150 Agenten beider Seiten aus 23 Ländern vollzogen.

Fälschungen und Desinformationen

Täuschungen und geschickte Lancierung von Desinformationen gehörten im heißen und im Kalten Krieg zum Repertoire der Geheimdiensttätigkeit.

Operation BODYGUARD

Eines der klassischen Beispiele für eine großangelegte Operation mit nachhaltigem Erfolg waren die Täuschungsoperationen der britischen und amerikanischen Geheimdienstexperten bei der Vorbereitung und Absicherung der Invasion in der Normandie im Juni 1944. Die Gesamtoperation lief unter der Deckbezeichnung BODYGUARD. Die Wahl dieses Decknamens soll auf einem Bonmot Churchills beruht haben: die Wahrheit sei im Krieg so wertvoll, daß sie durch einen Wall von Lügen als Bodyguards geschützt werden müsse.

Diese Operation umfaßte u. a. die Nutzung zumindest des Hauptteiles der deutschen Agenten in Großbritannien, die enttarnt und zur Doppelagententätigkeit überworben worden waren. Weiterhin die Auswahl und den Aufbau einer „Schattenarmee" unter General Patton mit fingierten Einheiten, einer Vielzahl von Attrappen von Militärtechnik und Unterkünften sowie fiktive Funkverkehre dieser vorgetäuschten Einheiten und ihrer Stäbe. All das diente als militärische Camouflage für die gegnerische Aufklärung, einschließlich für nichterkannte oder durchreisende Aufklärer der anderen Seite. Umgekehrt erforderte das eine konsequente Tarnung der für die eigentliche Operation OVERLORD vorgesehenen Kampftruppen, ihrer Ausrüstungen und Meldewege.

Operation GOLD

Österreichs Hauptstadt Wien war neben Westberlin nach Kriegsende der bedeutendste Dreh- und Angelpunkt der Ost-West-Spio-
nage. Der britische Geheimdienst SIS hatte in Wien erste positive
Erfahrungen bei komplexen Maßnahmen der technischen Spionage
gesammelt. Im Rahmen mehrerer Operationen zapfte er einige Kabelverbindungen des sowjetischen Hauptquartiers in Wien an und
erlangte aus diesen unter der Deckbezeichnung „SILBER" laufenden
Maßnahmen einen ständig wachsenden, kontinuierlichen Strom von
Informationen über die Sowjetarmee. Neuartig war, daß nicht mehr
eine einzelne Telefonleitungen abgehört wurde, sondern komplexe
drahtgebundene Kommunikationslinien einer Überwachung unter-
zogen wurden.

Nachdem der Initiator dieser Maßnahmen, der SIS-Mitarbeiter
Peter Lunn, als Resident nach West-Berlin versetzt worden war, wollte
er dort ähnliche Erfolge erreichen. Die Analyse des SIS – sie beruh-
te auf den Angaben mehrerer CIA-Agenten aus dem Fernmeldewe-
sen der DDR – ergab, daß die günstigsten Angriffsmöglichkeiten
gegen mehrere sowjetische Kabelverbindungen des sowjetischen
Hauptquartiers im Grenzbereich zu Berlin-Altglienicke vorlagen.

Mit dem technischen Know how der Engländer und den Dollars
der Amerikaner wurde die Operation GOLD, später bekannt als der
„Spionagetunnel von Altglienicke", realisiert. Was weder der SIS noch
die CIA ahnen konnten, die sowjetischen Sicherheitsorgane waren
vom ersten Spatenstich an durch ihren Kundschafter George Blake
über dieses Projekt informiert. Aber erst am 24. April 1956 brachten
die Tageszeitungen die Berichte und Fotos von der Enttarnung.

Über das Vorgehen der sowjetischen Sicherheitsorgane schrieb
George Blake: „Doch diese hatten die ‚Entdeckung' des Tunnels so
geschickt inszeniert, daß SIS und CIA bei der nachfolgenden Untersuchung der Umstände des Zusammenbruchs der Operation zu dem
Schluß kamen, es seien rein technische Gründe dafür verantwortlich
gewesen und nicht etwa eine Schwachstelle im eigenen Apparat. Das
KGB hatte clever gehandelt. Man hatte solange abgewartet, bis an
einem Kabel ein tatsächlicher Schaden entstanden war, der von Nach-

richtenkräften inspiziert werden mußte. Dabei entdeckten sie dann offenbar zufällig die Anzapfung. Und da die Amerikaner die Kabel ebenfalls kontrollierten, wußten sie von dem Schaden und mußten die sowjetische Aktion für absolut logisch halten."

Damit hatten die sowjetischen Organe eine ihrer brillantesten Desinformationsmaßnahmen zum Schutz ihrer wertvollen Quelle im SIS realisiert. Es gehörte viel operatives Geschick dazu, die Militärs verschiedenster Ebenen indirekt zu veranlassen, über bestimmte Kabelverbindungen wichtige geheimzuhaltende Inhalte nicht mehr auszutauschen, ohne die Maßnahmen in den eigenen Reihen zu dekonspirieren und ohne die Auswerter der westlichen Seite durch eine substantielle Änderung der Informationsinhalte aufmerksam zu machen.

Immerhin beschäftigten die angefallenen Rohinformationen die Auswerter der CIA noch bis ca. 1958. Der Informationsgehalt dürfte unter diesen Bedingungen jedoch sehr gering gewesen sein. Daraus gewonnene Erkenntnisse über Fortschritte in den sowjetischen Raketenprogrammen sowie darüber, daß die Sowjetunion keinen Angriff auf Westeuropa vorbereitete, dürften ganz im Interesse der sowjetischen Politik gelegen haben.

*

Ruth Werner war an mehreren wichtigen Kampfabschnitten der „unsichtbaren Front des 20. Jahrhunderts" eingesetzt und erfüllte mutig die Aufträge der sowjetischen Militärischen Aufklärung.

Mit dem gleichen Mut bekannte sie sich in einer Zeit außerordentlich haßerfüllter Hysterie gegen alles, was sozialistische Kundschaftertätigkeit betraf, zu ihrer antifaschistischen Grundüberzeugung. In einer Kolumne des „Neuen Deutschland", Anlaß war der 50. Jahrestag des Überfalls auf die Sowjetunion, formulierte sie ihr Bekenntnis mit den Worten: „Ich habe aktiv gegen den vom Hitlerfaschismus begonnenen Krieg gearbeitet; dafür brauche ich auch heute den Kopf nicht zu senken."

Haus in Mukden mit den Bambus-Antennenpfählen auf dem Dach, 1934

Haus in Anin bei Warschau. Gefunkt wurde aus dem Raum parterre rechts.

„Sonja" 1937 vor dem „Treff" in Zakopane.

150

Das Haus in La Taupiniere in der Schweiz, 1977.
Aus dem 1939 noch allein stehenden Haus
(1. Stock, linkes Fenster) wurde gesendet. Die Ent-
fernung zum Empfänger betrug über 2000 km.

Auch vom Anwesen der Beurtons im englischen
Great Rollrigth gingen Funksprüche zur Moskauer
Zentrale

Funklineal, das in China als Briefbeschwerer be-
nutzt wurde. Der Spruch darauf lautet: "Wer sich
die Weisheit der Begriffe ,Sinn' und ,Leben' in ihrer
Tiefe zu eigen macht, wird fünfhundert Jahre alt".

Sandor Rado, (1899-1981). Für den ungarischen
Geographen und Kartographen, der während des
Zweiten Weltkrieges unter dem Decknamen "Dora"
Mitglied des europaweit agierenden Agentennetzes
"Rote Kapelle" war, hatte Ursula Hamburger
1939/40 in der Schweiz Funkerdienste geleistet.

Rudolf Hempel
Legenden

„Ich selbst habe Klaus über 30 Jahre nach meiner Arbeit für ihn einmal besucht, kurz bevor ‚Sonjas Rapport' veröffentlicht wurde. Ich fuhr nach Dresden, wo er wohnte, und nahm einen großen Strauß Dalien mit. Es muß also Herbst gewesen sein. Ich wurde von ihm und seiner Frau begrüßt, die Blumen überreichte ich ihm, wofür Grete Verständnis hatte; wir umarmten uns."

Im Nachlaß von Ruth Werner findet sich ein im Mai 1988 mit Schreibmaschine geschriebenes, handschriftlich korrigiertes Manuskript, mit dem Vermerk „Auf Tonband gesprochen", von Ruth Werner unterschrieben. Darin ist zu Papier gebracht, was 1991 – auszugsweise – in der englischen Fassung des *Rapport* und in der ersten vollständigen deutschen Ausgabe 2006 gedruckt wurde.

Das Manuskript enthält auf Seite 11 folgenden Passage, die sich an den Text des Eingangs-Zitats anschließt:

„Im Zusammenhang mit der Vergangenheit erlaubte ich mir nur eine Frage an ihn: ‚Hat man bei Deinem Prozeß von mir und meiner Tätigkeit in England gewußt?' Ja, sie wußten, daß ich sein Material vermittelt hatte. Daß sie mich und später Len, der noch länger in England blieb, nicht festnahmen, sondern in die DDR fahren ließen, bestätigte meine Annahme, sie wollten ihre so späten Erkenntnisse nicht eingestehen."

Diese Passage blieb unveröffentlicht. Die Information hatte zu diesem Zeitpunkt, also 1988, für die DDR und die Sowjetunion offensichtlich noch eine Bedeutung, die einer Offenlegung entgegenstand.

Ein weiteres Nachlaß-Dokument vertieft diese Vermutung.

Gen. F. J. Herrmann
Leiter der Kanzlei des Staatsrates

Lieber Genosse Frank Joachim Herrmann.

Vor elf Jahren hast Du dem Genossen Erich Honecker mein Manuskript von „Sonjas Rappert" zur Freigabe vorgelegt (und selbst gute Worte darüber gefunden, die ich nicht vergessen habe). Die einzige Änderung, die sich Genosse Honecker wünschte, war, das Kapitel über Klaus Fuchs nicht zu veröffentlichen.

Handschriftliche Einfügung:

Ich habe daher nie meinen Kontakt zu ihm erwähnt.

Zuverlässige Genossen haben mich nun gebeten, in einem geplanten Dokumentarfilm der DEFA etwas zu dem Genossen Klaus Fuchs zu sagen. Meine persönliche Meinung: Es ist an der Zeit ein Buch oder einen Film über ihn zu veröffentlichen, und dies nicht nur den entstellten Berichten des Westens zu überlassen. In der Sowjetunion erschien übrigens in den „Moskauer Nachrichten" (englische Ausgabe Nr. 51/1987) ein Beitrag mit exakter Benennung seiner Tätigkeit. Meine Frage: Bin ich noch an die damalige Entscheidung gebunden oder kann ich mich im Sinne beiliegender Seiten für den Dok-Film äußern und sie zugleich als eine Ergänzung für „Sonjas Rapport" benutzen?

Ich schreibe wie damals an Dich, um nicht Gen. Honecker mit Brief und Beilage zu belästigen in der Hoffnung, daß Du ihm die Sache in zwei Minuten vorträgst und mir Bescheid zukommen läßt.

Handschriftliche Notiz von Ruth Werner auf der Kopie des Schreibens:

Telefonisch in einem Satz von FJH abgelehnt. „Kein Wort über Fuchs von Dir, weder im Film, noch in S. Rapport". Er schlug vor, mein abgegebenes Manuskript nicht zurückzuschicken.

R. W. Anfang 89

Ruth Werner hat sich gegen eine Legendenbildung um ihre Person immer zur Wehr gesetzt, in diesem Falle jedoch ungewollt auch befördert, indem sie sich an die Anweisung Herrmanns hielt. Denn die sowjetische Seite hatte nach dem Londoner Prozeß gegen Klaus Fuchs – in dem er wegen Spionage für die Sowjetunion zu 14 Jahren Haft verurteilt wurde – ihrerseits eine Legende in die Welt gesetzt.

Am 8. März 1950 veröffentlichte die Nachrichtenagentur TASS eine Erklärung. Zu der Behauptung der Anklage, „Fuchs habe Atomgeheimnisse an Agenten der Sowjetregierung" geliefert, hieß es:

„TASS ist bevollmächtigt zu erklären, daß diese Behauptung eine pure Erfindung ist, da Fuchs der Sowjetregierung nicht bekannt ist und keinerlei ‚Agenten' der Sowjetregierung zu Fuchs in irgendeiner Beziehung gestanden haben."

Die Erklärung war vom damaligen Außenminister Wyschinski persönlich verfaßt worden.

Eberhard Panitz hat in seinem Buch *Treffpunkt Banbury* – in dem er die Biographien von Ursula Kuczynski und Klaus Fuchs erzählt – auch das Thema Legenden aufgegriffen.

Dabei stieß er auf eine Person namens Chapman Pincher, der, so Panitz, „seit Jahrzehnten die britische Öffentlichkeit mit seinen Verschwörungstheorien traktiert". Pincher saß schon als Prozeßbeobachter im Londoner Gericht und hat in der Folge diverse Bücher und Pressebeiträge über die „Spionage im Kampf der Weltsysteme" veröffentlicht. Diese sind von Insiderwissen und einem Übermaß an Spekulationen gleichermaßen geprägt und sorgten für kontroverse Auseinandersetzungen. Er schätzte einerseits Sonja als „eine nie entdeckte brillante Spionin", zugleich aber konnte er sie „nicht leiden, weil sie Kommunistin war".

In einem am 12. Januar 2006 im Daily Express veröffentlichten Artikel, überschrieben „Sonja, Hausfrau und Superspion", greift Pincher zwar nicht auf seine These über den MI5-Chef Sir Roger Hollis zurück, der als vermeintlicher GRU-Spion die schützende Hand über Ursula Beurton gehalten und damit ihre und Lens Festnahme verhindert haben soll – Ruth Werner hatte kurz vor ihrem Ableben gegenüber einem ARD-Team, das den Film „Deckname Sonja – das geheime Leben der Agentin Ruth Werner" drehte, diese These mit den Worten „Unsinn, Blödsinn und völliger Quatsch" kommentiert –, aber Pincher führt nun in seine ausführliche Würdigung der „wichtigsten weiblichen Spionin der Weltgeschichte" einen Funkspruch ein, der die wertvollste einzelne Geheimnachricht des Krieges überhaupt enthalten habe.

„Winston Churchill und Präsident Roosevelt trafen sich unter höchster Geheimhaltung in Quebec am 19. August 1943 und unterzeichneten einen Vertrag über die anglo-amerikanische Zusammenarbeit beim Bau einer Atombombe. Der zwei Seiten lange Vertrag von Quebec legt fest, daß England und die USA diese nie gegeneinander einsetzen würden oder ohne die Einwilligung beider Seiten gegen ein drittes Land. Weiter legte der Vertrag fest, daß keine von beiden Seiten irgendwelche Informationen über diesen Vertrag an eine dritte Seite weiterreichen würde ohne beiderseitige Einwilligung.

Dieser Vertrag war höchst brisant, nicht nur, weil bei den Deutschen keine Aufmerksamkeit für das Atombombenprojekt erregt werden durfte, sondern auch, weil Churchill und Roosevelt auf keinen Fall ihren Verbündeten Stalin vor den Kopf stoßen durften, der in Unkenntnis über die Superwaffe bleiben sollte, wodurch die militärische Nachkriegsposition der Sowjetunion ernsthaft geschwächt würde.

Und doch erweisen die GRU Archive jetzt, daß am 4. September, nur 16 Tage nach der Unterzeichnung, Sonja Stalin mit einem vollständigen Bericht versorgte. Da sie hochschwanger und deshalb nicht in der Lage war, ihn in der Londoner Sowjetbotschaft abzuliefern, kodierte sie den ganzen Bericht angesichts seiner Dringlichkeit und morste ihn an die GRU in Moskau. Vier Tage später kam sie nieder."

An diese Passage schließt der Autor die Frage an, wer diese hochgeheimen Informationen besorgt und wer sie nach Oxford gebracht habe. Für Pincher weist die Spur „mit Nachdruck zum MI5".

*

Auch die Autoren Alexander Kollpakidi und Viktor Botschkarjow haben sich Zutritt zu den Archiven des Militärischen Geheimdienstes der Roten Armee verschafft. Letzterer, Oberst a. D. der russischen Militäraufklärung, wurde in seiner aktiven Zeit in zahlreiche Länder rund um den Globus beordert, arbeitete nach seiner aktiven Zeit über die Geschichte der Geheimdienste und lernte auch Ruth Werner kennen. Aus diesem Kontakt entstand das Buch „Superfrau der GRU", das 2002 in Moskau herauskam.

In seiner Darstellung liest sich die Quebec-Story so:

„1943 haben England und die USA in Quebec eine Vereinbarung getroffen, der zufolge sie verpflichtet waren, keine Information über die Schaffung der Atombombe an eine dritte Seite zu übergeben. Mit ‚dritte Seite' war nicht das durch den Krieg lädierte Deutschland, sondern die Sowjetunion gemeint.

Ende 1943 wurde auch in der Sowjetunion eine Entscheidung über die Schaffung der Atombombe gefällt. Alle Materialien dazu wurden wie Goldstaub geschützt. Dabei sind während des Krieges zu dieser Frage mehr Informationen über dieses Projekt aus England als aus den USA gekommen.

Im Dezember 1942 bekam die Londoner Residentur ausführliche Berichte über die Atomforschung in Britannien und den USA von einem kommunistischen Agenten, der unter dem Pseudonym ‚K' arbeitete. Wladimir Barkowskij, der Leiter der Abteilung Wissenschaft und Technik in der Residentur, hat später berichtet, daß ‚K' für uns mit großer Freude arbeitet, aber ... er wollte dafür keine Bezahlung haben ... Nach Meinung der Moskauer Zentrale waren die Informationen ‚über den Bau der Uranreaktoren' am wertvollsten."

Daß mit „K" Klaus Fuchs gemeint ist, scheint erwiesen. Kolpakidi und Botschkarjow geben aber keinerlei Hinweise darauf, daß Sonja in den Transfer eingebunden war. Daß sie überhaupt keine Namen nennen, wirft natürlich Fragen auf und läßt Raum für Spekulationen.

*

Ruth Werner hat sich Zeit ihres Lebens gegen eine mediale Überbewertung ihres Engagements zur Wehr gesetzt. „Ich war ja nur die Überbringerin" – lautete ihr diesbezüglicher Satz.

Es steht fest, daß sie nicht die komplette Formel von der A-Bombe an die Sowjetunion transferiert haben kann. Ausgeschlossen ist es schon deshalb, weil sie „nur" die zweifellos eminent wichtigen Anfangsergebnisse an die Zentrale übermitteln konnte, die sie von Klaus Fuchs bis Ende 1943, also bis zu seiner Übersiedlung zunächst nach New York, dann nach Los Alamos, erhielt. Erst hier, im Los Alamos National Laboratory, wurden die Zentralkoordinaten der Bombe, auch unter Mitwirkung von Klaus Fuchs, entwickelt. Und – in Amerika wie dann auch in England – über andere Kontaktpersonen weitergegeben. Einen neuen Kontakt zwischen Fuchs und Sonja hat es aber, auch nach Rückkehr ihres einstigen „Zulieferers" 1946 nach England, nicht gegeben.

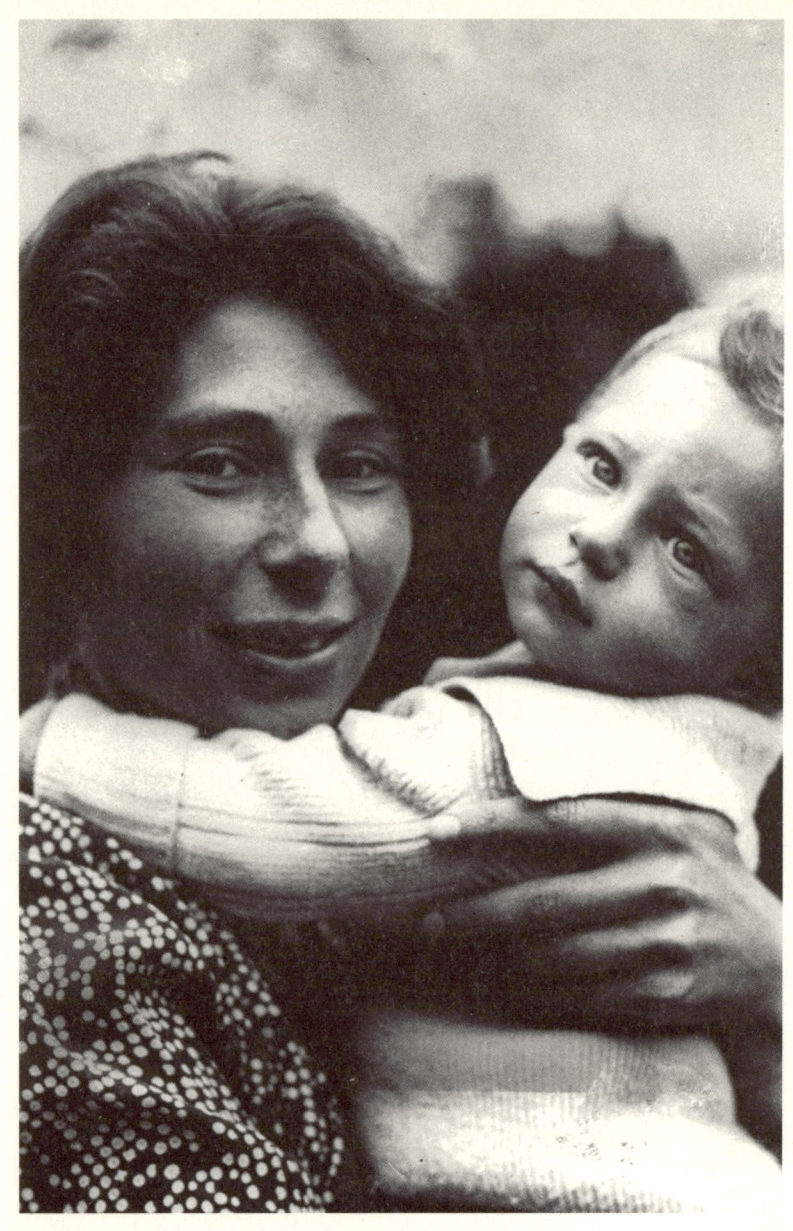

Mit Sohn Michael, geb. 12. Februar 1931, in Shanghai.

Das „Seeräuber-Porträt" machte Walter, ein deutscher Kaufmann und Mitstreiter von Sorge, im Frühsommer 1932 auf einer Reise nach Lanchi.

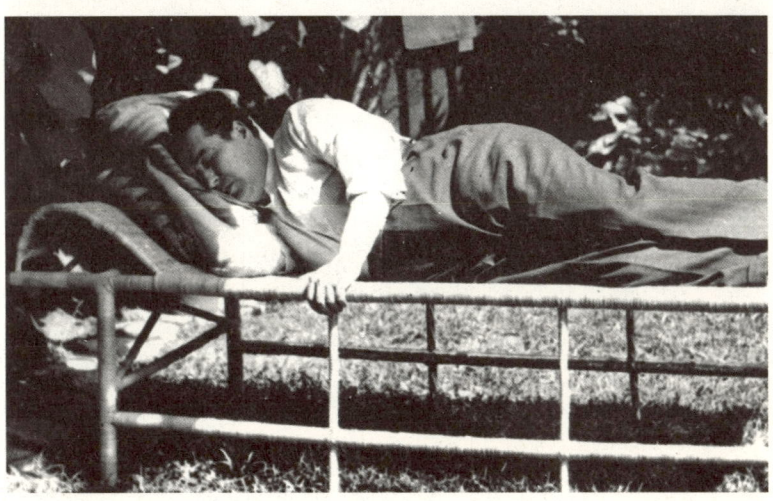

Egon Erwin Kisch im Mai 1932 in Shanghai im Garten des Hauses von Ursula und Rudolf Hamburger.

159

Beim Ausflug an den Whangpo Fluß fotografierte Richard Sorge das „But-terschwenken" von Ursula und „Paul". Der gebürtige Este Karl Rimm war Rotgardist, Bürgerkriegskommissar, General der Roten Armee und in China Sorges Stellvertreter.

160

Zhang Li
„*Das Buch liefert wertvolles Material ...*"

Am 8.7.2000 erhielt ich die telefonische Nachricht von Nina, in der sie mir mitteilte, daß die Kampfgefährtin der chinesischen Revolution; die deutsche Schriftstellerin, Ruth Werner, am Morgen des 7. Juli verstorben ist.

Meinen letzten Brief hatte sie erhalten, als sie bereits auf dem Krankenbett lag. In diesem Brief hatte ich an sie Fragen von chinesischen Freunden bezüglich der Teilnahme von internationalen Kundschaftern am antijapanischen Krieg in Shanghai und Shenyang übermittelt. Leider hatte sie schon keine Kraft mehr, um diese Fragen beantworten zu können, so daß Janina im Namen ihrer Mutter nur noch Bedauern darüber ausdrücken konnte.

*

Kürzlich hat mir Professor Schubert aus Weimar einen Zeitungsartikel geschickt, den der deutsche Schriftsteller Eberhard Panitz aus Anlaß des 93. Geburtstages der revolutionären deutschen Schriftstellerin Ruth Werner geschrieben hatte. Daraus geht hervor, daß Ruth Werner sehr glücklich darüber war, daß ihr Erinnerungsbuch „Sonjas Rapport" nun auch in England und in China veröffentlicht worden ist. Dies war das größte Geschenk zu ihrem 93. Geburtstag. Vor drei Jahren, anläßlich des 90. Geburtstages, hatte ein Berliner Verlag das Buch „Der Gong des Porzellanhändlers" wieder herausgebracht. In diesem Buch schreibt sie über persönliche Erlebnisse während der Zeit der Revolution in China. Vor drei Jahren signierte sie dieses Buch auf dem Alexanderplatz in Berlin. Sie war von vielen jungen Lesern umringt, die sie nach diesem und jenem fragten und aufmerksam ihren Erzählungen aus jener Zeit lauschten. Das war ein Ereignis, wie es nach fast 10jähriger Einheit Deutschlands nur noch äußerst selten vorkommt.

Ruth Werner lehnte immer – gleich wie sich die Dinge änderten – übertriebene dramatisierende Einschätzung und Bewunderung ab. Sie war der Meinung, „jeder Held ist im alltäglichen Leben ein ganz normaler Mensch" und so hat sie auch in „Sonjas Rapport" über ihre Erlebnisse geschrieben und dazu eine einfache und verständliche Sprache gefunden ... Es heißt über sie, daß sie etwas an sich gehabt hätte wie Rosa Luxemburg. Ruth Werner hat zwei Mal den Rotbannerorden erhalten. Angehörige des Generalstabs der Roten Armee meinten: „Wenn es fünf solche Kundschafter wie Sonja gegeben hätte, dann wäre der 2. Weltkrieg bereits früher zu Ende gegangen". Dabei hat sie in „Sonjas Rapport" noch nicht einmal darüber geschrieben, daß sie von England Nachrichten über die westlichen Atombombenforschungen übermittelt hatte. Sie verliert auch nur wenige Worte darüber, daß sie während der Zeit in Shenyang Material für den Bau von Granaten organisiert hatte.

Das Buch hat im In- und Ausland viele Leser gefunden, weil es durch die Einfachheit seines Stils besticht. Anläßlich des 50. Jahrestages des Sieges über den Faschismus hatte ein englisches Filmstudio die Absicht, einen Film zum Buch „Sonjas Rapport" zu drehen. Auch mit chinesischen Filmleuten wurde darüber verhandelt. Leider wurde das Projekt nicht erfolgreich beendet. Möglicherweise waren zu viele Länder davon tangiert.

*

Wir haben dem Archiv der Guangdong-Armee „Tätigkeit der internationalen Arbeitsgruppe" entnehmen können, daß eine Spionageorganisation der japanischen Interventionsarmee mit Sitz im Nordosten damals bereits wußte, daß sich in der Kundschafterorganisation der Kommunistischen Internationale eine Frau namens Sonja befand. Die Japaner waren jedoch der Meinung, daß es sich dabei um eine Russin handeln würde. Sie wußten nicht, daß sich eine deutsche Frau dahinter verbarg. Gleichzeitig hatten die Japaner herausgefunden, daß eine 24/25jährige Deutsche die Leiterin der in Shenyang befindlichen internationalen Kundschaftergruppe

Ruth Werner im Oktober 1988 in Peking, wo sie Chen Hansheng, einen alten Bekannten aus der Zeit ihres ersten Aufenthaltes in China, traf.

sei. Sie vermuteten aber nicht, daß es „Sonja" hätte sein können. Im Frühjahr 1935 mußte Sonja nach Peiping wechseln und danach in die Sowjetunion versetzt werden, nachdem die unter ihrer Leitung stehenden chinesichen Genossen beim Kauf von Munition in Dalian von japanischen Polizeispitzeln entdeckt und nacheinander gefangengenommen wurden. In den japanischen Akten heißt es unter der Überschrift „Situation der internationalen Arbeitsgruppe": „Die Leiterin" – gemeint war Sonja – „konnte nicht gefaßt werden, weil sie geschickt verschwunden ist." Der Inhaftierte Wang Jizhi und 10 weitere Revolutionäre wurden von der Polizei der japanischen Guangdong Armee umgebracht.

Nachdem Sonja 1935 China verlassen hatte, wurde sie erneut eine Zeitlang in der Sowjetunion ausgebildet. Danach leistete sie wiederum Kundschafterdienste in Polen, in der Schweiz und in England. Sonja hatte sich im Kampf gegen den Faschismus große Verdieste erworben und dabei viel Schweres erleiden müssen.

*

Ruth Werner war eine Frau, die in einer schwierigen Phase der Weltgeschichte hervorragende Leistungen vollbracht hat, die sich auf erworbenem Ruhm nicht ausruhte, und die sich mit einer ihr vertrauten Tätigkeit nicht zufrieden gab. Mutig begann sie sich dem literarischen Schaffen nach einem halben Jahrhundert ihres Lebens zu widmen. Sie verkörpert ganz und gar die Lebenseinstellung einer Revolutionärin, die sich nicht mit dem zufrieden gibt, was ist, sondern von ständigem Tatendrang und unaufhörlich schöpferischer Tätigkeit geprägt ist.

Mao Zedong sagte: „Es ist nicht schwer, einmalig eine gute Tat zu vollbringen. Schwer ist es, ein Leben lang Gutes zu tun." Sonja war solch ein Mensch. 93jährig sagte sie zu einem Besucher: „Vom marxistischen Standpunkt glaube ich nicht an eine Ewigkeit. Meines Erachtens ist das Leben etwas Großartiges, Reiches, Hervorragendes und Wertvolles. Deshalb brauche ich nicht den Gedanken der Unendlichkeit. Ich betrachte mein eigenes kurzes Leben als einen Teil des Lebens der Menschheit. Vor uns gab es zahllose Generationen und nach uns wird es noch zahllose Generationen geben. Mein Ziel ist es, daß das Leben der Menschen des ganzen Erdballs schöner und glücklicher wird. Deshalb bin ich Sozialist."

Auf der Grundlage ihrer Lebensauffassung vollbrachte Sonja ein Leben lang wichtige Leistungen für das Volk und für den historischen Fortschritt.

Die literarischen Werke, die sie – im Alter von über 50 Jahren – schuf, wie „Ein ungewöhnliches Mädchen", „Olga Benario", „Sonjas Rapport" u.a., sind erfüllt vom Lob auf die Sehnsüchte der Vorkämpfer der Revolution, auf ihren Mut und ihren Idealismus und sie sind

Ruth Werner 1988 vor ihrem ehemaligen Haus in Shanghai, in dem Anfang der 30er Jahre Sorges Treffs mit seinen Mitarbeitern stattfanden, an denen Ursula (Sonja) niemals teilnahm.

durchdrungen von der Vision und von der Erwartung einer herrlichen Zukunft der Menschheit.

Die treue Anhängerin der chinesischen Revolution, die deutsche Schriftstellerin Ruth Werner, ist von uns gegangen. Die betagte Revolutionärin mußte, wie ihre Tochter Nina sagte, „nicht leiden, sie ist ruhig eingeschlafen". Die chinesische Ausgabe von „Sonjas Rapport" konnte sie noch kurz vor ihrem Tod in ihrer Hand halten und voller Stolz ihren Freunden zeigen. Als sie ihr Buch, in chinesischen Zeichen gedruckt, erhalten hat, sind in ihr sicher Erinnerungen an die ungewöhnliche Zeit in Shanghai, Shenyang, Beiping und anderen Orten sowie an ihre chinesischen Kampfgefährten, die mit ihr gemeinsam durchs Feuer gegangen waren, wach geworden.

Es ist bedauerlich, daß diese chinesischen Revolutionäre, außer dem noch gesunden Veteranen Chen Hansheng, nicht mehr am Leben sind. Einige von ihnen sind unter dem Henkerbeil der japanischen Interventen ums Leben gekommen. Andere haben glücklich oder unglücklich die Stürme des neuen China durchlebt. Nach vielen Jahren eigens verursachter Mißverständnisse, ist es beglückend, daß sich in den letzten Jahren Historiker, die sich mit der Erforschung des antijapanischen Kampfes des chinesischen Volkes beschäftigen, auch wieder der Geschichte des Kampfes der chinesischen Revolutionäre in dieser Zeit zuwenden.

Die Wissenschaftler fördern die Wahrheit über die Geschichte des Kampfes und der Opfer der Kundschafter der Kommunistischen Internationale während des antijapanischen Krieges ans Licht, indem sie intensiv Material darüber sammeln. Erste Ergebnisse dieser Bemühungen wurden in dem Anfang des Jahres erschienenem Buch „Die konspirative Front des antifaschistischen Krieges" (Verfasser: Zhang Yiqian, Zhang Xiaxiong, Volksverlag Heilongjiang) vorgelegt. Die in diesem Buch veröffentlichen Erinnerungen „Die Tage meiner gemeinsamen Tätigkeit mit Sorge" des Veteranen Fang Wen stehen in direktem Zusammenhang mit Erlebnissen von Ruth Werner.

Das Erscheinen von „Sonjas Rapport" in China kann zweifellos die historischen Tatsachen dieser Zeit erhellen und das historische Antlitz ihrer Revolutionäre wach rufen. Das Buch liefert wertvolles

Material. Ebenso wie diese historische Epoche aufgeklärt werden wird, wie die Geschichte einer großen Anzahl von vergessenen Revolutionären an den Tag gebracht und zum wertvollen geistigen Reichtum unseres Volkes werden wird, so wird der Name Sonja, der den Menschen bis heute noch unbekannt geblieben ist, Achtung und Verehrung erfahren.

Ruth Werner
Publizistik

Gedanken auf dem Fahrrad

Das Rad meines älteren Bruders war zu groß für mich, aber ich lernte darauf fahren. Ich schwang meine achtjährigen Beine mit Mühe über die Mittelstange und fuhr, da der Sattel unerreichbar war, mit den Füßen auf den Pedalen stehend, die ersten atemberaubenden Meter allein.

Mit vierzehn besaß ich selbst ein Rad. Ich liebte die Bewegung, den Duft der Linden im vorbeirauschenden Wind, die Kälte eines Wintertages bei schneller Fahrt.

Als ich 1924 in den Kommunistischen Jugendverband eintrat, wurden auch das Rad und sein Tempo politisch. Wenn ich von den Sitzungen in der Kneipe nach Hause radelte, standen im dunklen Park die Gymnasiasten mit ihren Rädern und nahmen unter Schimpfworten die Verfolgung auf; damals noch nicht, um tätlich zu werden, sondern nur, um zu erschrecken und zu bedrohen. Wenn die Haustür gegen die späte Heimkehr der noch jungen Tochter verschlossen war, so stand mein Bruder Jürgen bereit, um das Rad über die Mauer zu heben und mir beim Einstieg durchs Fenster zu helfen.

Später lebte ich in Shanghai. Ein neues Rad befand sich im Hausflur meiner Wohnung. Von der Lenkstange hing ein kleiner Korbsitz aus Stroh für meinen Sohn.

Doch die Genossen im China Tschiang Kai-sheks, wo jedem Kommunisten die Todesstrafe drohte, verlangten, ich sollte ein rascheres Verkehrsmittel beherrschen lernen. So lernte ich Auto fahren. Das war bei Zehntausenden Rikschas in den Straßen Shanghais und auf den Parkplätzen nicht einfach. Bei der Prüfung mußten wir eine Acht rückwärts durch enggestellte Pfähle fahren, und es war üblich, ein- bis zweimal nicht zu bestehen.

Ich fuhr auch prompt im Rückwärtsgang einen der Pfähle um und sah im Geiste die lachenden Gesichter der Genossen, die genau dies prophezeit hatten. Traurig brachte ich den Prüfenden zurück in sein Büro, da kam ein Wagen, aus der Nebenstraße falsch einbiegend, direkt auf uns zu, ich riß das Steuer zur Seite, die Wagen fuhren in Millimeternähe aneinander vorbei. Fünf Minuten später hielt ich den Fahrausweis in der Hand. Die Genossen waren derart überrascht, daß sie gegen alle Regeln der Illegalität beschlossen, das Ergebnis zu feiern. Ein Pole, zwei Chinesen und eine Deutsche saßen als unbekannte internationale Brigade bei einer Flasche Wein zusammen.

Nach einigen Jahren mußte ich das Land verlassen – ohne Rad oder Auto. Ein polnischer Frachter nahm mich mit. Der kleine Sohn versuchte vergeblich, sich auf deutsch, englisch oder chinesisch zu verständigen. Enttäuscht kehrte er zu seinem Bilderbuch zurück, blickte das spielende Kätzchen auf Seite drei an und sagte: „Die Katzen sind klüger als die Menschen, sie sprechen alle dieselbe Sprache."

Kommunisten wurden oft dort am meisten gebraucht, wo sie am wenigsten gern gesehen waren. 1937 fuhr ich von Polen nach Danzig.

Meine Fahrerlaubnis aus Shanghai war hier nicht gültig, und wieder bestanden die Genossen auf der Prüfung.

„Guten Morgen", sagte ich zu dem Beamten.

Er sah auf, sah einen „mongolischen Typ" und ließ meinen Gruß unbeantwortet.

Er jagte mich pausenlos, meist im Rückwärtsgang, durch die schmalen Gassen Danzigs. Nach dreißig Minuten erlitt der Beifahrer, der uns begleitete, einen Nervenzusammenbruch. Ich mußte, wieder rückwärts fahrend, in einer steilen Straße halten, damit der Schreiende aussteigen konnte. Wir fuhren weiter. Ich wollte mich nicht vom Faschismus besiegen lassen. Noch fünf Mnuten – noch zehn Minuten – da beging ich den ersten Fehler.

„Steigen Sie aus, Sie haben nicht bestanden – Heil Hitler."

Ich lernte genügend polnisch, um die theoretischen Fragen zu verstehen, fuhr nach Warschau und wiederholte dort die Prüfung.

Ein Auto habe ich nicht besessen, und das Rad, das ich mir in Danzig gekauft hatte, mußte ich ebenfalls bei plötzlicher Abreise zurücklassen.

An diese Dinge habe ich gedacht, als ich zum ersten Mal wieder – nach wieviel Jahren – auf dem Rad saß.

Es geschah während eines längeren Aufenthaltes im Chemiefaserwerk Wilhelm-Pieck-Stadt Guben. Die Bibliothekarin des Betriebes, Renate Schröter, hatte mich an einem Sonntag gebeten, mit ihrem Sohn gemeinsam in die schöne Umgebung zu radeln.

Obwohl ich nach so langer Pause nicht schnell gefahren bin, schien es mir ein gutes Tempo, und die Stimmung war auch gut. Vielleicht beflügelte mich der Schwung und die Atmosphäre unseres neuen großen Werkes.

Während der Fahrt durch den sommerlichen Wald wanderten meine Gedanken in die Vergangenheit, die Gegenwart, die Zukunft; und ich dachte: Ich will ein Rad kaufen. Das schönste will ich wählen; ein Rad, leuchtend blau mit blitzenden Felgen.

Mein Rad wird nur eins von tausend Rädern sein ... Es wird eine weite Reise antreten ... Das Blau und der Glanz der Felgen werden unter einem grünen Schutzanstrich verschwinden ... Vielleicht wird der Sattel für eine zarte Frau oder einen flinken Jungen niedrig gestellt ... Mein Rad fährt auf schnellen Pfaden zwischen hohen Halmen der Reisfelder Vietnams, damit die verhaßten amerikanischen Bomber es nicht entdecken. Und sollte es nützlich sein, werde ich meinem Rad nachfahren.

PS: Die Schriftsteller der DDR wollen ihre Solidarität mit Vietnam durch den Kauf von tausend Fahrrädern bekunden.

1966

FACHSCHULE FÜR JOURNALISTIK

URKUNDE

Ursula Beurton

geb. 15. Mai 1907

HAT DEN ABSCHLUSS DER FACHSCHULE FÜR JOURNALISTIK

UND ERHÄLT DAS RECHT, DIE BERUFSBEZEICHNUNG

JOURNALIST

ZU FÜHREN

BERLIN/LEIPZIG, DEN *27. Mai 1966*

VERBAND DER DEUTSCHEN JOURNALISTEN
ZENTRALVORSTAND

SEKRETARIAT   FACHSCHULE FÜR JOURNALISTIK

SEKRETÄR   DIREKTOR

Erinnerungen an Richard Sorge

Er verbarg keinen Revolver unter seinem Jackett, er kletterte nicht über Dächer, er sprang nicht aus fahrenden Zügen. All die Dinge, die den Kundschafter in Fernsehfilmen auszeichnen, tat er nicht. Er lebte ein Leben, viel weniger abenteuerlich, viel gefährlicher und ungleich nützlicher.

Seine Arbeit war es, Kenntnis zu erhalten von der politischen und militärischen Lage des Landes, in dem er sich befand, Tatsachen zu analysieren, die Absichten der Herrschenden zu erkunden, besonders, wenn es um Aggression oder Frieden ging, und um Aggression ging es fast immer.

Voraussetzung für diese Arbeit war, statt Dachakrobatik, eine fundierte marxistische Weltanschauung. Er wandte sie täglich an; sie ermöglichte es ihm zum Beispiel, in den vielen Zeitungen, die er las, nicht nur die Zeilen zu lesen, sondern auch, was dazwischen und dahinter stand, und unabhängig davon, wie ein Thema serviert wurde, zu den richtigen Schlüssen zu gelangen. Ebenso intensiv beschäftigte er sich mit der Weltpolitik.

Zu Richards Arbeit gehörte es, so viele Feinde wie möglich in seinen Bekanntenkreis einzubeziehen, sich mit ihnen zu unterhalten, die Gespräche in die ihn und die Sowjetunion interessierende Richtung zu lenken und wiederum nicht nur die Worte aufzunehmen, sondern auch die Zwischentöne, das Unausgesprochene, um es aufgrund seiner ausgezeichneten Kenntnis des Landes, der internationalen Geschehnisse und seiner wissenschaftlichen Weltanschauung richtig zu interpretieren.

Wie viele Zeitungen las er, wie viele Gespräche führte er. Das alles schüttelte er durch das Sieb des Marxismus, und übrig blieben die Goldkörner für die Sowjetunion.

Es spricht für Richard Sorges Klugheit, sein Wissen und sein enormes diplomatisches Geschick, daß die wichtigsten Leute der deutschen Hitler-Botschaft in Tokio zu seinen engen Bekannten zählten, seine Ratschläge einholten und dankbar dafür waren. Der Verbindung zur deutschen Botschaft, die wiederum engen Kontakt zur reaktionären japanischen Regierung und dem Militär besaß, entsprangen Nachrichten von unschätzbarem Wert für die Sowjetunion.

Und nun doch eine tröstliche Mitteilung, Fernsehleute: Dieser in den höchsten Nazikreisen Tokios gerngesehene Gast sah gut aus, was besonders den Frauen auffiel, er verstand sich zu bewegen und vertrug mehr Alkohol als die meisten seiner Bekannten, welches ebenfalls zum Nutzen ausschlug.

Es war auch Richard Sorges Aufgabe, echte Freunde zu gewinnen, Kommunisten, die ihn bei seiner Arbeit unterstützten, einer Arbeit, deren Entdeckung die Todesstrafe bedeutete. Darunter waren Chinesen, Japaner, Amerikaner und Europäer mancher Nation. Einer seiner engsten Freunde war der Seemann Max Christiansen-Clausen.

Ich traf Max 1931 in Shanghai und habe ihn vierzig Jahre später in der DDR wiedergesehen. Ich kann mir vorstellen, welche Erholung es für Richard nach all dem Spiel als „Salonlöwe" bei den Nazis war, mit diesem schlichten, handfesten Genossen, den nichts umwerfen konnte, zusammen zu sein. Vor wenigen Wochen ist auch Max, einer der letzten Zeugen dieser Zeit, achtzig Jahre alt, gestorben.

Ich lernte Richard 1930 in China kenne und wurde sein Kundschafterlehrling. Er traf sich illegal mit den Genossen bei mir, hob Post bei uns auf, und das für mich Kostbarste: Er blieb jedesmal eine halbe Stunde länger als die anderen, um sich mit mir zu unterhalten.

In dieser Umgebung, mit diesen Genossen brauchte es keine besondere Lehre der internationalen Solidarität, auch nicht der Disziplin, die zu so gefährlicher Arbeit selbstverständlich gehörte ... Und doch habe ich unendlich viel von Richard gelernt: wie entscheidend eine feste Weltanschauung ist, die ich heute für genauso unentbehrlich halte; die Art Menschen und Situationen zu beurteilen, klar zu erkennen, wer der Feind ist und wie gefährlich er ist. Auch das scheint mir in unserer Zeit, da ich den Gegner nicht für mächtiger halte, aber für noch gefährlicher, sehr wichtig.

Von Richard habe ich ebenfalls für mein ganzes Leben gelernt, jeden Tag politisch Neues aufzunehmen und es zu verarbeiten. In diesem Zusammenhang wünsche ich mir unsere Presse und andere

Richard Sorge

Medien mit noch mehr Information, mehr Fakten und weniger Floskeln ausgestattet, die unsere Bürger, als interessierte und gebildete Menschen, stärker fesseln.

Nun bin ich in die Gegenwart geraten. Aber kann man den am 7. November 1944 von japanischen Faschisten ermordeten Genossen mehr ehren, als fünfunddreißig Jahre danach seine Erfahrungen, sein Leben als hervorragender Kommunist an die heutige Generation weiterzugeben!

1979

Eine Schale voller Wunder

Ein regnerischer Tag im Spätherbst des Jahres 1974; der Zug läuft pünktlich in der Bahnhofshalle ein. Natascha steht winkend am Fenster.

Wie gelingt es einem Menschen, das lange, oft schwere Leben hindurch, ein solches Licht in den Augen zu bewahren, welche Eigenschaften, welche inneren Kräfte bilden die Quellen? Natascha ist dreiundsiebzig Jahre alt. Ihre Augen sind schwarz. Das zum Knoten gesteckte Haar ist ebenfalls dunkel.

Wir fürchteten bis zum letzten Tag eine Absage. Ein Freund von ihr hatte mich – in Berlin eingetroffen – angerufen, von ihrem Unfall und der Wunde am Fuß berichtet. Er bezog mich ein in seine freundschaftliche Wärme für Natascha. Wir beide, einander fremd, sorgten uns um sie und sprachen länger zusammen, als es die Nachricht erforderte. Aber wie so oft setzte Natascha durch, was sie sich vorgenommen. Ein Verband um die Wunde gewickelt, in dicken Strümpfen und offenen Sommersandalen, den einzig tragbaren in ihrem Zustand, erschien sie Anfang Oktober bei uns, hat drei Wochen hier gelebt und einmal sogar getanzt.

Natascha ist klein, ihr Rücken gebeugt. Zum Tanz trug sie, bedürfnislos bescheiden, ihr gutes Kostüm, das auch schon über zwanzig Jahre alt ist. Ich aber sah sie vor mir, wie sie damals tanzte – in Moskau, Anfang oder Mitte der dreißiger Jahre –, und das Merkwürdige ist wiederum, trotz ihres Alters hat sie wenig eingebüßt, sie bewegt sich beschwingt und trägt ein winziges Lächeln im Gesicht. Lächeln über sich selbst.

Wir sind hinaus in den Herbstwald gefahren, Natascha sucht gern Pilze. Feuchtes Moos, nasses Laub – und Sandalen. Doch wir haben vorgesorgt. Männergröße 44 konnte sie ohne Schmerzen tragen. Die kleine Gestalt, die Riesenschuhe, sie blickte an sich herunter, schüttelte sich vor Lachen und sagte: „Natascha Karandasch." So unterschrieb sie auch den guten Brief, den sie uns zum Abschied dagelassen.

Für den Empfang im Berliner Bremsenwerk, um den 7. Oktober

– jener Festlichkeit, auf der sie tanzte –, steckte Natascha ihre Orden an. Es waren viele, sie saßen nicht sehr gerade, bis auf die an einer Stange aufgereihten.

„Ich trage sie ganz selten", sagte sie entschuldigend. Teilte sie, wie ich, die Ansicht eines alten Bolschewiken: Solange wir noch Orden brauchen, haben wir die Vorgeschichte der Menschheit nicht beendet?

Ich halte es für keinen Widerspruch zu denken: Solange es noch Orden gibt, kann Natascha stolz auf die ihren sein und ist es wohl auch.

„Zu Haus hilft mir Sergej dabei", sagte sie, „wirst du sie mir richten?"

Ich sehe ihren Sohn, den Chefingenieur, wie er sich hinunterbeugt und mit Millimetergenauigkeit die Orden ans Kleid heftet.

Sergej wurde 1937 geboren. Damals sah ich Natascha nach längerer Unterbrechung wieder.

Das erstemal hatte ich sie bei Nachbarn in Moskau getroffen.

Sie gefiel mir, ihr interessantes, schönes Gesicht, ihre Lustigkeit, ihr Temperament. Ich erfuhr, daß sie gern ritt, besonders gern auf wilden Pferden, und war erstaunt über diese ungewöhnliche Beschäftigung einer jungen Frau in der Großstadt. Wie sie im Kreis der Freunde tanzte, erwähnte ich schon, damals war es der „Russkaja" gewesen. Sie brach ihn mit Bedauern ab und ging als erste nach Hause. „Mein kleiner Sohn, der Boris", sagte sie erklärend.

Die Bekannten spürten meine Sympathie für ihren Gast, und der Hausherr sagte lächelnd: „Sie ist Tolstois Natascha ähnlich."

Jeder wußte, die Heldin aus „Krieg und Frieden" war gemeint.

Ich traf Natascha wieder, nicht oft, vielleicht ein- oder zweimal, und es bewahrheitete sich, daß da sehr viel mehr als Ausgelassenheit und Temperament vorhanden war. Einmal, als ich im Warenhaus GUM einkaufte, sah ich sie zufällig die eisernen Treppen hinaufgehen. Ich lief ihr hinterher, ohne sie anzusprechen – Natascha trug Uniform. Meine Nachbarn, weniger diskret als Natascha, die von einer Verwaltung gesprochen hatte, bei der sie tätig war, erzählten mir, sie sei Offizier und Mitarbeiter eines berühmten Generals B. Mit einem Schlage war für mich das Bild von Tolstois Natascha verschwunden, obwohl manches, was mir unsere gemeinsamen Bekannten aus der Vergangenheit erzählten, wieder der Zeit Tolstois ähnelte.

Nataschas Vater Wolodja war das zweitälteste von dreizehn Kindern. Bei der Geburt des letzten starb die Mutter, da war der Junge vierzehn Jahre alt. Nur fünf der Geschwister überlebten die Kindheit. Wolodja freundete sich während seiner Schulzeit in der Stadt Tambow mit einem etwas älteren Jungen, Georgi Tschitscherin, an. Die Ferien durfte er auf dem großen Gut der Mutter seines Freundes verbringen. Sie waren auch noch als Studenten zusammen.

Aus Wolodja wurde ein kleiner Bankbeamter. Er liebte und beklagte die Armen, und er half ihnen. In Spitälern, Proletariergassen und Armenhäusern war er zu Hause und behielt nur für sich, was er auf dem Leibe trug.

Er heiratete eine Lehrerin, Sohn und Tochter wurden rasch hintereinander geboren. Der Junge war im Gegensatz zu Natascha ein ruhiges, nachdenkliches Kind, mit blondem Haar und grauen Augen. Die Geschwister liebten sich zärtlich.

Als Tschitscherin nach der Revolution 1919 Volkskommissar für Auswärtige Angelegenheiten wurde, erinnerte er sich seines Freundes aus Tambow, an dessen geraden, unkorrupten Charakter, und machte ihn zum Leiter einer Valutaabteilung.

Ich weiß nicht mehr, was ich von diesen Einzelheiten durch die Bekannten und was ich von Natascha selbst erfuhr; ob es während unseres Kennenlernens war oder als wir uns 1937 erneut trafen. Mir fiel auf, daß ihr die unbeschwerte Fröhlichkeit unserer ersten Begegnungen fehlte. Ihre Augen waren stumpfer, farbloser geworden. Konnte es die Auswirkung der Schwangerschaft sein? Vielleicht war ihr persönliches Leben nicht leicht. Von einem Ehemann hatte ich nichts gehört, aber ich war sicher, Natascha würde mit dem Teil ihres Lebens, über den sie selber bestimmen konnte, fertig werden. Eher litt sie wohl unter der schweren Zeit der Verstöße gegen die sozialistischen Gesetze, die sich auf viele Menschen bedrückend oder auch tragisch auswirkten. Später habe ich, wieder von anderen, erfahren, wie

In Berlin Mitte der 80er Jahre: Ruth Werner und Natascha Swonarjowa. Die GRU-Mitstreiterin aus den 30er Jahren kämpfte während des Großen Vaterländischen Krieges mit dem „Sprechwagen" in den vordersten Linien: „Meine Waffen waren die Argumente der Wahrheit".

grundanständig, mutig und moralisch fest sie sich in diesen Jahren verhalten hat.

Kurz nachdem Nataschas Sergej geboren wurde, verließ ich Moskau und verlor die Freundin aus den Augen. Ich dachte noch manches Mal an sie und versuchte vergeblich, etwas über ihr Schicksal zu erfahren. Der Krieg begann. Der Krieg endete. Ich versuchte nichts mehr, es gab zu viele Tote. Dreißg Jahre, nachdem wir uns das letztemal gesehen, besuchte ich mit einer Gruppe Widerstandskämpfer das sowjetische Komitee der Kriegsveteranen in Moskau.

Eine alte Frau begrüßte uns, ich sah sie an und sah sie an, es war Natascha.

Geschehen kann, daß solche Wiedersehen, die Freude und Lohn des Lebens sind, wenig Bleibendes für die Zukunft enthalten. Um drei Jahrzehnte veränderte Menschen umarmten sich, Natascha und ich hatten Glück. Unser Weg des Altwerdens besaß manches Gemeinsame, unsere Freundschaft vertiefte sich. Wir mochten dieselben Menschen, unterschieden das Echte vom Unechten auf ähnliche Weise, haßten Phrasen und hatten große Schwierigkeiten, Bürokraten gegenüber nicht tätlich zu werden. Wir waren dem eigenen Land und dem des anderen so fest verbunden, daß Kritik keine Mißverständnisse verursachte. Wir arbeiteten für unsere Welt, lagen nachts wach wegen Chile und dachten an Portugal. Wir redeten endlos von unseren Familien, ohne uns gegenseitig zu langweilen. Wir konnten einen ganzen Abend in albernster Ausgelassenheit verbringen – mit wem gelingt das schon, wenn man nicht mehr um die Siebzehn, sondern Siebzig ist.

Der Fernsehapparat ist eingeschaltet, wir verfolgen die Festlichkeiten des 7. Oktober 1974. Das ist interessant mit Natascha. Sie kennt Namen und Geschichte vieler Mitglieder der sowjetischen Militärdelegation, die in den ersten Reihen sitzen.

„Der da, der dritte von links, hat dich damals angerufen wegen meines Unfalls."

Aha – der dort!

An diesem Abend spricht Natascha vom Krieg, ein Thema, das sie sonst selten berührt.

Da Natascha gut deutsch sprach, wurde sie von der Politabteilung der 20. und später der 49. Armee übernommen, um die Arbeit von Front zu Front zu organisieren. Sie war verantwortlich für Flugbättertexte und Lautsprechersendungen an die deutschen Soldaten, sprach die Sendungen auch manchmal selbst und verhörte Überläufer und Gefangene.

Natascha erzählte nicht von großen Dingen.

Eine Offensive endete in einem verödeten Dorf. Die Nazis hatten Vieh und Menschen mitgeschleppt, nur eine Katze war übriggeblieben. Am nächsten Morgen sah der Posten am Waldrand eine zerlumpte Frau auftauchen. Sie trug ein Kind auf dem Arm, zwei Kinder liefen an ihrer Seite und zwei dicht hinter ihr her. Der Familie war es gelungen, sich vor den Faschisten im Walde zu verstecken. Die sechs wurden in dem Häuschen, wo Natascha Quartie bezogen hatte, untergebracht. Der Nachschub war noch nicht eingetroffen, die Soldaten litten Hunger, doch was sie an Essen bei sich hatten, erhielt die Familie. Die Mutter war eine magere, unansehnliche Frau, und niemand konnte verstehen, warum ihre Kinder, eines wie das andere, so seltsam schön waren. Das jüngste brachte aus dem Waldversteck eine Lungenentzündung mit, es sah auch im Tode noch lieblich aus.

Als die Armee weiterzog, übergab die Mutter der Kinder, die so gut wie nichts ihr eigen nannte, Natascha einen Emaillebecher. Er hatte einen Henkel und war von graugrüner Farbe; an einigen Stellen war die Emaille abgeplatzt. Natascha weigerte sich, das Geschenk anzunehmen, die Mutter bestand darauf.

„Er wird Ihnen Glück bringen, wir werden Sie nie vergessen."

Es war gut, daß ich Natascha nicht gefragt hatte, warum ihre Zahnbürste in einem so häßlichen alten Becher steckte in unserem Bad auf dem Brett neben der automatischen Waschmaschine.

Im Herbst 1942, als die 49. Armee sich vorbereitete, den Wasusafluß zu überqueren, waren Natascha und ihre Begleiter nach einer Sendung an die deutschen Soldaten in einem Sumpf steckengeblieben. Sie befanden sich nahe der Front, ihr Lastwagen konnte weder vor noch zurück. Nebel hüllte sie ein; der Feind begann die russischen Linien zu beschießen. Kein Mensch, keine Hilfe. Natascha versuchte, den Sumpf auf Baumstämmen zu überqueren. Vielleicht stieß sie auf eine Pioniereinheit, die den Wagen herausholen konnte.

Sie gelangte an einen Pfad, glaubte die Umrisse eines Menschen zu erkennen und hielt die Pistole bereit. Die Gestalt kam näher. Es war eine alte Frau, sie stützte sich auf einen Krückstock, verbeugte sich grüßend vor Natascha und sagte mit ruhiger Stimme: „Wie der Feind schießt."

Natascha nickte. „Der Feind schießt heftig."

„Du kommst mir gerade zur rechten Zeit", sagte die Alte. „Ich habe schon lange eine Frage im Kopf, vielleicht kannst du sie mir beantworten. Ich frage dich: Gibt es einen Gott oder gibt es keinen? In diesem Krieg habe ich den Glauben an ihn verloren."

Natascha wartete, bis der Lärm der Maschinengewehre verklang. „Es tut mir leid, Großmutter, ich habe niemals einen Glauben besessen."

„Du sollst so nicht antworten. Du bist eine Gebildete, hast mehr gelernt als ich, du solltest es mir erklären. Hätte ich nicht schon mein Alter, wäre ich weit gekommen. Warum? Weil ich mich sehr, sehr für das Leben interessiere." Die Alte seufzte. „Nun ja, du mußt weiter, komm gesund durch den Krieg."

Im Gehen drehte sie sich noch einmal um: „Ich bin die Nikititschna, Pikulina aus dem Dorf Nikolskoe."

Mich interessiert Nataschas Arbeit, wie die Texte der Flugblätter zustande kamen, wieviel Überläufer es gab.

Auch in ihrer Tätigkeit hat Natascha die „kleinen" Dinge den großen vorgezogen.

Für ein Flugblatt wurde mit der Überschrift „Weder Pulswärmer noch Kopf- oder Knieschützer werden Dich vor der Kälte schützen" ein echter Brief benutzt.

An Joachim Pyka (13. Pz. Gr. Rgt. 5. Pz. Dv.)
Kissingen, August 1942
Mein lieber, lieber Junge,
also vorgestern saß ich im Rosengarten und strickte an dem Kopf-schützer, da setzte sich ein Soldat neben mich ..., er sagte, ich solle ihn oben aber nicht zumachen ..., oben setzen sich immer die Läuse fest, sie hätten alle Kopfschützer oben abgeschnitten. Nun sag mal, Joachim, ist das wahr? Ich erinnere mich doch, daß Du einmal gesagt hast, es wäre durch die beiden Löcher im Stahlhelm immer so kalt am Kopf. Vielleicht kannst Du mir noch Antwort geben, wie Du ihn haben willst. Ich dachte so, daß das Gesicht bis auf Augen, Mund und Nase total einge-hüllt ist, und über die Nase noch einen Steg, daß sie nicht erfriert ... Nun paß fein auf, was die Mutti noch alles wissen will. Brauchst Du Pulswärmer, brauchst Du Knieschützer ...?

Es folgt die Nachricht des Soldaten Pyka, der unter stark erfrore-
nen Füßen leidet, an seine Mutter vom 16. Oktober 1942, daß er in
russischer Gefangenschaft sei und lebe und es warm habe.

Natascha erzählt von den langen schweren Kämpfen bei Mogilew.
Die Stadt brannte, am Bahnhof gab es noch eine starke deutsche Verteidigung. Der tapfere Übersetzer und Sprecher Abramow war gefallen. Natascha erhielt den Auftrag, das Ultimatum fertigzustellen und
es auch selbst über den Lautsprecher anzusagen.

„Achtung, Achtung, Achtung!

Ihr seid eingekesselt! ... Unsere Truppen haben Witebsk, Orsha
und Tschausie besetzt ... die Wege nach Minsk abgeschnitten und die
Eisenbahnlinie nach Ossipowitsch ...

Eure Lage ist aussichtslos. Streckt die Waffen und hebt die weiße
Fahne. Streckt die Waffen und hebt die weiße Fahne.

Achtung, wir wenden uns an sie, Herren Offiziere ... tun Sie Ihre
Pflicht, retten Sie das Leben Ihrer Leute. Lassen Sie die weiße Fahne
heben ... Achtung, wir geben Ihnen eine Stunde zum Überlegen. Jetzt
ist es genau 18 Uhr. Es ist 18 Uhr Moskauer Zeit.“

Nach dreißig Minuten wehte die weiße Fahne über Mogilew.

Die Gefangenen sagten uns, sie hätten das Ultimatum – gesprochen von einer Frau – in voller Stärke vernommen. Ein hoher deutscher Offizier endete seinen Bericht mit den Worten: „So war der
Kampf um das ‚kleine Stalingrad‘ beendet.“

Natascha sieht auf. „Es tat mir so gut, ich hatte Menschenleben
gerettet.“ Fragend blickte ich sie an.

„Nein, nicht die unsrigen, ich dachte auch an die anderen, die nun
Gefangene wurden und nicht mehr schießen konnten. Faschisten,
aber ich war überzeugt, wir würden die jungen Menschen von Grund
auf ändern. – Meinen liebsten Überläufer, den brauchten wir nicht
zu ändern; gerade achtzehn Jahre alt, kam er zu uns; ein Jungchen
mit klaren sauberen Augen, ganz rund und blau waren sie. Er war,
wie soll ich sagen – ein Mensch mit reinem Herzen, voll kindlicher
Ideale. Ironie verstand er kaum; Zynismus, den häßlichen Verwandten der Ironie, begriff er überhaupt nicht. Es muß Anfang 1944 gewesen sein, jedenfalls lag noch Schnee. Roland war erst ein paar Tage

an der Front gewesen, als er unsere Aufrufe und Berichte hörte und zu uns kam. Vom Krieg hatte er noch wenig gesehen."

Der Kommandant beschloß, Roland bei der Abteilung zu behalten; er sollte die Aufklärung der deutschen Soldate unterstützen.

Das Überlaufen von Front zu Front war gefährlich. Rolands älterer Bruder hatte es zwei Jahre zuvor versucht und war dabei umgekommen. Den Vater hatten die Nazis 1938 in der Tschechoslowakei verhaftet; er war Kommunist, von Beruf Gürtler in der Gablonzer Schmuckindustrie.

Der Soldat wudre gebeten, sogleich einen Text zu entwerfen und noch am selben Abend zu seiner früheren Einheit zu sprechen.

Er entwarf den Text und zeichnete mit vollem Namen.

„Überlegen Sie sich das, es kann Ihrer Familie schaden", sagte Natascha.

„Ohne meinen Namen und die Feldpostnummer geht die ganze Wirkung verloren."

Roland sprach nicht umsonst in dieser Nacht, es waren nur wenige, die seinem Aufruf folgten, aber jeder zählte.

Natascha, die sich häufg mit Roland unterhielt, um den Jungen zu beeinflussen und zu entwickeln, fiel auf, daß er gelegentlich bedrückt war. Sie fand bald die Ursache heraus.

Während eines ihrer gemeinsamen Einsätze hinderte der Schnee die Weiterfahrt in Richtung der deutschen Front. Zur Besatzung des Lastwagens gehörten der politische Leiter – bei jener Fahrt war es, wie so oft, Natascha –, ein Verantwortlicher für die technische Station, der Sprecher, der Fahrer und der Soldat, der den Draht vor zum Niemandsland zog und den Lautsprecher aufbaute. Während der Sendung wurde die Kabine des Wagens oder ein Bunker benutzt. Der Lastwagen konnte, entsprechend eingerichtet, zwei, drei Wochen. unterwegs sein. Bei dieser Fahrt in hohem Schnee hatten sie jedoch nur mit ein paar Stunden Aufenthalt gerechnet. Es wurde bitter kalt. Andrej, der Fahrer, ein ukrainischer Bauer, der in allen Lebenslagen sich und anderen zu helfen wußte – den anderen zuerst –, stieg aus. Er säbelte mit seinem Messer die gefrorene Rinde von den Bäumen und entfachte im Öfchen unter dem Zeltdach ein Feuer. Langsam warm werdend, unterhielten sich Natascha und Roland viele Stunden. Die Mütterlichkeit der „Frau Major" berührte den Jungen besonders tief in dieser für ihn und alle harten Zeit ... Plötzlich brach es aus ihm hervor: „Ich habe geglaubt, in Rußland werden Kommunisten brüderlich aufgenommen. Statt dessen begegnet mir überall Ablehnung, Mißtrauen, Haß.

Ich bin aufgewachsen mit den Worten Soildarität und proletarischer Internationalismus, aber was sagen die Soldaten, wenn sie schon mal mit mir sprechen, was sie nach dem Reglement eigentlich gar nicht dürfen. ‚Wieso bist du übergelaufen?'

‚Aus Angst ist der gekommen, frag nicht so dumm.'

‚Hat gemerkt, daß er bei den Verlierern war.'

‚Wie viele von den Unsrigen hast du erschossen?'

‚Keinen.'

‚Das sagen alle.' Bitteres Gelächter.

Warum traut mir keiner? Ich bin doch Kommunist, war schon bei den Jungpionieren dabei."

Natascha erklärte ihm behutsam, auch in Rußland seien die Menschen mit den Begriffen Solidarität und Internationalismus aufgewachsen. Und wie sei ihnen zumute gewesen, als die deutschen Arbeiter aus dem Land von Marx und Engels es zuließen, daß Tausende von Mördern und Faschisten in die Sowjetunion einbrachen? Und seit dreieinhalb Jahren Monat für Monat, Tag für Tag Tote und verbrannte Erde. Könne er sich wirklich nicht den Schock, den Gram, den Haß erklären? Erwarte er, daß ein Krieg – ein so fürchterlicher Krieg – die Menschen unverändert ließe? Sie zu heilen wäre wohl erst im Frieden möglich.

Natascha blickte hinaus. Der Schnee fiel unwahrscheinlcih weiß und still vom Himmel.

„Roland", sagte sie, nun selber tief bewegt, „können Sie mir erkläen, wie aus deutschen Arbeitern Faschisten wurden?"

Er konnte ihr keine Antwort geben.

Manchmal schien es Natascha, daß Roland zu weich war, sich zu leicht in den Hintergrund drängen ließ, doch zugleich besaß er einen wunderbaren ruhigen Mut und große Ausdauer. In den schlimmsten

Situationen tat er gelassen, was getan werden mußte. Dafür liebte ihn Andrej, der Fahrer, und teilte jedem, den sie gemeinsam trafen, voller Stolz mit: „Mein Überläufer." Er hatte damals die Besatzung gefahren, als Roland dem Ruf des Lautsprechers gefolgt war.

Roland sprach gern mit Natascha von seiner Jugendzeit daheim. Mehrmals erwähnte er den wunderschönen Sommer 1938 mit deutschen und tschechischen Kindern in einem Pionierlager, sein letztes gutes Kindheitserlebnis vor Hitlers Überfall auf die Tschechoslowakei und der Verhaftung des Vaters.

„Weißt du, ich hatte Roland liebgewonnen wie einen Sohn, auch heute denke ich noch oft: Lebt er, was tut er, wie geht es ihm?"

Ich antwortete nicht, ich nahm mir vor, Roland zu suchen.

Als der Sieg schon sicher war, wurde Nataschas Bruder verwundet; er verblutete. Der Vater starb, die Mutter erkrankte und erholte sich nicht mehr.

Nach der Befreiung Deutschlands wurde Natascha als Politoffizier der sowjetischen Bezirkskommandantur Berlin-Wedding zugteilt. Sie half das Chaos beseitigen, der Menschen Hunger stillen, und sie half, ein erstes demokratisches Kollektiv zu schaffen. Später, nachdem die westlichen Alliierten den Wedding übernommen hatten, wurden sie und andere Offiziere bei der sowjetischen Stadtkommandantur für die Arbeit mit den Frauen eingesetzt. Klug und verständnisvoll arbeitete „Major Natascha" (später wure sie zum Oberstleutnant befördert) mit den deutschen Kommunisten zusammen, die sie liebten und verehrten. Den achtjährigen Sergej hatte sie – wo sollte sie ihn sonst lassen – mitgenommen. Rußland besaß Millionen Waisen, um die sich der Staat kümmern mußte.

Sergej haßte die Deutschen und zürnte der Mutter, weil sei ihn in dieses Land verschleppt hatte; er weigerte sich, Deutsch zu lernen. Die alte Mutter der Genossin Maria Rentmeister nahm sich seiner an, und langsam taute der Kleine auf.

In den ersten Tagen des Friedens und der neuen, anstrengenden Tätigkeit bat Natascha um einen Tag Urlaub. Sie fuhr in die Nähe von Potsdam, wo Boris stationiert war, um ihn – zum erstenmal seit Kriegsbeginn – zu sehen. Er war jetzt dreiundzwanzig Jahre alt. Hinter ihnen lagen die vier schwersten Jahre ihres Landes und ihres Lebens. Sie umarmten sich schweigend.

Boris sprach zuerst. Es sagte der Unteroffizier in er Uniform der Luftwaffe zum Major in der Uniform der Armee: „Gut, daß du heute gekommen bist, Mutter, und nicht gestern, ich bin gerade aus dem Arrest entlassen."

Hatte sie sich verhört? Im Arrest – der Kriegsveteran vieler Schlachten, mehrmals ausgezeichnet für Tapferkeit und Disziplin, von seinen Kameraden ein „As im Äther" genannt.

„Boris", sagte sie.

Unverwechselbarer Klang der Stimme, der ihn als kleinen Jungen zu Ordnung und Gehorsam gerufen. Boris lächelte, die Mutter würde diesen Ton wohl ihr Leben lang dann und wann für ihn nötig haben. (Ich selbst habe ihn dem fünfzigjährigen Sohn gegenüber vernommen.)

„Boris", sagte sie an jenem 20. Mai vor dreißig Jahren, „erkläre dich."

„Ja, Mutter, das kam so: Wir haben die Befreiung gefeiert, tüchtig gefeiert, verstehst du, und uns war heiß. Kommt da ein Vorgesetzter und sagt: ‚Schließen Sie den Kragen.' Vier Jahre lang habe ich den Kragen geschlossen getragen, vier lange Jahre lang, und jetzt ... ich sehe ihn an und sage: ‚Nein.'"

Drei Tage strengen Arrest.

„Damals als junger Soldat war er noch ganz schlank und ein hübscher Junge", sagt Natascha.

Es ist Mitternacht, bevor wir uns trennen. „Wirst du schlafen können, Natascha?"

„Weißt du, als der Krieg vorbei war, konnte ich länger als zwei Jahre keine Nacht richtig schlafen – die schrecklichen Träume – immer kamen unsere Toten darin vor."

Suche nach Roland: ZK ... Komitee der Widerstandskämpfer ...

Institut für Marxismus-Leninismus ... Frühere Lehrer der Antifa-Schulen in der SU.

Nach drei, vier Tagen eine Spur. Und dann – es ist einfach, lächerlich einfach: Die Entfernung zwischen unseren Wohnungen beträgt drei Kilometer.

– Augenblicke, da ein Dritter stört. Ich bin aus dem Zimmer gegangen. Roland sah auch nur sie – Natascha, die ihn in die Arme schloß. Später, als ich zurückkam, hörte ich Natascha fragen, ob er noch das Datum seiner Ankunft bei der 49. Armee wisse.

Roland zieht ein Heft aus der Tasche. „13. März 1944 um 14 Uhr.“

Hat er seine Erinnerungen aufgeschrieben? Nein, der achtzehnjährige Soldat hat an der Front Tagebuch geführt.

„Roland, ein schwerer Verstoß gegen die Dienstordnung in jeder Armee der Welt, und berechtigterweise auch bei uns“ – Natascha sieht ihn strafend an.

„Nur kleine Notizen im Stenogramm“, entschuldigt er sich. „Erst kürzlich fiel mir das Büchlein wieder in die Hände, da hab ich's übertragen.“

„Weißes Haar, Doktortitel, vier Kinder, mehrere Enkel, aber verändert hat er sich nicht“, sagt Natascha.

Und überreicht ihr die Blätter – der Überläufer der Frau Major.

Tagebuch: 26.2.44
In Dubrowno. Abends fährt die schwere Ari von Witebsk über die Brücke in Stellung.
8.3.44
Seit Sonntag beschießen die Russen Tag für Tag und Nacht für Nacht die Rollbahn. Gestern brachten sie gegenüber uns auch Musik und Berichte.

„Und den Appell zum Überlaufen“, ergänzt Natascha.

Während ich mit Natascha in dem Tagebuch blättere, habe ich ein merkwürdiges Gefühl von Unwirklichkeit. Vor wenigen Tagen hat sie über die ferne Zeit des Krieges gesprochen und von Roland erzählt.

Jetzt lese ich die Worte des Achtzehnjährigen über die damalige Zeit und über Natascha.

Tagebuch 18.7.44:
Östlich Grodno. Unser Lautsprecherwagen spielt der befreiten Dorf-bevölkerung etwas vor. Und mitten unter den Männern, Frauen und Mädeln, die da zusammengelaufen sind, steht eine mit blauen Augen und blondem Haar und einem runden Gesichtchen, mit rotem Kopf-tuch – ganz so wie M. in Sobesin ausgesehen hat ...

„Sobesin – das Pionierlager, wo du als Dreizehnjähriger warst", fragt Natascha.
„Im Juli 1938", sagt Roland.

Tagebuch:
Unser Fahrer, mein guter Freund Andrej, ist gefallen.
Er wollte noch einen „Mein Überläufer" haben, erblickte einen Deut-schen im Getreide und rief, anstatt zu schießen: „Kapituliere, komm her-über ..."

Natascha neigt sich zu mir. „Neun Kugeln haben ihn getroffen. Wir trugen ihn vom Feld."
Es klingelt an der Haustür. Rolands Frau, aufgehalten von einer unserer vielen Sitzungen, kommt herein.
Natascha wechselt einen Blick mit mir, und Roland wird tatsäch-lich rot. Da steht eine mit blauen Augen und blondem Haar und rundem Gesicht. Rolands Frau ist das Mädchen aus dem Pionierla-ger des Sommers 1938.
Margit sieht intelligent und freundlich aus. Sie ist wie Natascha und auch ich bereits Großmutter und kommt mir irgendwie bekannt vor. Natascha hat die Gabe, sich auf Menschen zu konzentrieren, sie rasch in den Kreis mit einzubeziehen. Wir erfahren, daß Margit viele Jahre Russischlehrerin war.
Sie wendet sich an mich und sagt: „Deinen Sohn Peter habe ich auch unterrichtet."

Sechzehn Jahre ist das her. Da hat sie mich wegen seiner mäßigen Leistungen in die Schule bestellt.

Dies ist nicht das sonderbarste Erlebnis in den Tagen mit Natascha, doch ist es jener Tropfen, der meine Schale voller Wunder bis zum Rande füllt.

Natascha hat noch einmal in das Tagebuch geblickt und liest mit leiser Stimme vor.

... am 10.8. nachmittags ging es weiter nach Westen, durch zerwühlte Felder, durch verbrannte Dörfer. Ein neunzehnjähriges Mädchen ruft uns zu: „Macht es in Deutschland ebenso, nichts sollen sie mehr haben dort ...

Fünfzig Jahre lang soll kein Gras dort wachsen."

Natascha sieht mich an. Ihre Augen sind dunkel und leuchten.

„Schreib ein Buch über das Gras."

Wir schweigen.

Es waren einmal vier Menschen.

Das Pioniermädchen Margit, der Überläufer und Kommunist Roland, Oberstleutnant Natascha, die Genossin im illegalen Kampf.

Es kam der Herbst 1974.

Das Gras stand noch dicht und grün.

Das saßen sie gemeinsam in einer Wohnung in einem deutschen Land, in einem deutschen sozialistischen Land.

1975

Mein Bruder Jürgen

Zweieinhalb Jahre war J. K. alt, als wir uns das erstemal trafen. Nun ist er fünfundsiebzig.

Vor wiederum zweieinhalb Jahren fragte mich eine Vertreterin der Zeitschrift *Sibylle*, ob sie es wagen könne, Professor Jürgen Kuczynski um einen Beitrag zu meinem fünfundsiebzigsten Geburtstag zu bitten.

„Fragen kannst du ihn, aber er sagt bestimmt nein, über mich schreibt er höchstens den Nachruf."

Ein paar Tage später berichtete sie mir: „Ich habe ihn angerufen, er hat abgelehnt, daraufhin sagte ich: ‚Ihre Schwester hat mir auch gesagt, Sie machen das erst, wenn sie gestorben ist.'

Jürgen: ‚Da hat sie recht – völlig recht.'

Sibylle: ‚Und dann sind wir ja auch nur eine unbedeutende Modezeitung, entschuldigen Sie die Störung.'

Jürgen: ‚Was seid ihr? Natürlich schreibe ich für euch, Kindchen, gerade für euch; bis wann braucht ihr es denn?'"

Über seine Berühmheit als Wissenschaftler, sein einzigartige intellektuelle Leistung mögen andere schreiben; ich möchte davon berichten, daß sich Jürgen für nichts zu schade ist. So schrieb er jahrelang Originalartikel für die Bezirkspresse, nachdem ein Redakteur geklagt hatte, daß dies niemand tue. Einmal erlebte ich ihn als Referenten auf einer schlecht organisierten Veranstaltung mit wenigen Besuchern. Kein Wort des Vorwurfs; er hielt, gutgelaunt, ein großartiges Referat. Er ist sich auch nicht zu schade, neben der Wissenschaft über winzige Alltagsgeschichten am Rande zu schreiben, über das Rauchen oder die Postbeförderung. Mancher kritisiert, dies sei unter seiner Würde. Tausende lesen es mit Vergnügen. Manchmal haut er dabei daneben, weil er kein Psychologe ist oder nur in bestimmter Hinsicht keiner – wie wäre er sonst so ein hervorragender Redner. Durch reinen Zufall komme ich manchmal in Städte, wo er gerade gesprochen hat. Die Menschen verehren ihn. Gewiß nicht nur wegen seines hohen wissenschaftlichen Grades; sie genießen seine witzige Schlagfertigkeit, finden seine Unabhängigkeit im Denken höchst erfrischend, und sein „Frechheiten" veranlassen auch in der Arbeit ergraute Parteisekretäre zu fröhlichem Gelächter. Das ist recht so, denn die Basis all dessen, was er denkt und sagt, ist die Basis seiner selbst – eine fester, unantastbarer Sozialismus. So wird nicht nur sein schriftliches Werk, sondern auch sein Auftreten zur Lehre, zum Kraftquell für viele. Unser Fernsehen wäre gut beraten, mal eine solche Veranstaltung für die Nachwelt aufzunehmen, oder gibt es da irgendwelche Hemmungen?

Eine Eigenschaft, die vielleicht von anderen auch nicht genannt wird, weil seine wissenschaftliche Arbeit alles andere überschattet, ist Mut den Feinden gegenüber. Zu Beginn des Faschismus illegal und daher unauffällig. Mut unter Einsatz seines Lebens. Auch seinen Freunden und Mitstreitern gegenüber besitzt er Mut, legal, auffällig und natürlich nicht lebensgefährlich, höchstens das Mißfallen dieser oder jener Zeitschrift erregend.

Kritikwürdig ist allerdings seine private Lebensweise, aber selbst dafür straft ihn das Schicksal nicht, vielleicht, weil er sie zugunsten einer phänomenalen Produktivität führt. Zu seinem siebzigsten Geburtstag entschloß er sich, ein zehnbändiges Werk – „Studien zu einer Geschichte der Gesellschaftswissenschaften" – zu schreiben. Optimismus ist auch eine seiner guten Seiten. Bereits zum vierundsiebzigsten Geburtstag erhielt ich den letzten fertigen Band. Hineingeschrieben hatte er: „Lebender Beweis für die Richtigkeit von S. 59 Absatz 6." Dort steht, daß der Durchschnitt der Künstler dem Durchschnitt der Gesellschaftswissenschaftler überlegen ist. „Woran liegt das?" Er analysiert diese brisante Behauptung. Doch das kann jeder, den es interessiert, selber nachlesen.

Zurück zu seiner Lebensweise. Gibt es sonst noch einen Menschen, der fast ausschließlich am Schreibtisch sitzt, umgeben von Tabaksqualm und permanenter Radiomusik, blicklos für die Natur, frische Luft für eine Art unbekömmliches Gift hält und dabei gesund bleibt? Ja, er hat Glück. Auch mit seiner Frau. Unverdientes Glück. Gewiß, er liebt sie über fünf Jahrzehnte lang, sie muß ständig *dasein*. Aber möglichst im Nebenzimmer, und die gemeinsamen Mahlzeiten müssen kurz gehalten sein, weil sie von der Arbeitszeit abgehen. Alle

Störungen von ihm fernhalten, den Haushalt führen, drei Kinder großziehen, dazu hätte auch ein Hausmütterchen genügt; aber er gewinnt eine zarte, schöne Wissenschaftlerin dafür, eine kluge, prächtige Partnerin.

Zu seinem fünfzigsten Hochzeitstag hat er wieder so eine „psychologische" Tat vollbracht. Die Familie – ungefähr zwanzig Personen – feierte gemeinsam. Sich im klaren darüber, daß er nicht der einfachste Gatte ist, hatte er ein besonderes Geschenk gewählt, zog es als Höhepunkt des Festes aus dem Karton und setzt es seiner Frau aufs Haupt. Eine Märtyrerkrone, mit Hilfe seines Freundes Oskar Neumann aus Bayern importiert, ein Kunstwerk, aus einem Stück Holz gedrechselt, mit schönen großen Dornen. Wir waren sprachlos – doch er strahlte.

Manche sagen, Jürgen sei überheblich – vielleicht weil er sich seines Glückes und eines erfüllten, wenn auch keineswegs immer einfachen Lebens bewußt ist. Ein Freund von ihm sagte einmal: „Seine Überheblichkeit ist naiv, unverdorben, man kann sie ihm nicht übelnehmen."

Ich besuche ihn ungefähr alle drei Monate, ich bleibe höchstens eine Stunde; er ist dankbar, wenn es nur vierzig Minuten sind – die Arbeit. Ich nehme es ihm nicht übel, ich bin so froh für uns alle, daß es ihn gibt.

1979

Die Idee für ein Jahrestreffen der Kuczynski-Großfamilie entstand bei der Bei-
setzung von Ruth Werner. Das Foto vom 1. Treffen entstand 2001 vor der Villa
in Schlachtensee, dem einstigen Wohnsitz der Familie.

Jürgen Kuczynski
Ursula stand mir immer sehr nahe

... Ursula als Älteste stand mir stets sehr nahe, worunter man aber nicht verstehen darf, daß wir uns etwa gegenseitig des Herz ausschütteten, was uns wahrlich nicht liegt. Sie ist auch als einzige von uns ein wirklich ungewöhnlicher Mensch geworden. Als ihr Buch „Sonjas Rapport" erschien, schrieb ich eine Besprechung.

„Was für ein erstaunlicher Mensch ist Ruth Werner! Mit fünfzig fing sie an, Romane zu schreiben, beginnend mit dem ‚Ungewöhnlichen Mädchen‘, dessen zweiter Teil mit stets besonders gelungen erschien. In den folgenden zwanzig Jahren erschienen Romane und eine Biographie, die man alle als ordentlich und nützlich beurteilen kann – einige mehr, andere weniger. Und dann, mit siebzig, brachte sie ein dünnes Büchlein Erzählungen heraus, ‚Der Gong des Porzellanhändlers‘, das die Kritiker mit Recht als ein großes Werk bezeichneten. Es gehört zu dem Besten, was unsere Schriftsteller in den letzten drei Jahrzehnten geschaffen haben.

Und nun folgt ‚Sonjas Rapport‘, von dem sie selbst sagt, daß sie diese Erinnerungen, ‚nicht als literarische Arbeit‘ betrachtet. Sie sind es auch nicht, sie durften es auch nicht sein. Sie sind im Grunde ihr, eines sowjetischen Obersts, Rapport an den vorgesetzten General, der aber ein Freund ist und der ihr außer der Dienstzeit, am Abend, sagt: Und nun, mein guter Freund, berichte noch einmal und ganz ausführlich und vergiss auch nicht ganz dein persönliches Leben dabei. Entsprechend erzählt sie ihm. Zuerst auf wenigen Seiten aus Kindheit und Jugend bis zur Heirat und der Abreise nach China. Der zweite Teil handelt von ihrer Arbeit als Kundschafterin der Sowjetarmee im China der Jahre 1930 bis 1933. Wir wollen in einer Besprechung nicht eine Kurzfassung dieses Teiles geben, sondern nur ein paar Zeilen über einen der ganz seltenen Ausflüge zitieren:

‚Ich könnte unsere vergnügte Stimmung genau beschreiben; aber ich kann mich nicht mehr an unsere Unterhaltung erinnern. Wahrscheinlich ist es nicht viel wert festzustellen, wie geschickt Sabo in der Küche des Hausbootes kochte, wie Agnes uns Witze erzählte, wie General Kleber in einem Hotelzimmer sang oder wie ich mit Richard und Paul auf der Wiese um die Wette rannte, bis wir uns vom Laufen und Lachen gleichermaßen erschöpft ins Gras warfen.'

General Kleber ist ein Anachronismus. Damals hieß er für sie einfach Fred. – General Kleber wurde er erst einige Jahre später im spanischen Bürgerkrieg. Richard und Paul, mit denen sie um die Wette läuft, sind der große Sowjetkundschafter Richard Sorge und sein damaliger Stellvertreter Karl Rimm. Sabo, die prächtige Köchin, ist die Frau es Genossen Arthur Ewert, über den sie in einer Fußnote bemerkt: ‚Kommunistischer Reichstagsabgeordneter, später Kominternvertreter; in Brasilien verhaftet, gefoltert, wahnsinnig geworden.' Sabo wurde dann von Brasilien an das faschistische Deutschland ausgeliefert und kam in Ravensbrück um. Agnes ist die bedeutende amerikanische Schriftstellering Agnes Smedley, einer der besten Reporter über das China jener Zeit.

Teil drei berichtet von der Arbeit in der Mandschurei nach einer Ausbildung als Funker in der Sowjetunion. So vieles aus dieser Zeit ist in die erste Erzählung des ‚Gong' eingegangen. Ein merkwürdiges Phänomen, daß zuerst das literarische Produkt erscheint und dann, von der gleichen Person herausgebracht, das historische Rohmaterial der literarischen Erzählung, wobei das historische Rohmaterial aber einen völligen Eigenwert als Sonjas Rapport hat – und haben kann, weil der literarischen Erzählung ja ihr Inhalt als realistisches Leben des Autors vorangegangen ist. Und indem der Autor dieses Leben doppelt für uns widerspiegelt, wird es uns viel plastischer, weil die literarische Erzählung andere Schwerpunkte hat – viel persönlichere als der militärische Rapport. Und da beide Widerspiegelungen ehrlich sind und nicht nur von der gleichen Person, sondern praktisch aus der gleichen Lebenszeit dieser Person stammen, wäre es reizvoll für den Literaturwissenschaftler wie den Historiker, sie tiefer analysierend zu vergleichen.

Teil vier behandelt die Kundschaftertätigkeit in Polen während der letzten Jahre vor dem Ausbruch des Zweiten Weltkrieges. Vorher aber, nach vielen Jahren zum ersten Male, trifft sie wieder die ganze Familie in London, von der sie in wenigen Sätzen ein ebenso lustiges wie treffendes Bild beim Mittagessen, zum Teil reflektiert in den Augen eines in sie gerade aufgenommenen Schwiegersohnes, gibt. Zugleich regt dieser Teil zu einer erneuten Überlegung literarischer Art an. Während ihrer Arbeit in Polen hatte sie auch in Danzig zu tun. In Danzig spielt auch die wirklich meisterhafte kleine Geschichte ihrer Fahrprüfung im ‚Gong‘, eine politische Arabeske im besten Sinne des Wortes. Das ist natürlich eine dritte Dimension der Erfassung der Wirklichkeit, ganz verschieden von der literarischen Darstellung der ersten und dritten Geschichte im ‚Gong' und der Berichterstattung im ‚Rapport'. Man soll zwar weder Schriftstellern noch Berichterstattern Ratschläge geben, womit ihr nächstes Buch sich beschäftigen möge, aber wäre es nicht auch für Ruth Werner reizvoll, dem jetzigen Band eine Reihe Arabesken, Kurzerlebnisse gewissermaßen, in literarische Form gefasst, folgen zu lassen? Wenn sie daran denkt, was Tizian noch mit neunzig Jahren geleistet hat, sollte sie die ungewöhnliche Begabung für dieses Genre, die sie mit siebzig zeigt, nicht verkümmern lassen.

Zwischen Polen und der Arbeit in der Schweiz, welche die letzte Zeit vor dem Zweiten Weltkrieg und die ersten Kriegsjahre umfaßt, lag wieder ein kurzer Aufenthalt in der Sowjetunion – wie die vorangehenden einem Weiterbildungskurs als Kundschafter gewidmet. Wie in allen anderen Teilen des Buches erfreut auch in der Berichterstattung über die Schweiz die Einfachheit der Schilderung abenteuerlichster Erlebnisse, und auch folgendes Merkwürdige, das jeder, der illegale Arbeit, die ständige Todesgefahr einschloß, an sich selbst erlebt hat, wird so klar: die völlige Gewöhnung an die Todesgefahr, die zur alltäglichen, unbeachteten Selbstverständlichkeit wird, verbunden mit einzelnen aufregenden Stunden und Tagen. So lebte Ruth Werner nun schon mehr als ein Jahrzehnt und wird noch ein zweites Jahrzehnt so leben. Interessant an diesem Teil des Berichtes ist auch, wie sie nicht nur gesellschaftlich in bürgerlichen Kreisen verkehrt, um Nachrichten zu sammeln, sondern daß einige fortschrittliche Menschen aus dem Bürgertum zu echten persönlichen Freunden, auch in der Not, werden – unter anderen auch die Freundin des Lehrers ihres Vaters, Lujo Brentano.

Von der Schweiz aus wird sie mitten im Kriege nach England, dem letzten Lande ihrer Kundschaftertätigkeit, geschickt. Hier zieht sie ganz unbekümmert Teile der Familie in ihre Arbeit mit ein, die natürlich ebenso unbekümmert mitmachen. Die Familie ist also nicht nur eine lustige Einheit beim Mittagessen.

Bei alledem darf man nicht vergessen, daß sie in diesen zwanzig Jahren drei Kinder hatte, deren drei Väter Hervorragendes im Kundschafterdienst geleistet haben und die auch als Menschen, jeder in seiner Art, etwas Besonderes waren. Und auch das muß man sehen: In diesen Jahren eignete sie sich nicht nur eine hervorragende politische, sondern auch eine umfassende Allgemeinbildung, nicht zu wenigsten auf dem Gebiete der schönen Literatur, an – und sprach deutsch, russisch, chinesisch, polnisch und englisch.

Nach zwei Jahrzehnten Kundschaftertätigkeit kam sie in unsere Deutsche Demokratische Republik, wo sie sechs Jahre hindurch nützliche staatliche Tätigkeit ausübte. Und dann folgen wieder zwanzig Jahre eines ganz neuen Lebens. Ruth Werner wird eine erfolgreiche Schriftstellerin, deren Romane und deren Biographie von Olga Benario viel gelesen werden.

So gliedert sich ihr Leben in sechs Jahre Vorbereitungszeit als Jungkommunistin und Parteimitglied mit Berufsarbeit in Buchhandlung und Verlag, zwanzig Jahre Kundschafterdienst in vier Ländern, sechs Jahre Arbeit im Staatsdienst unserer Republik und wieder zwanzig Jahre Arbeit als Schriftsteller. Was für eine Frau! Was für ein Mensch!"

2. April 1961

Liebe Ursula:

Entschuldige, wenn ich dir auf Deinen Brief, ohne Abstand und auf die Gefahr hin, Dich in Deiner Meinung nur zu bestärken, schreibe, dass er mich nur geärgert hat. Glaubst Du wirklich, Du könntest unser Verhältnis, das ja schliesslich ein halbes Jahrhundert gedauert hat und solch eine feste Basis hat, durch irgendwelche Dummheiten irgendwie ernstlich ändern! dass es irgendwie dadurch beeinflusst wird, dass ich mich über Dich ärgern muss und Dich mal einige Zeit nicht sehe, oder dass Du es jetzt nicht "über Dich bringen kannst", mir Dein Manuskript zu schicken! dass ich in einer Welt, die täglich so viel kleinen und grösseren Dreck um sich weiss, mir mein Verhältnis zu Dir, das fester Bestandteil meines Lebens ist, ob Du es willst oder nicht, ganz gleich, was Du jetzt und künftig treibst, wegdiskutieren, wegpsychologisieren, etc. lasse?! Verhalte Dich ruhig so blöde, wie Du willst. In dieser Beziehung kannst Du nichts mehr ändern, dazu ist die Vergangenheit zu stark.

Sei nicht böse, dass ich Deinen Brief nicht Marguerite gezeigt habe. Es geht ihr gesundheitlich nicht sehr gut, und er würde sie nur aufregen. Mir ist es Tut-Prep-Schmurze, wie schnell Du zur Vernunft kommst, aber lass Marguerite nicht verspüren, wenn Du mir eine runterhauen willst oder Du irrst. Du hättest Dich in mir getäuscht.

Natürlich wie immer

Jürgen

198

Brief von Jürgen Kuczynski an seine Schwester Ursula

2. April 1961

Liebe Ursula,

Entschuldige, wenn ich Dir auf Deinen Brief, ohne Abstand und auf die Gefahr hin, Dich in Deiner Meinung nur zu bestärken, schreibe, daß er mich nur geärgert hat. Glaubst Du wirklich, Du könntest unser Verhältnis, das ja schließlich ein halbes Jahrhundert gedauert hat und solch eine feste Basis hat, durch irgendwelche Dummheiten irgendwie ernstlich ändern! Daß es irgendwie dadurch beeinflußt wird, daß ich mich über Dich ärgern muß und Dich mal einige Zeit nicht sehe, oder daß Du es jetzt nicht über Dich bringen kannst mir Dein Manuskript zu schicken, daß ich in einer Welt, die täglich so viel kleinen und größeren Dreck um sich wirft, mein Verhältnis zu Dir, das fester Bestandteil meines Lebens ist, ob Du es willst oder nicht, ganz gleich, was Du jetzt und künftig treibst, wegdiskutieren, wegpsychologisieren ect. lasse?! Verhalte Dich ruhig so blöde, wie Du willst. In dieser Beziehung kannst Du nichts mehr ändern, dazu ist die Vergangenheit zu stark.
Sei nicht böse, daß ich Deinen Brief nicht Marguerite gezeigt habe. Es geht ihr gesundheitlich nicht sehr gut, und es würde sie nur aufregen. Mir ist es Tut-Piep-Schnurze, wie schnell Du zur Vernunft kommst, aber laß Marguerite nicht verspüren, wenn Du mir eine runterhauen willst oder Du findest, Du hättest Dich in mir getäuscht.

Natürlich wie immer
Jürgen

Anmerkung des Herausgebers:
Ursula hatte eine starke, mitunter besitzergreifende Zuneigung für ihren Bruder Jürgen und holte sich regelmäßig Rat bei ihm. Er legte immer wieder Wert auf ihre Meinung, sobald er ein wissenschaftliches Werk abgeschlossen hatte. Im Interesse notwendiger Distanz konnte es schon mal zu einem solchen Brief „des großen Bruders" kommen. Der Anlaß dieses seltenen Zwists der sonst eng verbundenen Geschwister ist nicht bekannt.

Werner Rahn

„Ich denke, die Zeit ist gekommen …"

In den Wirren des Zweiten Weltkrieges kam es hin und wieder zu im Wortsinn außergewöhnlichen, also merkwürdigen Allianzen. Eine von ihnen hatte grundsätzliche Bedeutung für die damaligen Verbündeten. Ruth Werner schildert sie im „Rapport". Sie brachte sie schon vor drei Jahrzehnten auf die einleuchtende Formel: „Ich denke, die Zeit ist gekommen, daß auch diese Genossen geehrt werden sollten".

Ergänzt wird jener Abschnitt aus ihrer englischen Zeit von einem Nachlaß-Dokument unbekannten Datums der Autorin über Walli Schmidt, eine Frau aus Berlin-Weißensee. Zu dieser geschichtlichen Logik gehört auch ein „Privatbrief" an Frank Joachim Herrmann, den Büroleiter von Honecker, in dem Ruth Werner auch auf jenen deutschen Antifaschisten Bezug nimmt, den endlich auch die amerikanische Administration bereit war, für seinen Einsatz gegen den Hitlerfaschismus zu ehren. Darüber berichteten die Medien im April 2006.

Vier nicht nur zeitlich voneinander völlig unabhängige, eigenständige Vorgänge fügen sich zu einem Mosaik mit historischer Relevanz.

*

„Die Zentrale war daran interessiert …"

„Jürgen wurde im Herbst 1944 auf Grund seiner Kenntnisse der wirtschaftlichen Verhältnisse in Deutschland, über die er viel veröffentlicht hatte, von der USA-Armee eine Stellung angeboten. Er sollte im ‚Büro für amerikanische Bombenstrategie' im Range eines Oberst arbeiten. Jürgen bat sich Bedenkzeit aus, damit ich bei der Zentrale anfragen konnte.

Diese gegen Deutschland gerichtete Arbeit bei einer USA-Geheimdienstorganisation hatte nur Sinn, wenn die Zentrale sie für positiv hielt und ein entsprechender Auftrag von ihr eintraf. Die Antwort kam schnell, die Zentrale war interessiert daran. Ich erhielt nun regelmäßig nützliche Nachrichten von Jürgen. Genau wie ich kann er sich nicht auf Einzelheiten besinnen. Nur eine Sache ist uns noch in Erinnerung: Dick Ruggles, Professor der Harvarduniversität, während des Krieges im Büro für strategische Dienste beschäftigt, befaßte sich mit der Methodologie der Spionage und hatte ein System ausgearbeitet, wie man nach sorgfältiger Registrierung der Seriennummern aller abgeschossenen deutschen Panzer, Flugzeuge usw. die laufende Rüstungsproduktion des Feindes einschätzen konnte. Diese Berechnung hatte einen ausgesucht engen Verteilerkreis: Roosevelt, Eisenhower, Churchill, der Chef des englischen Generalstabes, Ismay, der Chef des ‚OSS‘ und der Chef des Büros für amerikanische Bombenstrategie ... Jürgen übermittelte mir die Übersicht regelmäßig, und ich gab sie weiter an die Zentrale. Ich glaube zu wissen, daß der Oberbefehlshaber der sowjetischen Armee ebenso regelmäßig den Inhalt erfuhr ...

Jürgen lernte im OSS – ‚Büro für strategische Dienste und Vorläufer der CIA‘ – mit dem sein Büro zu tun hatte, den amerikanischen Oberleutnant ‚Max‘ (der wahrscheinlich Joseph Gould hieß, W. R.) kennen. ‚Max‘ hatte den Auftrag, deutsche Emigranten für Spionagearbeit in Deutschland anzuwerben. Sie sollten ausgebildet und mit Fallschirmen abgesetzt werden. Er bat Jürgen um Unterstützung.

Die Zentrale war an diesem Einsatz der Deutschen bei dem OSS interessiert und antwortete sinngemäß: Arbeitet mit Max, aber seid vorsichtig.

Ich übergab Jürgen die Antwort, und er vermittelte mir und Max einen deutschen Genossen, der alle das OSS betreffenden Aufgaben übernehmen sollte ... Der Genosse war Erich Henschke; er gehörte der Leitung der Londoner Parteigruppe an. Ich holte auch für seine Mitarbeit die Zustimmung der Zentrale ein ...

Max akzeptierte Erich als Mitarbeiter und war mit dessen Vorschlag einverstanden, Kommunisten als Fallschirmspringer auszuwählen. Sie waren ja wirklich im antifaschistischen Kampf die zuverlässigsten ... Das Folgende zeichne ich nach einem Gespräch mit Erich Henschke im Jahre 1968 auf, der sich dieser Dinge besser erinnert.

Der Einsatz unserer Genossen für solche Aufgaben konnte nicht ohne Zustimmung der deutschen Parteileitung in England erfolgen. Erich sprach mit Wilhelm Koenen. Meine Existenz wurde, falls Erich die Schweigepflicht, so wie verlangt, einhielt, niemals erwähnt. Erich Henschke, Hans Kahle und Wilhelm Koenen wurden von der Parteileitung beauftragt, die Liste der Genossen, die eingesetzt werden sollten, zusammenzustellen ... Dem OSS wurde eine Reihe von Genossen vorgeschlagen, nachdem Erich mir deren Fotos und Lebensläufe übermittelt hatte. Ich sandte sie der Zentrale zu und erhielt ihre Zustimmung. Die Genossen wußten, daß ihr Einsatz von der Sowjetunion genehmigt war. Zwei der Genossen wurden vom OSS abgelehnt, es blieben übrig: Adolf, Walter, Peter, Paul Lindner, Werner Fischer, Kurt Gruber, Anton Ruh ...

Die genannten Genossen schlossen einen Vertrag mit dem OSS; sie wurden hochbezahlt und erhielten eine beachtliche Lebensversicherung. Es folgte eine intensive Ausbildung von etwa zehn Wochen in England; sie übten Fallschirmsprünge und die Bedienung des Walkie-talkie, das war eine Art Sprechfunkgerät, das damals noch eine Neuheit war. Sie lernten einen Zahlenkode auswendig. Ihre Pässe, ihre Kleidung, ihr Lebenslauf wurden gründlich vorbereitet. Unsichtbare Tinte, Vergiftungspillen und Kraftnahrung gehörten zum Fluggepäck. Ich ließ der Zentrale Informationen zukommen. Der Direktor bestätigte, unsere Material sei interessant, besonders der Zahlenkode.

Die Genossen sollten, jeder an einem vorbestimmten Tage zu festgelegter Zeit und an einem vorbestimmten Punkt, ihr Flugzeug mit dem Fallschirm verlassen und nach der Landung als erstes ihr Walkie-talkie bereithalten. Ein USA-Flugzeug würde über dem Absprungsgebiet erscheinen und den Kontakt vom Himmel zur Erde über Walkie-talkie mit ihnen aufnehmen.

Adolf sprang nach Erichs Erinnerung als erster oder zweiter ab. Toni Ruh und Paul Lindner benutzten zusammen ein Flugzeug. Sie nahmen nach dem Absprung Verbindung mit den Amerikanern und den sowjetischen Freunden auf. Ich glaube, daß Toni unter anderem bei seiner Schwester, Frau Tredup, anlief, die ihn tapfer unterstützte. Er grub sein Walkie-talkie ein, ich nehme an, er hat es später, nach Kriegsende, Mitarbeitern der Zentrale übergeben. Toni Ruh, der vor ein paar Jahren verstorbene Botschafter der DDR in Rumänien und frühere Leiter des Amtes für Zoll- und Warenkontrolle, hat seine Geschichte sicherlich im Detail festgehalten. Er kehrte mit erfülltem Auftrag nach England zurück. Seine Berichte übermittelte ich der Zentrale.

Toni lernte ich später durch gemeinsame Freunde in der DDR persönlich kennen, wir aßen häufig im Gästehaus der Regierung am Thälmannplatz zusammen Mittag. Niemals habe ich erwähnt, daß wir schon einmal in anderer Angelegenheit miteinander zu tun gehabt hatten ..."

*

„Alle Nazis sind jetzt Kommunisten ..."

„Ich war im kommunistischen Jugendverband mit Toni Ruh zusammen. Meine Schwester war in Ravensbrück (Dora Selchow), mein Schwager wurde hingerichtet. Meine Schwester sagte mir: ‚Ich brauche Verpflegung für zwei.' Da hab ich gekocht und gemacht, und meine Schwester ließ mir ausrichten: ‚Die sagen, es schmeckt wie bei Muttern' ... Die beiden waren die Fallschirmspringer Toni Ruh und Paul Lindner. Sie verbargen sich bei Pauls Eltern in Baumschulenweg. Das wußte ich damals noch nicht.

Wenn meine Schwester etwas wollte, war es klar, daß es um die richtige Sache ging. Dann sagte mir meine Schwester: ‚Ich buddel jetzt etwas ein, steh du mal Wache.' Und das war Toni Ruhs Walkie-talkie. Wir wohnten damals in der Laubenkolonie Berlin-Wartenberg, Falkenhöhe. Am Ende unseres Gartens waren der Hühnerstall und ein Pflaumenbaum, wir gruben dort das Gerät während des Flieger-alarms ein, weil da kein Mensch draußen war."

Walli Schmidt glaubt sich zu erinnern, daß Toni Ruh in den letzten Kriegstagen mit der Roten Armee gemeinsam mit der Waffe in der Hand gekämpft hat. Sie kämpften gegen den Volkssturm und verhinderten, daß die Baumschulenbrücke über den Teltowkanal gesprengt wurde.

„Das Gerät und eine Waffe waren wunderbar eingepackt. Meine Schwester sagte mir, ‚wenn die ersten Sowjetsoldaten kommen, übergib es einem Offizier‘. Sie kamen, ich holte eine Polin, die in der Nähe wohnte, zum Übersetzen. Der Offizier sagte bitter: ‚Alle Nazis sind jetzt Kommunisten.‘ Er fragte mich aus, nach Thälmann, nach der Geschichte deutscher Kommunisten. Ich wußte alles. Und ich besaß ein Buch – John Reed ‚Zehn Tage ...‘

Unser ganzer Garten wurde nach Minen durchsucht. Sie nahmen das Gerät heraus und gaben mir eine Bescheinigung dafür. Das wiesen wir vor, als die sowjetische Administration kam. Da sagten sie zu mir: ‚Du wirst hier Bürgermeister.‘ Ich war entsetzt und sagte rasch: ‚Auf keinen Fall.‘ Da fiel mir unser Parteisekretär ein und ich sagte: ‚Der kann es besser.‘ Er wurde dann Bürgermeister. Ein paar Tage später kam Toni Ruh. Er sah, wie unser Garten verwüstet war und fragte: ‚Bist du enttäuscht?‘ Ich antwortete: ‚Aber Toni, wir sind glücklich, daß endlich der Faschismus vorüber ist, ich habe noch nie an Besitz gehangen ...‘“

(Das Dokument ist auszugsweise wiedergegeben.)

⁎

„Eine Frau kannte Toni Ruh ...“

Lieber Genosse Frank Joachim Herrmann,

an Dich privat gerichtet, weil die Tipperei für „Offiziell“ nicht mehr gut genug ist. Dank für die ungarische Parteizeitung. Ich finde den Beitrag angenehm, da mit leichter Hand (wie sie uns oft fehlt), geschrieben, außerdem läßt er das Journalistenherz höher schlagen über den Namen des ungarischen Genossen, den ich nicht wußte, während alle Fakten bestätigt werden.

In dieser Beziehung gibt es noch manches. Der 75jährige Vater von Helga Hörz meldet sich. Er gehörte zur Widerstandsgruppe in Danzig, für die ich gefunkt habe. Sie waren 45 gut ausgebildete Genossen gewesen und wurden alle durch Verrat verhaftet. Vier von ihnen, einschließlich des Leiters der gesamten Gruppe, wurden hingerichtet. Ich spreche von ihm auf S. 136. Seine Frau lebt noch in einem winzigen Ort bei Güstrow.

Eine Frau schreibt mir, sie kannte Toni Ruh, ich habe recht mit meiner Vermutung. Sein Walkie-Talkie habe er bei ihrer Schwägerin in Berlin-Wartenbergs Kleingartenanlage, Falkenhöhe, vergraben. Die Schwägerin übergab das Gerät an den ersten sowjetischen Kommandanten und erhielt eine Bescheinigung darüber.

Da ich aus drucktechnischen Gründen nichts einfügen kann, erwäge ich diese Tatsachen in einem Nachtrag auf einer Seite zu bringen.

Im übrigen hat Dein Urteil (und natürlich das Deines Vorgesetzten) sich tausendfach bestätigt. Dieser Erfolg ist geradezu überraschend und mit am wichtigsten: bei Menschen aller Art, ob Intellektueller, Arbeiter, parteilos oder Genosse, jung oder alt. Die Literaturnaja Gaseta hat übrigens Hermann Kants Artikel über das Buch (Der Sonntag Nr. 78) nachgedruckt. Das halte ich in mancher Hinsicht für gut und wichtig, als erste Reaktion.

Mit Dank und guten Grüßen

Ruth Werner

(Ohne Datum, vermutlich Ende 1977)

*

USA ehrten deutsche Antifaschisten

Berlin (ND). Über sechs Jahrzehnte nach Ende des Zweiten Weltkrieges wurden am Mittwoch in der Botschaft der USA in Berlin zwei deutsche Antifaschisten postum geehrt.

Paul Lindner (1911–1969) und Anton Ruh (1912–1964) hatten sich 1944 im britischen Exil gemeinsam mit fünf weiteren Angehörigen der Bewegung Freies Deutschland bereit erklärt, für den US-amerikanischen Geheimdienst OSS zu arbeiten. Insgesamt startete das Londoner OSS-Büro unter dem Decknamen „Tool" mit diesen sieben von der KPD-Emigrationsleitung ausgewählten Hitlergegnern fünf Missionen Richtung Deutschland. Als erste waren Lindner und Ruh Anfang März 1945 mit dem Fallschirm im Raum Berlin abgesetzt worden, um mögliche Angriffsziele und Truppenbewegungen sowie die Stimmung in der Bevölkerung zu erkunden. Außerdem sollten sie Kontakt zu örtlichen Widerstandsgruppen aufnehmen. Ende April – die Rote Armee kämpfte bereits in den Straßen Berlins – gelang es ihnen noch, die von deutschen Soldaten vorbereitete Sprengung einer Brücke über den Teltowkanal zu verhindern. Im Juni 1945 konnten sie über Leipzig und Paris zu ihren Auftraggebern nach London zurückkehren.

Ihr Wunsch, beim Neuaufbau der zerstörten Heimat in der sowjetischen Besatzungszone mitzuhelfen, wurde von den USA- und britischen Behörden jedoch monatelang hintertrieben. Dem einsetzenden Kalten Krieg war auch geschuldet, daß die schon seinerzeit von ihrem OSS-Betreuer Joseph Gould vorgeschlagene Auszeichnung auf Jahrzehnte in Schubladen verschwand. Nach Goulds Tod hatte sich dessen Sohn Jonathan, ein New Yorker Rechtsanwalt, dieses Vermächtnisses angenommen und letztlich auch die Fürsprache von Senatorin Hillary Clinton erhalten.

So konnte am Mittwoch US-Botschafter William R. Timken und Militärattaché Ronald H. Zedler der Witwe von Paul Lindner und dem Sohn von Anton Ruh den „Silver Star", eine der höchsten militärischen Auszeichnungen der Vereinigten Staaten, übergeben.

(Neues Deutschland, 6. April 2006)

Das Wohnhaus der Familie Beurton in Great Rollright. An dieser Tür klingelten im Spätsommer 1947 zwei MI5-Leute, einer war William Skardon, der spätere Vernehmer des „Atomspions" Klaus Fuchs. Ursula und Len wurden wegen ihrer Agententätigkeit befragt. Ruth Werners Kommentar in „Sonjas Rapport": „Sie schieden friedlich und ergebnislos."

Ursula und Peter 1945 in Oxford

Mai 1945, Erinnerungsfoto an eine Feier in Oxford, Georgstreet, aus Anlaß
des Kriegsendes, an der auch Ursula Beurton (siehe Pfeil) teilnahm

Dieses Haus in New York, Henrystreet, Settlement, hatte Sonja für ihre Kontaktperson, den deutschen Physiker Klaus Fuchs, ausgesucht, bevor dieser Ende 1943 in die USA wechselte. Dort traf er sich im Februar 1944 erstmals mit seinem neuen Kontaktmann „Raymond" (richtiger Namen Harry Gold), um diesem bis 1946 Ergebnisse des amerikanischen Atomforschungsprogramms von Los Alamos zu übergeben.

Das Grab der Eltern im englischen Great Rollright. Unter dem Namen von Berta Kuczynski steht: „Mutter von Jürgen, Ursula, Brigitte, Barbara, Sabine, Renate."

Lotte Ulbricht an Ruth Werner

Berlin, den 3.1.1979
Majakowskiring 72

Verehrte Genossin Ruth Werner!

Ich habe in „Sonjas Rapport" mit großem Interesse und nicht nachlassender Bewegung gelesen und möchte Dir dafür danken, daß Du Deine Erinnerungen niedergeschrieben hast.

Sie sind wahrhaftig eine Widmung „all jenen, die mit Freude gelebt, gekämpft und Opfer gebracht haben". Zu ihnen gehörten viele Kommunisten meiner Generation, auch mein Bruder Bruno Kühn, von dem Du auf S. 206 schreibst.

Was Du wahrscheinlich nicht weißt – und was auch zwischen uns Geschwistern tabu war und mir erst in den allerletzten Jahren bekannt wurde – ist die Tatsache, daß Bruno schon vor Beginn der Naziherrschaft in Berlin Funker für eine sowjetische Stelle war. Ich konnte bisher nur nicht feststellen, für welche.

Auch über sein Ende gibt es eine neue Version: Er soll in Holland von der Gestapo als Funker angepeilt und dann aufgespürt worden sein. Dabei habe er Gift genommen.

Vielleicht interessiert Dich das.

Für das begonnene Jahr wünsche ich Dir gute Gesundheit, Freude an der Familie und uns von Dir noch recht viele Bücher. Alles Gute.

Mit sozialistischem Gruß

Deine Lotte Ulbricht

Auf dem Buchbasar in Rostock, Juli 1978

„Ich beharrte auf meinem Satz ...“

Ruth Werner auf dem X. Schriftstellerkongreß 1987

Vielen Dank dafür, daß ich noch einmal in dieser großen Runde meiner Schriftstellerkameraden sprechen darf. Ich übernehme auch gern die Anregung, etwas über den siebzigsten Jahrestag der Oktoberrevolution zu sagen. Nur, darüber ist in den letzten Wochen zu Recht so viel gesprochen, geschrieben, gedruckt worden. Schriftsteller und – ich hoffe – auch Journalisten wissen: Die schönsten Sätze, zu oft wiederholt, werden blaß wie die allerletzte Kopie einer Schreibmaschinenseite. Also vielleicht nur ein paar persönliche Worte.

Die Oktoberrevolution feierte 1924 ihren siebten Geburtstag und ich meinen siebzehnten. Als junger Kommunist nahm ich zum ersten Mal an einer Demonstration teil, vor uns das berühmte Transparent „Hände weg von Sowjetrußland“. Polizei sprang von den Lastwagen und schlug uns mit Gummiknüppeln. Ein Nichts, verglichen mit den späteren Methoden des Faschismus, aber, persönlich davon betroffen, doch sehr schmerzhaft. Manche laufen davon, andere formieren sich wieder zum Zug, ich hatte die Wahl. Ihr wißt, wie ich entschieden habe. Im zwanzigsten Jahr nach der Oktoberrevolution erhielt ich meinen ersten Rotbannerorden. Ein unvergeßliches Erlebnis, als Kalinin, der Vorsitzende des Obersten Sowjets, ihn mir im Kreml überreichte. Wir liebten Kalinin besonders. Er sprach kluge, ehrliche Worte zur Jugend, und er war so bescheiden. So bescheiden war, glaube ich, nur noch Lenin.

Nun spreche ich zu einer jüngeren Generation der Schriftsteller, die nicht solche Grunderlebnisse zur Verfügung hat, aber manches Problem trotz der viel besseren Verhältnisse. Ich kann euch versichern, Probleme hören für keine Generation auf, und für jene, die sich ein Leben lang gut geschlagen haben, gab es ebenfalls Probleme, Konflikte und Widersprüchliches.

Im vierzigsten Jahr nach der Oktoberrevolution sagte mir ein sowjetischer General, damals bereits Veteran: „1937 haben Sie Ihren

Orden erhalten. Im selben Jahr habe ich meinen Sohn zum letzten Mal gesehen." Ich verstand. Wir hatten auf dem XX. Parteitag der KPdSU vom Mißbrauch der Macht und dem dafür Verantwortlichen gehört. Auch dies blieb unvergessen. Eines der Opfer war der hervorragende Journalist Michail Kolzow, den ich persönlich kannte. Nie, nie werde ich darüber, daß er nicht mehr am Leben ist, die Worte über die Lippen bringen: „Es sollte nicht sein."

Diese Dinge haben nichts an meiner Beziehung zum sowjetischen Volk und nichts an meiner Weltanschauung geändert. Aber im

Ruth Werner 1989 im Garten ihrer Wohnung Dammweg 35

Rahmen dieser Weltanschauung mußten die dunklen Seiten jener Zeit verarbeitet werden. Seitdem achte ich besonders auf demokratisches Verhalten, niemanden täuschen, nichts vertuschen. Wenn ich auch keine große Literatur geschrieben habe, es ist für mich und die

Leser wesentlich, daß meine Bücher ehrlich sind. Auch auf Veranstaltungen spreche ich immer als Kommunist, offen und ehrlich, und denke, daß ich dabei die Zustimmung auch unseres Präsidiums habe.

Siebzig Jahre nach der Oktoberrevolution – entschuldigt, wenn ich ihr nicht ihren vollen, verdienten Titel gebe. In dem Buch „Sonjas Rapport" spreche ich im Zusammenhang mit meiner Arbeit als Kundschafter der Roten Armee davon, daß Rußland 1934 das einzige Land war, in dem die Revolution gesiegt hatte. Ich gab mein Manuskript einem Geschichtsexperten. Der sagte: „So geht das nicht, du mußt schreiben: Große Sozialistische Oktoberrevolution." Ich beharrte auf meinem kurzen logischen Satz, denn wenn der Leser nicht durch das ganze Buch hindurch spürte, daß ich diese Revolution für ein weltveränderndes Ereignis hielt und wie ich mich für dieses Land und sein Volk eingesetzt habe, dann war es auch nicht dadurch zu retten, daß ich „Große Sozialistische" hinzusetzte.

Wer wissen will, wie der Streit ausging: Ich wollte den Professor nicht ärgern und habe folgendes geschrieben: „Wir arbeiten für das einzige Land, in dem die Arbeiterklasse gesiegt hat." Den Satz fand ich auch gut. Die Arbeiter, die Bauern, die Intelligenz, das russische Volk hatten 1917 gesiegt und noch einmal gegen die Interventionsarmeen, gegen die eigenen Konterrevolutionäre. Es hat 1945 gesiegt im Kampf für seine Heimat und für den Sozialismus, dessen Grundstein Lenin und das Volk mit der Oktoberrevolution gelegt hatten.

Das siebzigste Jubiläum der Revolution fällt in die Zeit der Umgestaltung mit ihren hohen gesellschaftlichen und moralischen Ansprüchen. Vor einer Woche las ich die Worte des Genossen Honecker über die KPdSU als eine Partei der Neuerer und Bahnbrecher auch in der jetzigen Periode, die stets unerforschte Wege beschritten hat. Ich las, daß wir mit großem Interesse und gleicher Sympathie die Verwirklichung der Beschlüsse des XXVII. Parteitages der KPdSU verfolgen. Da ist es nur natürlich, daß unsere junge Generation – die Sechzigjährigen könnten meine Söhne sein, aber die meine ich nicht, sondern die Dreißig-, Vierzigjährigen – das Neue, unter manchen Mühen und auch Widersprüchen im Kampf Entstehende mit großem Interesse aufnimmt und diskutiert. Die Jugend steht bei uns und bei

Nach ihrer Rückkehr in die DDR 1950 war Ursula Beurton eine der „Trüm-merfrauen".

der Sowjetunion, wir brauchen für sie vielleicht Ungewohntes, fremd Wirkendes nicht auszuklammern.

Wenn allerdings ein vereinzelter junger Wanderer des Weges kommt und alles, was die Sowjetunion bisher geleistet hat, zynisch abwertet, völlig vergessend, daß unser Land, in dem wir bereits so viel geschafft haben, nie ohne die Sowjetunion entstanden wäre, dem sag ich's, wie ich's mit siebzehn Jahren getan hätte, nun aber mit achtzigjähriger Erfahrung: Das Sowjetvolk hat zehnfach bewiesen, mir welch unvorstellbarer Kraftreserve es Schwierigkeiten überwindet. Es wird sein Haus rekonstruieren und noch viel mehr. Es besitzt die Geduld und Nervenstärke, pausenlos dafür zu kämpfen, daß aller Völker Häuser und Menschen vor Aschetod und Eiszeit bewahrt bleiben.

Wir wünschen Genossen Gorbatschow alles Gute für seine Friedensfahrt am 7. Dezember. Und die Oktoberrevolution wird noch, wenn unsere Nachfahren mit berechtigtem Stolz sich auf tausend Jahre Berlin vorbereiten, als großartigstes Ereignis gefeiert werden, das die Welt verbessert hat und weiter verbessern wird.

Porträtskizze von Peter Edel (1921–1983). Der jüdischen Grafiker und Schriftsteller überlebte die Konzentrationslager Auschwitz, Sachsenhausen und Mauthausen. In den 70er Jahren gehörte er dem P.E.N.-Zentrums der DDR und dem Vorstand des Deutschen Schriftstellerverbandes an.
Der Kommentar seiner Kollegin unter der Zeichnung:
Sehr ähnlich! – Und Dir sehr ähnlich so etwas auf einer Versammlung zu zeichnen! Danke Ruth

„Ich habe Mut, ich habe Optimismus ...“

Ruth Werner im Berliner Lustgarten, November 1989:
Bekenntnis zum demokratischen Sozialismus

„Ich heiße Ruth Werner und schreibe Bücher. Liebe Freunde und Genossen!

Ich bitte euch herzlich, möglichst wenig zu applaudieren, damit ich mich konzentrieren kann, und manche werden auch gar nicht applaudieren. Ich bin von der Bezirksleitung gebeten worden, hier zu euch zu sprechen. Das Wohltuende war, ich brauchte meine Rede nicht vorzulegen, es wurde nichts ver... (Beifall). Es wurde nichts gestrichen, und es wurde nichts verschönert. Das war wohltuend, aber ich erwähne es nur, weil das ein Stil ist, von dem wir, glaube ich, heute schon erreicht haben, daß er in der untersten Grundorganisation anfangen kann, daß jeder Bericht so weitergeht, wie er geschrieben wird, so ist, wie es die Menschen, die ihn geschrieben haben, ehrlich gesagt haben. Wenn wir das erreicht haben, haben wir schon ein großes Stück des Vertrauensverlustes der Partei abgebaut.

Meine Rede handelt sich um den Vertrauensverlust der Partei. Egon, Genosse Egon Krenz, hat in seiner Rede gesagt, daß es schon lange im Politbüro Krisen gab. Ich glaube ihm das, alle Daten glaube ich ihm. Aber den wirklichen Wandel, und vor allem das Tempo der Veränderung, das haben die Massen geschafft, die zu Hunderttausenden in allen Städten (Beifall)... Ich bitte euch, applaudiert nicht, ich rede euch weder zu Munde, und dann kann ich mich nicht konzentrieren in meinem Alter, wenn ich frei sprechen soll. Ihr könnt`s dann zum Schluss machen, meinetwegen. Aber geschafft haben es die Massen in vielen Städten zu Hunderttausenden, die demonstriert haben. Und vor allen Dingen haben sie das Tempo mitbestimmt, denn das langsame Aufwachen des Politbüros ist sehr beschleunigt worden durch diese Demonstrationen. Und ich möchte, daß diese Demonstrationen niemals ein weißer Fleck in der Geschichte unserer Republik bleiben, sondern daß sie historisch vermerkt werden.

Ich möchte noch etwas sagen: Mein Zorn und mein Schmerz richteten sich auf folgendes: Ich habe mich gefragt, wir haben zwei Millionen Parteimitglieder und darüber, ich weiß von hundert Veranstaltungen, von allen Menschen, die ich treffe, ich weiß von meinen Söhnen und den erwachsenen Enkeln, ich weiß von allen Menschen, die ich treffe, wie lange sie zunächst ehrlich besorgt waren und dann beinahe verzweifelt über die Situation bei uns.

Und was mich so sehr beschäftigt: Wenn unserer Parteimitglieder, die einfachen Parteimitglieder auf die Straße hätten gehen können, dann wären das eine Million fünfhunderttausend gewesen, und die hätten protestiert mit Losungen ‚Wir wollen einen sauberen Sozialismus‘ und ‚Wir wollen einen echten Sozialismus, wir wollen keinen deformierten!‘ Und daß das nicht geschah, das ist, weil es nicht geschehen konnte, weil der Machtapparat es nicht zuließ. Es war physisch, psychologisch, technisch nicht möglich.

Und das beschäftigt mich so sehr, wenn die Partei, die führend sein soll, und die Genossen, die alle in ehrlichen, sozialistischen Richtungen gedacht haben und sich Sorgen gemacht hatten – denen war es versagt, zu gehen. Es bestand nicht die Möglichkeit, weil ein Apparat, ein Parteiapparat existierte, der es unmöglich machte, es war nicht, daß die Genossen feige waren, es ging nicht. Und darüber muß man sehr lange nachdenken, bei der Erneuerung des Sozialismus, wieso das so war.

Eine dritte Sache: Das Vertrauen zum neuen Politbüro, zur neuen Führung. Es gibt natürlich Genossen aus dem alten Politbüro, die sich im neuen befinden. Und für alle Genossen, ich sage das jetzt nicht für die Mitglieder des Politbüros, für alle Genossen ist es sehr schwierig zu wissen: Wer dreht sich nach dem Wind und wer ist echt verändert, wer hat sich schon jahrelang, vielleicht verbittert, besorgt dafür eingesetzt, daß es anders wird. Und da kann ich niemandem einen Rat geben, da muß man einfach anständig handeln, erkennen als Sozialist, wer ehrlich spricht, wer ehrlich mithilft, und denen wollen wir unser Vertrauen schenken. Und ich denke, wir geben besonders dem Genossen Egon Krenz Kredit, wir geben ihm eine Zeit, und ebenso den anderen Genossen im Politbüro, zu ändern, durch

Taten zu ändern und daran werden wir sehen, wer ein echter Kommunist ist.

Ich möchte noch einen Satz sagen, der sehr sehr weit geht. Ich habe – es ist schwer zu sagen –, aber ich habe schon seit sicher zwei, drei Jahren Genossen, die für eine Position im Parteiapparat vorgesehen waren, gesagt, und bitte pfeift nicht und klatscht nicht, ich habe gesagt, wenn du in den Parteiapparat gehst, kriegst du entweder Magengeschwüre oder du brichst dir den Hals oder du verfällst dem Gift der Macht. Die drei Möglichkeiten hast du. Und ich muß euch sagen, heute sage ich es, nach den Veränderungen, die sich anbahnen, nach dem Wandel, der vor sich gegangen ist, geht in den Apparat, arbeitet mit, ändert die Zukunft, arbeitet als saubere Sozialisten! Ich habe Mut, ich habe Optimismus, weil ich weiß, daß das geschehen wird. Und da bitte ich jeden Genossen, ob im Apparat oder außerhalb, daß er mitarbeitet, denn es beginnt sich zu ändern, und es kann sich nur ändern, wenn wir alle mitmachen.

221

Die Zeitungslektüre gehörte zum ständigen Tagesprogramm

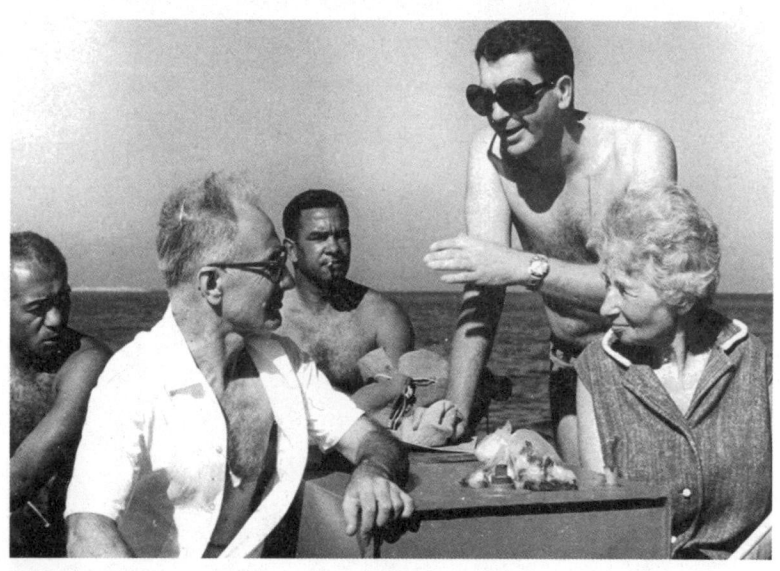

Beim Tauchen vor der Küste Kubas, Februar 1972.

Die Großmutter mit der Enkelin Susanne (l.) und der Urenkelin Nelly.

Mutter und Kinder 1999 im Garten – Peter, Ruth, Janina, Michael

*Oberst a. D. Viktor Botschkarjow, Mitautor des Buches „Superfrau der GRU",
und Hanna Spiegel, besuchte den 90jährigen im Juni 2006 im Zusammenhang mit Recherchen zu Richard Sorge in seiner Moskauer Wohnung.*
*1967 war in der Schule 141 in Moskau ein Museum für Richard Sorge einge-
richtet worden. Eine der Vitrinen ist Ruth Werner gewidmet.*
*Viktor Botschkarjow, selbst 33 Jahre für die GRU in zahlreichen Ländern der
Welt tätig, war 1944 mit der 1. Ukrainischen Front nach Deutschland gekommen, wo er die dramatischen Kämpfe um Berlin bis zur Kapitulation miter-
lebte. In späteren Jahren gab es auch Kontakte mit Ruth Werner, die ihn zum
Buch „Superfrau der GRU" anregten, das 2002 in Moskau erschienen ist.
Eigene Erfahrungen und Erlebnisse hat er in dem 2004 herausgekommenen
Werk „60 Jahre im Dienst der Militäraufklärung" dokumentiert. Bis zu seinem
Tode betreut er ehemalige Kundschafter und die Bewegung „Junge Sorges".*

*Richard-Sorge-Denkmal in Moskau. Ihm gegenüber befindet sich die 141.
Schule mit dem Sorge-Museum.*

225

Die Kinder M. Hamburger, P. Beurton, J. Blankenfeld, Herausgeber R. Hempel im Frühjahr 2006 in Berlin-Pankow

Eberhard Panitz
Morgenstunde bei Ruth Werner

Es ist dasselbe Reihenhaus in der Nähe des Plänterwalds, der Gartenweg zur Tür, der schmale Flur und das Wohnzimmer mit dem Blick in den Garten, wo ich oft gewesen bin in den vergangenen Jahren und Jahrzehnten. „Viel zu selten läßt du dich sehen", sagt mir Ruth Werner zu dieser Morgenstunde lächelnd an der Tür. Sie sei jetzt nicht mehr so beweglich und habe zwar die Kinder und Kindeskinder um sich, die sich lieb um sie kümmerten, doch sie vermisse die alten Freunde und Genossen sehr, die sie sonst allenthalben bei Versammlungen und anderen Gelegenheiten getroffen habe. So genau wisse sie ja nicht, wieviel Zeit ihr noch bleibe. In ein paar Tagen wird sie 93 Jahre. Und sie habe uns vielleicht doch noch dies und jenes zu sagen.

Im Gespräch ist sie wie immer, rege und neugierig, anteilnehmend an allem, was rings um sie und weit in der Welt geschieht, nur von sich selbst spricht sie ungern. Mich fragt sie nach meiner Frau, ihrer Arbeit und den Kindern aus. Ob ich wenigstens Fotos von ihnen bei mir hätte, es interessiere sie, was aus ihnen geworden sei und wie es ihnen in der jetzigen Schule ergehe. Natürlich hat sie in zwei, drei Tagen das Manuskript meines neuen Buches gelesen, genauestens. Wie in alten Zeiten spricht sie mit mir darüber, von jeder Figur und jeder Wendung der weitverzweigten Handlung hat sie einen festen Eindruck und Zweifel, Fragen, Kritik, bemüht sich, mich nicht in bodenlose Selbstzweifel zu stürzen, und meint, das Buch würde schon seine Leser finden, weil es eine spannende Geschichte sei. „Aber wer wird es heutzutage drucken?" fragt sie besorgt. „Hast du einen Verlag?"

Früh liest sie die Zeitung, es dauere neuerdings etwas länger, sagt sie. Im Fernsehen verfolge sie die aktuellen Sendungen, anderes interessiere sie kaum noch. Die meiste Zeit widme sie ohnehin dem Bücherlesen, das sei noch extremer geworden, seit sie selbst nicht

Das letzte Foto von Ruth Werner entstand am 15. Mai 2000 zu ihrem 93. Geburtstag

mehr Bücher schreibe, damit sei es endgültig vorbei. Dennoch freue es sie, daß, in England und gerade dieser Tage in China ihr Lebensbericht *Sonjas Rapport* in Übersetzungen erschienen sei. Und daß der Berliner Spotless-Verlag die Erzählung *Der Gong des Porzellanhändlers* neu aufgelegt und damit auch Anklang gefunden habe. Schon wieder ist es drei Jahre her, als sie zum traditionellen Solibasar auf dem Alexanderplatz dieses Buch signierte und von ihren Lesern umdrängt war. Gern will sie sich noch einmal den Lesern stellen, wenn jetzt ihre *Muhme Mehle* neu erscheint. Was ihr Leben und Schreiben bestimmt hat, bestimmt es auch noch heute, so wie sie ihrem Lebensbericht *Sonjas Rapport* das Schlußwort mitgab: „Gewidmet all jenen, die mit Freude gelebt, gekämpft und Opfer gebracht haben, um die Gegenwart zu schaffen, die Basis für eine bessere, eine sozialistische Welt."

Keine Frage, daß sie jetziges Geschehen erregt und mit Sorgen erfüllt, nichts beunruhigt sie mehr als die weggebrochene, kleiner gewordene, jedoch nicht gänzlich verlorene Basis für eine bessere Welt. „Allzu optimistisch sehe ich nicht in die Zukunft, aber es galt für mich immer, selbst in den scheinbar ausweglosesten Situationen: Der Mensch braucht, ohne sich in Phantasien zu flüchten, sein Segment Hoffnung und Traum, das er nie aufgeben darf."

Ich kannte Ruth Werner schon mehr als ein Jahrzehnt, als sie mir gegen Ende des Jahres 1976 ihre Lebenserinnerungen zu lesen gab und mich in ihr Haus eingeladen hatte. Wir saßen im selben Zimmer, ihr inzwischen verstorbener Mann Len, der Gefährte bei der illegalen Tätigkeit in der Schweiz, war dabei. Zum ersten Mal erfuhr ich durch dieses Manuskript und das Gespräch darüber etwas von ihrem „ersten Leben", das sie strikt in ihrem „zweiten Leben", das der Schriftstellerin, bis dahin geheimgehalten hatte. Noch war es nicht entschieden, ob *Sonjas Rapport,* das längst fertiggeschriebene Erinnerungsbuch, erscheinen würde. Erst ein Jahr später konnte ich einen Blick in dieses Buch werfen und vollends die Ausmaße dieses „Doppellebens" begreifen. Sie wehrte sich jedoch damals wie heute gegen allzu dramatische Bewertungen und Würdigungen. „Nach meiner Erfahrung löst sich im täglichen Leben jeder Held in einen normalen Men-

schen auf", schrieb sie im *Gong des Porzellanhändlers.* Das war mit
Blick auf Richard Sorge gesagt, ihr Vorbild und ihr Kampfgefährte.
Noch weitaus „normaler" sah sie sich selbst.

Vor fast 75 Jahren wurde Ruth Werner Mitglied der Kommunistischen Partei und erhielt prompt die Entlassungspapiere vom Ullstein-Verlag, wo sie angestellt gewesen war. Sie gründete und leitete
danach die *Marxistische Arbeiterbibliothek,* schrieb für die *Rote Fahne*
und *Welt am Abend.* 1930 übersiedelte sie nach Shanghai, das war der
Beginn einer 20jährigen illegalen Arbeit als Angehörige der Roten
Armee und Kundschafterin der Sowjetunion, zunächst mit Richard
Sorge in China, dann in Polen, in der Schweiz und in England.

Dort nahm sie von Klaus Fuchs, der als Physiker an der Entwicklung der Atomwaffe beteiligt war, hochbrisante Geheimdokumente
entgegen und beförderte sie weiter, so daß die Sowjetunion schon im
Jahre 1949 das Kernwaffenmonopol der USA brechen konnte – eines
der folgenreichsten Geschehnisse des vergangenen Jahrhunderts auf
der Waagschale Krieg oder Frieden angesichts späterer Atombomben-
drohungen im Korea-, Vietnamkrieg und im Kubakonflikt. Markus
Wolf schrieb in seinen Erinnerungen 1997: „In der Regel fuhren
Fuchs und Ruth Werner mit dem Fahrrad in den Wald, und dort
übergab der Physiker die Informationen schriftlich von Hand zu
Hand. Dabei handelte es sich um Kopien seiner eigenen Arbeiten oder
um mit seinem nahezu fotografischen Gedächtnis gespeicherte und
danach niedergeschriebene Erkenntnisse über das gesamte Projekt.
Ruth Werner erzählte mir später, daß sie aus Neugier zwar einen
Blick auf die Formeln geworfen hatte, als Laie jedoch den Hierogly-
phen in Fuchs' unendlich kleiner Schrift nicht das Geringste entnehmen konnte." Im übrigen hatte sie gerade diesen Kundschafterdienst
mit bestem Wissen und Gewissen getan, wie es später auch Klaus
Fuchs von sich sagte: „Ich hatte nie das Gefühl, mir etwas zuschul-
den kommen zu lassen, als ich Moskau mein Geheimwissen zur Verfügung stellte. Es wäre mir wie ein sträfliches Versäumnis erschienen,
das nicht zu tun."

Das läßt sich nicht aus dem Kopf wegwischen, wenn man dieser
Frau heute gegenüber sitzt. Sie spricht, als ich danach frage, mit

großer Hochachtung von Klaus Fuchs und daß sie Glück gehabt habe, anders als er durch günstige Umstände ohne Verurteilung und jahrelange Haft davongekommen und schon 1950 in die DDR heimgekehrt zu sein. So sieht sie auch ihr „zweites Leben", das der Schriftstellerin, und welches Echo ihre Bücher hierzulande fanden, als einen Glücksfall und ein Geschenk an. „Es ist großartig, noch im Alter einen solchen Beruf zu haben, der so viel fordert", schrieb sie in *Sonjas Rapport*. „Vielleicht trägt die Freude daran mit dazu bei, daß ich nicht von der Vergangenheit zehre, sondern intensiv mit dem Heute beschäftigt bin. Doch ganz kann man sich nicht von dieser Vergangenheit lösen."

Kein Lösen von der Vergangenheit, intensives Beschäftigen mit dem Heute – das gilt für sie auch in dieser Morgenstunde. Vielleicht haben wir uns, als wir vor dem Jahrzehnt der Wendejahre unsere Bücher schrieben, beisammen saßen und miteinander darüber sprachen, nicht immer bis ins Letzte darüber verständigt, worauf es angekommen wäre und was mit allem, was wir taten, dachten, zu Papier brachten oder ungesagt oder ungetan ließen, auf dem Spiele stand. Was war dem nicht alles vorausgegangen, daß wir über Jahrzehnte – die besten Jahre unseres Lebens – so zusammen sein, uns freuen, auch über unsere Phraseologie, Bürokratie und Unterlassungen ärgern, streiten, lachen konnten, immer wieder auch in Ruth Werners Haus am Plänterwald, unweit des Treptower Parks und der Gräber der Sowjetsoldaten.

„Mir wäre es, marxistisch-wissenschaftlich gesehen, nicht möglich, an eine Ewigkeit zu glauben", schrieb Ruth Werner damals. „Außerdem ist für mich unser Leben so groß und vielfältig, interessant und lebenswert, daß ich keinen Gedanken an die Ewigkeit brauche. Ich betrachte mein kurzes Leben auch nur als Teil des Lebens der gesamten Menschheit, vor uns waren Generationen, es folgen Generationen. Mein Ziel ist, daß Menschen auf der Erde besser und glücklicher werden. Deshalb bin ich Sozialist.

Die Feierhalle des Friedhofs Berlin-Baumschulenweg war am 17. Juli 2000 mit über 300 Trauergästen bis auf den letzten Platz gefüllt. Der Gesandte der Botschaft der Russischen Föderation, Wladimir Polenow, und die Schriftsteller Hermann Kant und Eberhard Panitz (Foto) würdigten Leben und Leistung von Ruth Werner.

Das Grab auf dem Friedhof in Berlin-Baumschulenweg

234

Eine Straße für Ruth Werner

Zu Beginn der Veranstaltung reichten die Stühle im Saal nicht aus, so dass die Aula der Volkshochschule in der Baumschulenstraße noch provisorische Sitzgelegenheiten geschleppt werden mußten. Anlaß waren der 99. Geburtstag von Ruth Werner und die vollständige Neuausgabe ihres Buches „Sonjas Rapport". Zu einer Lesung aus ihren Büchern und einem Gespräch über die Schriftstellerin, die eigentlich Ursula Beurton hieß, hatte Jutta Matuschek – im Wahlkreis Treptow direkt gewählte PDS-Abgeordnete für das Abgeordnetenhaus – eingeladen.

Die anregenden zwei Stunden an einem der ersten Maiabende waren dann auch keine Buchlesung im herkömmlichen Sinne, sondern ein kollektives Erinnern an eine Frau, die als Jüdin und Kommunistin, als Kundschafterin und Schriftstellerin ein sehr bewegtes Leben gehabt hatte. So erinnerte Markus Wolf, langjähriger Chef der Hauptabteilung Aufklärung der Staatssicherheit der DDR, in sehr einfühlsamen Worten an die Entstehung von „Sonjas Rapport" sowie an die persönliche Leistung Ruth Werners als Kundschafterin der Sowjetunion im Kampf gegen den Hitlerfaschismus. Der Schriftsteller Eberhard Panitz bestätigte diesen Bericht und las aus seinem Buch „Treffpunkt Banbury" vor. Gleichsam eine wichtige Ergänzung zu Ruth Werners autobiographischer Aufzeichnung, in deren Erstauflage sie beispielsweise völliges Stillschweigen darüber wahren mußte, wie sie gemeinsam mit Klaus Fuchs das Atombombengeheimnis der Engländer an die Sowjetunion übermittelte.

Daß das Leben der Illegalität auch seine ganz normalen menschlichen, ja fröhlichen Seiten hatte, verdeutlichte Janina Blankenfeld. Die Tochter von Ruth Werner – ihre Brüder Michael P. Hamburger und Peter John Beurton hatten im Publikum ebenfalls Platz genommen – erzählte vom Humor und der unbändigen Lebenslust ihrer Mutter. Etwa über den Besuch Egon Erwin Kischs in Shanghai, der nach dem Mittagessen sofort im Liegestuhl einschlief und so gar nichts von einem „rasenden Reporter" an sich hatte. Oder über einen Badeurlaub in Kuling, wo ein sich anbahnendes erotisches Abenteuer zwischen der jungen Frau und einem Matrosen im Sande verlief, weil dieser von einem „Mussolini-Kriegsschiff" stammte.

Die ergreifenden Worte im Podium wurden untermalt von der jungen Künstlerin Isabel Neuenfeld, die mit ihrem Akkordeon und Erich Mühsam-Liedern ihre ganz eigene emotionale Sicht offenbarte.

Es war also an diesem Abend viel Neues zu erfahren über Ruth Werner. Ein heiteres und zugleich würdiges Gedenken an eine Frau, die viele Jahre in Treptow wohnte und arbeitete und deren 100. Geburtstag wir am 15. Mai nächsten Jahres feiern können. So war es sicher kein Zufall, daß die Anwesenden dem Vorschlag Jutta Matuscheks mit großem Beifall zustimmten, bis zum nächsten Jahr eine Straße in Treptow nach Ruth Werner zu benennen bzw. umzubenennen. Erste Unterschriften dafür wurden an Ort und Stelle gesammelt.

(Manfred Rebner im Blättchen, 18. Mai 2006)

Ein Nachtrag aus gutem Grunde

Zu Jahresbeginn 2007 lagen rund 700 Zustimmungen von Einwohnern des Wohngebiets vor. Ein Bündnis aus Bürgerverein Plänterwald, Bund der Antifaschisten Treptow und VVN Köpenick hat sich mit dem Vorschlag ebenso solidarisiert wie die Fraktion der Linkspartei.PDS. Diese stellte im März in der Bezirksverordnetenversammlung Treptow-Köpenick einen Antrag, anläßlich des 100. Geburtstages der Schriftstellerin den Uferweg zwischen Abteibrücke und Baumschulenstraße in „Ruth-Werner-Promenade" umzubenennen.

Darüber gab es in der BVV eine kontroverse Debatte. Der Antrag wurde abgelehnt.

Die Autoren und ihre Beiträge

Peter John Beurton, Sohn von Ruth Werner, geboren 1943 in Oxford, Studium der Biologie, Promotion an der Humboldt-Universität. Bis 1990 wissenschaftlicher Mitarbeiter am Zentralinstitut für Philosophie der Akademie der Wissenschaften der DDR. Tätig als wissenschaftlicher Mitarbeiter am Max-Planck-Institut für Wissenschaftsgeschichte in Berlin. Veröffentlichungen auf dem Gebiet der biologischen Evolutionstheorie, des Darwinismus und der Anthropogenese. Sein Beitrag „Zwei radikale Rote" entstand für dieses Buch.

Janina Blankenfeld, Tochter von Ruth Werner, geboren 1936 in Warschau, aufgewachsen in Polen, der Schweiz und England. 1950 Übersiedlung in die DDR. Lehrerstudium, von 1956 bis zur Berentung Lehrerin in Brandenburg und Berlin. Den Beitrag „Entschuldigt Verzögerung, habe Tochter geboren ..." wählte sie aus ihrem 1985 erschienenen Buch „Die Tochter bin ich" aus.

Klaus Eichner, geboren 1939 in Reichenbach/Vogtland. Diplom-Jurist. Mitarbeiter des MfS von 1957 bis 1990, zuletzt Chef-Analytiker der Abteilung Gegenspionage. Verfasser und Mitherausgeber mehrerer Bücher zum Thema Geheimdienste. Der Beitrag „Das Jahrhundert der Spione" entstand für dieses Buch.

Michael P. Hamburger, Sohn von Ruth Werner, geboren 1931 in Shanghai, aufgewachsen in China, Polen, der Schweiz und England. Studium der Philosphie in Aberdeen. 1951 Übersiedlung in die DDR. Studium der Physik in Leipzig. Arbeit als freischaffender Übersetzer und Journalist in Berlin. Von 1966 bis 1996 Dramaturg am Deutschen Theater. Übersetzungen von ca. 30 Theaterstücken von Shakespeare, Sean O'Casey (z. T. mit Adolf Dresen). Theaterregie und publizistische Arbeiten. Bei dem für dieses Buch zusammengestellten Beitrag „Liebesglück und Politik" aus den Aufzeichnungen seines Vaters handelt es sich um eine Erstveröffentlichung.

Rudolf Hempel, geboren 1940 in Neustadt/Orla. Studium der Journalistik in Leipzig, der Psychologie in Jena und Soziologie in Berlin. Reporter/Redakteur u. a. bei Radio DDR, Sender Weimar. Seit 1970 in Berlin journalistisch tätig. Seit 1993 Freier Journalist. Die Beiträge „Legenden" und „Du sollst als erster wissen warum ..." entstanden nach Recherchen u.a. im Nachlaß von Ruth Werner (Stiftung Archiv der Parteien und Massenorganisationen der DDR in der BRD) und in der Birthler-Behörde.

Hermann Kant, geboren 1926 in Hamburg. Nach Kriegsdienst und Gefangenschaft Studium der Germanistik an der Humboldt-Universität in Berlin. Danach Redakteur bei der Zeitschrift „Neue Deutsche Literatur". 1965 erschien sein erster Roman „Die Aula", dem wichtige Romane wie „Das Impressum" und „Der Aufenthalt", sowie Erzählungen folgten. Präsidiumsmitglied des PEN-Zentrums DDR und Präsident des Schriftstellerverbandes der DDR. Lebt in Prälank bei Neustrelitz. Den Beitrag „Gestern mit Ruth und Len" schrieb er für dieses Buch.

Burga Kalinowski, geboren 1954 in Radenthein/Kärnten, Bibliothekarin, Publizistikstudium in Leipzig, Regie-und Dramaturgiearbeit am Theater, journalistisch tätig für Printmedien und Fernsehen der DDR, 1989 erste Wendereportage des DFF „Warum wollt Ihr weg?", Mitbegründerin der TV-Redaktion „Klartext", freiberufliche Autorin, lebt in Berlin. Der Artikel „Wiedergelesen. Sonjas Rapport" ist ein Nachdruck einer Veröffentlichung in den „Berliner LeseZeichen" aus dem Jahr 2000.

Jürgen Kuczynski, Bruder von Ruth Werner, geboren 1904 in Elberfeld, gestorben 1997 in Berlin. Bedeutender deutscher Historiker und Wirtschaftswissenschaftler. Studium in Erlangen, Berlin, Heidelberg und den USA. Ab 1936 Exil in England. Nach der Rückkehr in die DDR in diversen wissenschaftlichen und gesellschaftlichen Führungsgremien tätig. Als hochproduktiver Autor brachte er es auf über 3000 Veröffentlichungen, darunter etwa 100 z. T. vielbändige

Werke. Der Beitrag „Ursula stand mir immer sehr nahe" ist seinem Buch „Dialog mit meinem Urenkel. Neunzehn Briefe und ein Tagebuch" entnommen; © Aufbau Verlagsgruppe GmbH, Berlin 1983 (die Originalausgabe erschien 1983 im Aufbau-Verlag; Aufbau ist eine Marke der Aufbau Verlagsgruppe GmbH).

Werner Liersch, geboren 1932 in Berlin. Diplomgermanist, Verlagslektor, Redakteur, Schriftsteller. 1990–92 Chefredakteur der Zeitschrift „Neue Deutsche Literatur". Autor und Herausgeber zahlreicher Werke, u. a. zu Fallada, Fontane und Günter de Bruyn. Funkfeatures, Essays, Literaturkritik. Der Beitrag „Sonjas Grün" entstand für dieses Buch.

Eberhard Panitz, geboren 1932 in Dresden, lebt in Berlin. Nach dem Pädagogik-Studium in Leipzig Verlagslektor. Ab 1959 freischaffend. Zahlreiche Veröffentlichungen: Romane, Reportagen, Erzählungen, Hörspiele, Drehbücher. 2003 erschien sein Buch „Treffpunkt Banbury oder Wie die Atombombe zu den Russen kam", eine Doppelbiographie von Ruth Werner und Klaus Fuchs. Der darin veröffentlichte Beitrag „Morgenstunde bei Ruth Werner" berichtet vom letzten Zusammentreffen mit seiner langjährigen Schriftstellerkollegin und Gesinnungsgenossin in deren Haus in Berlin-Baumschulenweg nach.

Werner Rahn, geboren 1942 in Alsfeld (Hessen). 1957 Übersiedlung in die DDR. Ab 1961 Studium der Journalistik in Leipzig. Danach Arbeit in regionalen Medien, seit Anfang der 80er Jahre in Berlin. Ständiger Mitarbeiter diverser Publikationen, darunter der Wochenzeitung „Volksarmee", in deren Auftrag er „Für mich war es eine Ehre ..." schrieb. Für dieses Buch verfaßte er den Beitrag „Ich denke, die Zeit ist gekommen ..."

Markus Wolf, geboren 1923 in Süd-Württemberg. Sohn des aus einer jüdischen Kaufmannsfamilie stammenden Arztes und Schriftstellers Friedrich Wolf. Bruder des Filmregisseurs Konrad Wolf. Ab

1955 Leiter der Hauptverwaltung Aufklärung, Stellvertreter des Ministers für Staatssicherheit der DDR, ab 1980 im Rang eines Generalobersten. 1986 Ausscheiden aus dem aktiven Dienst auf eigenen Wunsch, seitdem schriftstellerisch tätig. 1993 Prozeß wegen »Landesverrats« in Düsseldorf, 1995 Aufhebung des Urteils durch den Bundesgerichtshof, 1997 erneuter Prozeß. Verurteilung zu zwei Jahren auf Bewährung. Urteil 2000 aufgehoben. Markus Wolf starb im November 2006 in Berlin. Unmittelbar vor seinem Tode hat er die Erinnerungen „Sonja zum 100." niedergeschrieben.

Personenregister

Literaturhinweise

Andrew, Christopher/Mitrochin, Wassili, Das Schwarzbuch des KGB. Moskaus Kampf gegen den Westen, Berlin 2001

Blake, George, Keine andere Wahl – Die Autobiographie des wichtigsten Doppelagenten in der Ära des Kalten Krieges, Berlin 1995

Blankenfeld, Janina, Die Tochter bin ich. Kindheitserinnerungen, Berlin 1985

Botschkarjow, Viktor/Kolpakidi, Aleksander, Superfrau der GRU, Moskau 2002

Brysac, Shareen Blair, Mildred Harnack und die Rote Kapelle, Frankfurt/Main 2003

Bülow, Andreas von, Im Namen des Staates – CIA, BND und die kriminellen Machenschaften der Geheimdienste, München/Zürich 1998

Carrè, Lohn le, Der Spion, der aus der Kälte kam, Berlin 2006

Czechowicz, Andrzej, Sieben schwere Jahre, Berlin 1976

Eichner, Klaus/Dobbert, Andreas, Headquarters Germany, Die USA-Geheimdienste in Deutschland, Berlin 1997

Eichner, Klaus/Schramm, Gotthold (Hrsg.), Kundschafter im Westen. Spitzenquellen der DDR-Aufklärung erinnern sich, Berlin 2003

Eichner, Klaus/Schramm, Gotthold (Hrsg.), Spionage für den Frieden, Berlin 2004

Eichner, Klaus/Schramm, Gotthold (Hrsg.), Angriff und Abwehr. Die deutschen Geheimdienste nach 1945, Berlin 2007

Eichner, Klaus/Langrock, Ernst, Der Drahtzieher Vernon Walters – ein Geheimdienstgeneral des Kalten Krieges, Berlin 2005

Farago, Ladislas, Das Spiel der Füchse – „Deutsche Spionage in England und den USA 1918-1945, Berlin 1972

Felfe, Heinz, Im Dienst des Gegners, 10 Jahre Moskaus Mann im BND, Hamburg-Zürich 1986

Feklissow, Alexander, Notizen eines Kundschafters – In Übersee und auf der Insel, Moskau 1994

Finker, Kurt, Graf Moltke und der Kreisauer Kreis, Berlin 1978

Flicke, W. F., Rote Kapelle. Spionage und Widerstand; Die Geschichte der größten Spionage- und Sabotageorganisation im II. Weltkrieg, Augsburg 1990

Friedmann, Ronald, Klaus Fuchs – der Mann, der kein Spion war, Rostock 2005

Fuchs, Emil, Mein Leben, 2 Bände, Leipzig 1957

Gast, Gabriele, Kundschafterin des Friedens – 17 Jahre Topspionin der DDR beim BND, Berlin 1999

Gebauer, Karl, Doppelagent – Erinnerungen, Berlin 1999

Gordiewsky, Oleg/Andrew, Christopher, KGB – Die Geschichte seiner Auslandsoperationen von Lenin bis Gorbatschow, Gütersloh 1990

Großmann, Werner, Bonn im Blick. Die DDR-Aufklärung aus der Sicht ihres letzten Chefs, Berlin 2001

Günther, Heinz, Zwischen den Fronten, Berlin 2006

Hänsel, Günter/Noll, Fritz, Rache in Düsseldorf – Der Markus-Wolf-Prozeß, Berlin 1994
Hirsch, Rudolf, Der Markus-Wolf-Prozeß, Eine Reportage, Berlin 1994
Horchem, Hans Josef, Auch Spione werden pensioniert, Herford 1993
Jungk, Robert, Heller als tausend Sonnen, Das Schicksal der Atomforscher, Stuttgart 1956
Kegel, Gerhard, In den Stürmen unseres Jahrhunderts, Berlin 1983
Keith, H. Melton, Der perfekte Spion – Die Welt der Geheimdienste, Vorwort von Ex-CIA-Chef William Colby und Ex-KGB-General Oleg Kalugin, London-München 1996
Kisch, Egon Erwin, China Geheim, Berlin 1986
Kolpakidi, Aleksander, Imperium GRU, 2 Bände, Moskau 2000
Kozaczuk, Wladyslaw, Im Banne der Enigma, Berlin 1979
Kozaczuk, Wladyslaw, Geheimoperation WICHER – Polnische Mathematiker knacken den deutschen Funkschlüssel ENIGMA, Bonn 1989
Kuckhoff, Greta, Vom Rosenkranz zur Roten Kapelle, Berlin 1972
Kuczynski, Jürgen, Dialog mit meinem Urenkel, Neunzehn Briefe und ein Tagebuch, Berlin 1989
Lange, Gert/Mörke, Joachim, Wissenschaft im Interview, Leipzig-Jena-Berlin 1978
Lewin, Ronald, Entschied ULTRA den Krieg? Alliierte Funkaufklärung im 2. Weltkrieg, Koblenz/Bonn 1981
Mader, Julius, Stuchlik, Gerhard, Pehnert, Horst, Dr. Sorge funkt aus Tokyo, Berlin 1967
May, Ferdinand und Käte, Lautlose Fronten (Roman nach Tatsachen), Berlin 1975
Müller, Peter F. & Mueller, Michael, Gegen Freund und Feind – Der BND: Geheime Politik und schmutzige Geschäfte, Reinbek bei Hamburg 2002
Panitz, Eberhard, Treffpunkt Banbury oder Wie die Atombombe zu den Russen kam, Berlin 2003
Paul, Elfriede, Ein Sprechzimmer der Roten Kapelle, Berlin 1981
Perrault, Gilles Auf den Spuren der Roten Kapelle, Wien – Zürich 1990, (nach der französischen Originalausgabe L' Orchestre rouge, Librairie Arthéme Fayard 1967, neu bearbeitet 1989)
Philby, Kim, Im Secret Service – Erinnerungen eines sowjetischen Kundschafters, Berlin 1983
Rado, Sandor, Dora meldet ..., Berlin 1971
Roewer, Helmut, Skrupellos. Die Machenschaften der Geheimdienste in Russland und Deutschland, 1914–1941, Leipzig 2004
Reichenbach, Alexander, Chef der Spione. Die Markus-Wolf-Story, Stuttgart 1992
Saunders, Frances Stonor, Wer die Zeche zahlt – CIA und die Kultur im Kalten Krieg, Berlin 2001
Schmidt-Eenboom, Erich, Der BND, Berlin 1993
Schmidt-Eenboom, Erich, Die schmutzigen Geschäfte der Wirtschaftsspione, zusammen mit Jo Angerer, Berlin 1994

Schmidt-Eenboom, Erich, Der Schattenkrieger, Klaus Kinkel und der BND, Berlin 1995

Schmidt-Eenboom, Erich, Geheimdienst, Politik und Medien, Meinungsmache UNDERCOVER, Berlin 2004

Schmidt-Eenboom, Erich, BDN – Der deutsche Geheimdienst im Nahen Osten. Geheime Hintergründe und Fakten, München 2006

Sobolewa, Nina/Geworkjan, Natalija, Der KGB lebt. Die Geschichte des sowjetischen Geheimdienstes 1917–1990, Mannheim 1992

Siedentopf, Monika, Absprung über Feindesland, Agentinnen im Zweiten Weltkrieg, München 2006

Sudholt, Gert (Hrsg.) Das Geheimnis der Roten Kapelle, Das US-Dokument 0/7708, Verrat und Verräter gegen Deutschland, Leoni am Starnberger See 1978

Tschikow, Wladimir und Kern, Gary, Perseus, Spionage in Los Alamos, Berlin 1996

Tumanow, Oleg, Geständnisse eines KGB-Agenten, Berlin 1993

Voelkner, Hans, Salto mortale – Vom Rampenlicht zur unsichtbaren Front, Berlin 1989

Werner, Ruth, Sonjas Rapport, Berlin 1977

Werner, Ruth, Sonjas Rapport, Moskau 1980

Werner, Ruth, Sonya's Report – Die faszinierende Autobiografie einer der außergewöhnlichsten russischen Geheimagenten, London 1991

Werner, Ruth, Sonjas Rapport, Peking 1999

Werner, Ruth, Sonjas Rapport, Berlin 2006

Whymant, Robert, Richard Sorge – Der Mann mit den drei Gesichtern, Hamburg 1999

Wolf, Markus, Die Troika, Berlin 1989

Wolf, Markus, Im eigenen Auftrag, München 1991

Wolf, Markus, Spionagechef im geheimen Krieg, Berlin 1997

Wolf, Markus, Die Kunst der Verstellung, Berlin 1998

Wolf, Markus, Freunde sterben nicht, Berlin 2002

Leseprobe
aus »Olga Benario«

FÜNFTES KAPITEL

1

Hunger, Kälte, Schmerzen, Drohungen, Einzelhaft – das alles war ausgelöscht und vergessen, ausgelöscht durch den hilflosen Schrei einer zitternden kleinen Stimme, die den grauen Raum, das Gefängnis, die Welt ausfüllte, den Schrei des Neugeborenen.

Olga hielt ihre Tochter im Arm.

Carlos – unser Kind.

Das Baby war eingeschlafen. Seine Fäustchen lagen an den Schläfen, wo ein zartes Äderchen pulsierend Leben verkündete.

Die Mutter schloß die Augen, legte ihr Gesicht an das Köpfchen des Kindes, fühlte die samtweiche Haut, atmete seine Wärme, seinen Duft und wußte, daß sie es noch viel mehr liebte, als sie es zuvor für möglich gehalten hatte.

Olga war so schwach, daß sie kaum den Kopf heben konnte. Tief glücklich schlief sie ein und schrak erst auf, als jemand sie an die Schulter faßte. Dieser Griff verursachte ihr Entsetzen: So war sie damals bei der Verschleppung auf das Schiff geweckt worden. Der Napf mit dem Mittagessen wurde ihr zugeschoben. Eine Schwester beugte sich über das Kleine: »Na, der ist niedlich, der Wurm. – Sie wissen ja wohl, solange Sie nähren können, dürfen Sie's behalten.«

Die Schritte entfernten sich. – Und dann – und dann wohin mit dem Kind? Olga zitterte. Wer keine Verwandten hatte, dem nahmen sie's einfach fort und steckten es als Namenloses ins Waisenhaus. Groß und drohend erhob sich die neue Gefahr. In dieser Stunde war sie ihr nicht gewachsen. Erschöpft und wehrlos, hatte sie so sehr das Bedürfnis, umsorgt zu werden, statt Sorgen zu haben, einmal nicht kämpfen zu müssen. Aber, der es verstand, ihr die Sorgen abzunehmen, der zärtlich und gut zu ihr war wie niemand anders in der Welt, der sich jetzt strahlend über das Kind beugen, seine Frau glücklich und stolz in die Arme schließen sollte, war viele tausend Kilometer weit fort in einer Zelle und wußte nicht einmal, daß ihm eine Tochter geboren war.

Sie blickte ins kleine, gerötete Gesicht des Säuglings, auf die winzige Unterlippe, die bebend einen Schrei ankündigte, und fühlte sich selbst den Tränen nahe. Das Kind begann in kurzen, kleinen Stößen zu weinen. Olga streckte die Hand aus, um das Bettchen zu bewegen, aber der von Gefangenen gezimmerte rohe Holzkasten rührte sich nicht. Ihr Blick fiel auf den Speisenapf mit Essen. Sie hatte keinen Hunger. Aber sie mußte essen, sie mußte alles tun, um das Kind solange wie möglich nähren zu können. Und wenn die Milch schon nach ein paar Wochen versiegte? Sie hatte gehört, daß Kummer und Unruhe dazu führen sollten. Dies durfte nicht geschehen – also durfte sie sich nicht sorgen – das Kind lebte, war gesund – Carlos und sie hatten eine Tochter, Olga versuchte zu lächeln.

»Laß man, wir schaffen's schon, Anita.«

Sie nahm den Löffel in die Hand und stockte – die erste Mahlzeit für die Wöchnerin bestand aus Sauerkraut mit Erbsen.

Die Mutterzelle auf Station vier war ein großer Raum, heller und luftiger als die anderen Zellen. Vor dem Fenster stand ein Baum, doch die drei jungen Frauen konnten ihn nicht sehen; das vergitterte Fenster war aus Milchglas.

Schimpfen, hallende Schritte auf dem Korridor, der Lärm der Schlüssel in den Zellentüren, das waren gewohnte Geräusche, die die lastende Stille im Frauengefängnis Barnimstraße unterbrachen.

Doch wenn die Fenster in der Mutterzelle einen Spalt geöffnet wurden, dann lauschten alle Häftlinge mit wehem Lächeln dem neuen Laut, der nicht in die Gefängniswelt gehörte, der mehr als alles andere die Sehnsucht nach der Freiheit steigerte, sie zurückversetzte zu ihren Familien ins normale, ferne Leben.

Sie hörten die Säuglinge schreien.

Die politischen Häftlinge versuchten, an den Stimmen zu erkennen, wessen Kind weinte. Die Jungen von Margot und Gerti hatten kräftige Stimmen. Gertis Junge schrie am meisten.

»Ihr Kind scheint krank zu sein«, sagten jene Frauen, die selbst Kinder großgezogen hatten.

»Das ist Anita.« Sie lächelten beim kläglichen Schluchzen des hellen, zirpenden Stimmchens.

Gertis Kind war später als die bei den anderen zur Welt gekommen. Olga und Margot hatten der zweiundzwanzigjährigen jungen Mutter an den eigenen Babys Säuglingspflege beigebracht. Gertrud war Arbeiterin in den Siemens-Werken; im September 1936 wurde ihre illegale Parteigruppe durch Verrat verhaftet. Bei der Geburt ihres Kindes gab es Komplikationen. Mit kommunistischen Häftlingen wurden nicht viel Umstände gemacht. Der dringend benötigte Arzt traf zu spät ein; er führte eine Zangengeburt durch. Danach lag Gertrud sechs Wochen mit Wundfieber in der Zelle, und Olga erhielt den Auftrag, sie zu pflegen.

Olga besaß, wie viele gesunde Menschen, weder Interesse noch besondere Geduld für Kranke. Sie hatte auch noch nie jemanden gepflegt, doch für Gerti tat sie jeden Handgriff voller Gleichmut und mit kameradschaftlichen, aufmunternden Worten, die Gertrud ebenso nötig brauchte wie die Pflege. Das Kind der Kranken versorgten Olga und Margot wie ihr eigenes.

Margot und Gertrud kannten bereits ihr Urteil von mehreren Jahren Zuchthaus. So schlimm dies für sie war, sie wußten wenigstens, womit sie zu rechnen hatten. Die Gestapo fand keinen legalen Grund, Olga, die viele Jahre im Ausland gelebt hatte, zu verurteilen, dachte aber gar nicht daran, sie freizulassen. Ihre Haft war unbegrenzt, ihr Schicksal ungewiß. Sie trug die große Sorge um Prestes und vor allem um die Zukunft des Kindes. Dazu kamen nun die schlaflosen Nächte mit dem schreienden, kranken Jungen von Gerti. Und es war so wichtig, daß Olga bei der unzureichenden Gefängniskost wenigstens genug Schlaf hatte, um weiter nähren zu können.

Die beiden anderen Mütter hatten Verwandte, die, wenn das Stillen aufhörte, die Kinder zu sich nehmen würden. Olga versuchte vom ersten Tag der Haft an, herauszufinden, ob ihr Vater noch lebte. Außerdem stellte sie Gesuche, das Kind nach der Stillzeit den Verwandten von Prestes zu übergeben.

Margot und Gerti empfingen Besuche und Post von ihren Lieben. Zu Olga kam niemand. Sie besaß keine Verbindung mit der Außenwelt. Dreimal im Monat schrieb sie an Carlos, wußte aber nicht, ob die Briefe weiterbefördert wurden. Eine Antwort erhielt sie nicht.

Gertrud machte den beiden anderen Sorge. Ihr Lebenswille schien der Krankheit, dem zu schwachen Kind, der schweren Haft nicht gewachsen. Sie war noch jung, und die Zeit des Leidens war zu plötzlich, mit zu großer Gewalt auf sie eingestürzt. Wie immer, wenn Olga beansprucht wurde, wuchs ihre Kraft, bis sie für die anderen mit reichte. Ihr Einfluß auf Gerti trug mit dazu bei, daß sich die Kranke langsam erholte. –

Olga pochte auf ihr Recht, als Schutzhäftling eine Zeitung zu erhalten. Damit die anderen beiden, die schon verurteilt waren, nicht auch darin lesen konnten, wurde sie mit dem »Völkischen Beobachter« in die Kammer gesperrt, die zur Aufbewahrung der Schmutzwäsche diente.

Sie hatte vom ersten Tag ihrer Haft an nicht nur auf ihre körperliche, sondern auch auf ihre geistige Gesundheit geachtet. Sie kannte die größte Gefahr im Gefängnis, das Sichgehenlassen, das Trägewerden, das Einschlummern der Denkfähigkeit, und kämpfte täglich dagegen; Gedächtnisübungen gehörten zu ihrem Programm.

Das kam ihr jetzt zugute. Während sie in der Kammer zwischen den Bündeln schmutziger Wäsche stand und in fieberhafter Eile die Zeilen des »Völkischen Beobachters« überflog, war sie imstande, sich alles Wichtige zu merken. Sie las auch zwischen den Zeilen, lernte den Nazijargon bis ins letzte Wort kennen und verstand seine Schattierungen zu deuten. Es war erstaunlich, wieviel Richtiges und Kluges sie dank ihrer Erfahrungen und marxistischen Kenntnisse aus dem Gewirr von Schmutz und Lügen herausholte. Zu allererst suchte sie jedesmal nach den spärlichen Auslandsnachrichten, um sich über die Lage in Brasilien zu informieren.

Margot und Gerti warteten stets voll Ungeduld auf Olgas Rückkehr.

Sie berichtete ihnen klar, bissig, witzig und immer mit eigenen Schluß-
folgerungen. Olga rechnete so fest mit der Niederlage des Faschismus,
daß sie diesen Optimismus, diese Stärke ganz unbewußt ausstrahlte;
gerade deshalb wirkte sie so überzeugend.

Die größte Gefahr sah sie in den militärischen Vorbereitungen des
Faschismus.

»Wenn ihr freikommt, laßt euch ja nicht von seinen Friedenstönen ein-
wickeln – Hitler will Krieg«, sagte sie den anderen.

»Und was dann?« fragte Gerti.

»Wenn er losschlägt, dann ist das der Anfang von seinem Ende – weil
die Sowjetunion existiert.«

Die Mütterzelle besaß eine angebaute Toilette, die mit ihrer zweiten
Wand an eine Nachbarzelle grenzte. Olga stellte fest, daß diese Zwischen-
wand leicht gebaut war. Wenn sie nun von der Toilette aus leise klopfte,
stellte sich einer der Häftlinge im Nachbarraum mit dem Ohr an die
Wand, während ein anderer den Türspion beobachtete, und Olga sagte
die wichtigsten Nachrichten durch. Diese fünf Minuten bildeten für die
politischen Gefangenen den Höhepunkt des Tages. Sie behielten Olgas
Mitteilungen selbstverständlich nicht für sich, sondern suchten und
fanden auch alle möglichen Wege, um sie an andere weiterzugeben.

Ebenso ließen sie Olga wissen, was sie von draußen erfuhren. Neu-
eingelieferte politische Häftlinge brachten Nachrichten vom Kampf der
Partei. Sie berichteten vom Widerstand der Genossen und von ihren
Bemühungen, eine Volksfront aller Antifaschisten zu schaffen. Der
Kampf draußen stärkte die Widerstandskraft der Frauen in der Haft.

Durch die Kameradinnen in der Nachbarzelle hörte Olga eines Tages
von dem rohen Verhalten der Aufseherin »Tine«, die sie selber von
Herzen haßte. Tine hatte zwei Genossinnen wegen angeblicher Aufsäs-
sigkeit in Dunkelhaft geschickt. Olga stand zwischen den engen grauen
Wänden und starrte böse durch die Öffnung des ins Freie führenden Lüf-
tungsrohrs auf den Hof. In dieser Sekunde ging die brutale Aufseherin
in Begleitung des Gefängnisdirektors unten vorbei. Olga holte tief Luft,
und plötzlich schallte es mit schaurig-unheimlicher Stimme über den
Hof: »Tine – doofe Trine!«

»Fenster zu«, kreischte es schrill herauf.

»Fenster zu«, brüllte auch der Direktor.

Scharfen Auges spähten die beiden mit zurückgelegten Köpfen die Reihen entlang.

Alle Fensterklappen hatten sich geschlossen.

»Tine – doofe Trine!« schallte es noch einmal dröhnend durch die Luft.

Soviel Lachen hatte es seit langem nicht in den Zellen gegeben. – Während des ganzen Winters nährte Olga das Kind. Die Mütter erhielten zusätzlich einen Becher Milch und Haferflockenbrei, in dem schwarze Mäusekötel schwammen.

»Ach was«, sagte Olga zu den anderen, »runter muß er – denkt an was recht Schönes – Augen zu – fertig los.« Die drei Mütter schlossen die Augen und schluckten.

Hart war für sie alle, daß Gertruds Junge noch immer nachts soviel schrie. Schwer sind die Tage im Gefängnis – noch schwerer die durchwachten Nächte.

Und doch gab es soviel Glück für Olga. Sie war unendlich stolz auf ihr Kind.

Anita hatte ein rundes, volles Gesichtchen und einen dichten schwarzen Haarschopf. Trotz der Gefängnisluft besaß sie blühende Farben, ihre Augen waren von dunklerem Blau als die der Mutter, ihre Wimpern lang und schwarz. Als einziges Mädchen in der Zelle wurde sie auch von den anderen beiden Müttern verwöhnt. Es gab ja kaum etwas im Gefängnis, um Kinder zu verwöhnen: ein gutes Lächeln, ein Streicheln des Kopfes und ein Spaziergang von Wand zu Wand.

Jede Äußerung des Kindes bereitete Olga Freude: der klare Blick der Augen, das Spiel von Händchen und Füßchen und der große Augenblick, als Anita das erste Mal lächelte – tausendfach empfunden in einer rohen, häßlichen Umgebung, in den endlos sich dehnenden Tagen, Wochen und Monaten der Haft. Ganz unfaßbar war es gewesen. Olga hatte das Kind mit dem selbstvergessenen, sanften Gesichtsausdruck, wie ihn nur junge Mütter besitzen, angesehen, sie hatte in zärtlichen Worten zu ihm gesprochen – erst lag die Antwort nur in den Augenwinkeln des Kindes, dann begann das Blau heller zu werden, kleine Falten bildeten sich ums runde Näschen, und dann – Olga sah es schon kommen und hielt den Atem an – öffnete sich das Pfennigmündchen und sein

254

Lächeln enthielt alles, wonach sie sich qualvoll sehnte: Frohsinn, Wärme und Schönheit.

Olga umarmte die Freundinnen. »Habt ihr's gesehen – nein? Wartet, es kommt bestimmt wieder – nein, so was Wunderbares.«

Im stillen hatte Olga Angst gehabt – eine Angst, die sie selbst für dumm hielt, die aber dennoch geblieben war –, daß dies Kind, belastet mit den schweren Bedingungen der Vergangenheit, nicht lächeln lernen würde.

Wenn der Tag vorüber war und die Dämmerung die scharfen Konturen der Zelle verwischte, sang Olga für alle drei Babys Wiegenlieder aus der Heimat von Anitas Vater und für die Genossinnen Freiheitsgesänge Brasiliens.

»Warum hast du eben so froh ausgesehen, Olga?« fragte Margot. In der Haft war ja jedes Zeichen von Freude so kostbar.

»Ich dachte, vielleicht singen sie jetzt gerade im brasilianischen Gefängnis – ebenso leise wie wir – deutsche Kampflieder. Ich habe sie ihnen beigebracht – trotz Hitler und Vargas singen wir.«

»Erzähle uns noch mehr von Brasilien, das ist so schön.«

Olga erzählte – das eigene Leid verschwand, und das Herz wurde ihnen weit und groß.

»Gerade am Jahrestag des Aufstandes in Brasilien, am 27. November, ist meine Anita geboren – das hab ich gut hingekriegt«, sagte Olga.

»Aber du hast uns erklärt, der Aufstand sei nicht geglückt?« fragte Gerti zögernd.

»Jeder revolutionäre Aufstand bringt die Sache des Volkes weiter«, erwiderte Olga. –

In der Barnimstraße trugen die Häftlinge keine Nummer, sondern wurden beim Namen genannt. Wenn die Beamtin »Benario« rief, so sah Olga sie an und sagte:

»Ich bin verheiratet und heiße Prestes – nach meinem Mann.«

Es war nun schon sehr lange her, daß sie ihrer Neuköllner Freundin Hilde geantwortet hatte: Ich will immer frei bleiben und mich nicht durch Heirat binden.

»Warum hast du dein Mädel Anita Leocadia genannt?« fragte Margot, als sie gemeinsam einen Namen für Gertruds Sohn suchten.

»Leocadia nach seiner Mutter – er wird sich darüber freuen. Versteht ihr, daß ich sie liebe, ohne sie je gesehen zu haben- einfach aus seinen Erzählungen? Daß es mir weh tut, sie nicht zu kennen – wieviel könnte sie mir von ihm erzählen, von seiner Kinderzeit, und bestimmt sind sie sich in manchem ähnlich. Carlos ist der Inhalt ihres Lebens – sie ist krank, ich wage gar nicht daran zu denken, wie sie seine Haft erträgt.«

»Und Anita?«

»Das ist eine ganze Geschichte: In Italien lebte einmal ein tapferer Kämpfer, ein Sozialist, ein Führer des Volkes, leidenschaftlich und klug; er hieß Garibaldi. Nach einem mißlungenen Aufstand mußte er das Land verlassen und floh nach Brasilien. Als er vom Schiff an Land ging, da stand in der Menge eine Frau. Sie sahen sich an, er trat auf sie zu; als er ganz dicht bei ihr war, hob sie das Gesicht zu ihm auf, er küßte sie, nahm ihre Hand, und sie trennten sich nie wieder. Ihr Name war Anita. Garibaldi setzte den in seiner italienischen Heimat begonnenen Freiheitskampf in Brasilien fort, immer blieb Anita an seiner Seite. Das Volk liebte und verehrte beide.«

»Anita« – Gertrud nahm das kleine Bündel in die Arme –, »werde wie die, deren Namen du trägst, und wie deine Eltern.«

»Das war Anita Leocadia Prestes' Taufe«, sagte Margot.

Das Buch »Olga Benario« von Ruth Werner ist 2006 im Verlag Neues Leben neu herausgekommen.